Bildungsmedienforschung

Studien des Leibniz-Instituts für Bildungsmedien

Band 155

Herausgegeben von Eckhardt Fuchs

Redaktion
Wibke Westermeyer und Nicola Watson

Die Reihe ist referiert.

»Bildungsmedienforschung« ist die Fortsetzung der Reihe »Eckert.
Die Schriftenreihe«. Die Bandzählung wird fortgeführt.

Katharina Poltze / Birte Schröder (Hg.)

Putting knowledge(s) into perspective?

Wissen, Reflexivität und (Multi-)Perspektivität in
Bildungsmedien

Mit 12 Abbildungen

V&R unipress

Bibliografische Information der Deutschen Nationalbibliothek
Die Deutsche Nationalbibliothek verzeichnet diese Publikation in der Deutschen
Nationalbibliografie; detaillierte bibliografische Daten sind im Internet über
https://dnb.de abrufbar.

Gefördert durch den Publikationsfonds für Open-Access-Monografien der Leibniz-Gemeinschaft.

Umschlagabbildung: Nadine Shaabana, Toronto, 2018
Druck und Bindung: CPI books GmbH, Birkstraße 10, D-25917 Leck
Printed in the EU.

Vandenhoeck & Ruprecht Verlage | www.vandenhoeck-ruprecht-verlage.com

ISSN 2749-408X
ISBN 978-3-8471-1760-5

Inhalt

Birte Schröder / Katharina Poltze / Marcin Wiatr
(Multi-)Perspektivität in Bildungsmedien: Eine Einleitung   7

Multiperspektivität als *Game Changer?*

Stefan Müller
Perspektivenvielfalt – aber welche? 29

Grace Sahota
A Critical Race Theory Approach to Multiperspectivity as
Counterhegemonic History 47

Christine Chiriac
„Verfassertexte fallen nicht vom Himmel." Aushandlungen um (Multi-)
Perspektivität in der Bildungsmedienproduktion 69

Doing Difference/Doing Normality: Repräsentationen des Eigenen/Anderen in unterschiedlichen Schulfächern

Daniel Schumann
Über-/Setzungen von Vielfalt. Perspektiven einer Soziologie politischer
Bildungsmedien 89

Philipp Hagemann
„Eine Ethik für alle Kulturen?" Zum Repräsentationsverhältnis eines
„europäischen Wir" und „kulturell Anderer" in einem Schulbuchmaterial
des Philosophieunterrichts 107

Sonja Schwarze
Same old, same old? Denkmuster der Kolonialität und ihre
Konsequenzen als Bestandteil des „Subsahara-Afrika"-Bildes im
Geografieunterricht 129

Perspektivenvielfalt? Gesellschaftliche Diskurse und Bildungsmedien

Indah Wahyu Puji Utami
Pedagogical Implications of Recent Debates about Violence in the
Indonesian War of Independence 151

Sabrina Schmitz-Zerres
Die Zukunft im Geschichtsbuch? (Multi-)Perspektivische
Zukunftsszenarien sowie deren bildungspolitische Funktion in
international vergleichender Betrachtung 167

Inken Heldt / Jennifer Bloise / Manuel Theophil
Verhinderung von Perspektivenvielfalt? Zur Auseinandersetzung mit
dem Thema Digitalisierung in aktuellen Schulbüchern der Politischen
Bildung 185

Bildungsmedien *Out of the Box*

Alexandra Totter / Rico Cathomas
Entwicklungs- und Forschungsperspektiven *in* und *über*
Minderheiten-Sprachlehrmittel am Beispiel des neuen rätoromanischen
Sprachlehrmittels in der Schweiz 205

Anwesha Sengupta / Debarati Bagchi
Alternative History Books for Children in Bengali: A Reflection on
Writing and Reception 225

Zu den Autorinnen und Autoren 247

Birte Schröder / Katharina Poltze / Marcin Wiatr

(Multi-)Perspektivität in Bildungsmedien: Eine Einleitung

> The only people who end up actually believing and, goddess forbid, acting on the ideological doctrines of disembodied scientific objectivity – enshrined in elementary textbooks and technoscience booster literature – are nonscientists, including a few very trusting philosophers.[1]

Mit dem Begriff der „situated knowledges", den Donna Haraway 1988[2] geprägt hat, haben sich feministische Epistemologien gegen ein Wissenschaftsverständnis gewandt, das vorgibt, alles zu sehen, ohne dabei einen bestimmten Standpunkt einzunehmen. Haraway nennt dies den „god trick of seeing everything from nowhere".[3] Dem unmarkierten Blick werden die verkörperte Natur von Erkenntnis, die Partialität von Perspektiven und die Situiertheit von Wissen entgegengesetzt – historisch, sozial, kulturell, ökonomisch, disziplinär etc. Wir nehmen wahr, deuten, sprechen und handeln von bestimmten gesellschaftlichen Positionen aus, im Horizont spezifischer Erfahrungen, Weltbilder, Erinnerungskulturen und kultureller Werte und Normen. Im Eingangszitat stehen jedoch Bildungsmedien (hier in Form von „elementary textbooks") stellvertretend für die gesellschaftliche Verankerung eines Wissens- und Wissenschaftsverständnisses, welches diese standortgebundene Begrenztheit von Perspektiven nicht widerspiegelt. Wir nehmen das zum Anlass, um mit diesem Band zu fragen: Wie sieht es heute, immerhin 35 Jahre nach Haraways ironischem Urteil, mit Perspektiven in und auf Bildungsmedien aus?

Im Anschluss an kritische diskursanalytische Ansätze hat sich in der Bildungsmedienforschung ein Verständnis von Schulbüchern und anderen Bildungsmedien etabliert, welches diese nicht nur als *politicum*, *informatorium* und *pädagogicum*, sondern auch als *constructorium*, als „Diskursarenen"[4] und „cultural and political practices"[5] begreift. Bildungsmedien werden nicht nur als

---

1 Donna Haraway, „Situated Knowledges: The Science Question in Feminism and the Privilege of Partial Perspective", in: *Feminist Studies* 14, 3 (1988), 575–599, hier: 576.
2 Haraway, „Situated Knowledges".
3 Ebd., 581.
4 Thomas Höhne, *Schulbuchwissen. Umrisse einer Wissens- und Medientheorie des Schulbuches*, Frankfurt am Main: Johann Wolfgang Goethe-Universität, 2003.
5 Felicitas Macgilchrist, „Textbooks", in: John Flowerdew und John E. Richardson (Hg.), *The Routledge handbook of critical discourse studies*, Milton Park, Abingdon, Oxon, New York: Routledge, 2018, 525–539, 525.

Materialien betrachtet, die Lernprozesse anregen und begleiten. Sie kanonisieren nicht allein das Wissen einer Gesellschaft. Vielmehr wird aus dieser Perspektive betont, dass sie auch sozial legitimierte Normalitäten prägen, die an die junge Generation weitergegeben werden (sollen) und die oft unbewussten Deutungsmuster beeinflussen, mit denen wir die Welt ordnen und Dingen Sinn und Wichtigkeit zuweisen.[6] „Instead textbooks are conceptualised as part of complex processes of addressing the young generation with an understanding of how the world works, what is important, and which ways of living/being are desirable, legible and unquestioned."[7]

Als Praxis des Sichtbar- und Sagbarmachens[8] liegt die besondere Bedeutung von Bildungsmedien nicht nur darin, welches und wessen Wissen diese inkludieren, sondern auch darin, „*how* they normalise ways of knowing, ways of being, and ways of understanding as common sense and/or as desirable".[9]

Da mediale Texte immer für unterschiedliche Interpretationen offen sind, können Bildungsmedien auch kreativ angeeignet werden. Es gibt also keinen kausalen Zusammenhang zwischen einem Bildungsmedium und seinen Effekten. Vielmehr können durchaus Paradoxe und Widersprüche entstehen[10] und die Adressierungen und Subjektivierungen, die Bildungsmedien den Lernenden anbieten, beispielsweise als „ausländische Mitschülerinnen und Mitschüler"[11], die in Aufgabenstellungen als Objekt der Befragung durch ein als Lernsubjekt adressiertes „Wir" der Lerngruppe konstruiert und besondert werden – können auch Protest hervorrufen. Bönkost betont bezogen auf die Thematik von Rassismen in Bildungsmedien: Auch mit rassismusrelevanten Bildungsmedien kann ein rassismuskritischer Unterricht gestaltet werden, genauso wie mit rassismuskritischen Bildungsmedien in Lehr-/Lernprozessen Rassismus reproduziert werden kann.[12]

---

6 Katharina Baier, Barbara Christophe und Kathrin Zehr, „Schulbücher als Seismographen für diskursive Brüche – Ein neuer Ansatz in der kulturwissenschaftlichen Schulbuchforschung dargestellt am Beispiel der Analyse von Schulbucherzählungen über den Kalten Krieg", in: *Eckert. Working Papers* 4, 1 (2014), http://www.edumeres.net/urn/urn:nbn:de:0220-2014-00 184; Macgilchrist, „Textbooks", 525.

7 Macgilchrist, „Textbooks", 525.

8 Gilles Deleuze, „Was ist ein Dispositiv?", in: François Ewald und Bernhard Waldenfels (Hg.), *Spiele der Wahrheit: Michel Foucaults Denken*, Frankfurt am Main: Suhrkamp, 1991, 153–162.

9 Felicitas Macgilchrist, „Materiality and Mediality of Textbooks", in: Eckhardt Fuchs und Annekatrin Bock (Hg.), *The Palgrave handbook of textbook studies*, London: Palgrave Macmillan, 2018, 169–177, Hervorh. im Original.

10 Felicitas Macgilchrist, „Schulbuchverlage als Organisationen der Diskursproduktion: Eine ethnographische Perspektive", in: *Zeitschrift für Soziologie der Erziehung und Sozialisation* 31, 3 (2011), 248–263, 249.

11 Vgl. Inga Niehaus et al., *Schulbuchstudie Migration und Integration*, 2015, https://www.uni -hildesheim.de/media/zbi/Schulbuchstudie_Migration_und_Integration_09_03_2015.pdf, zuletzt geprüft am 10. Juni 2024, 43.

12 Jule Bönkost, „Dekonstruktion von Rassismus in Schulbüchern: ‚Verbesserte' Schulbuchinhalte reichen nicht aus", *Eckert. Dossiers* 1 (2020), https://repository.gei.de/handle/11428/314.

Nicht nur auf der Ebene der Interaktion mit Bildungsmedien, sondern auch auf der Ebene der Diskursproduktion in Bildungsmedienverlagen ist die Komplexität und Heterogenität des Mediums betont worden. In diesem Verständnis ist ein Bildungsmedium ein „mehrschichtiges Hybrid"[13] oder ein „diskursiver Knoten",[14] der "von einem komplexen Gefüge unterschiedlicher Teilnehmender *koproduziert* wird"[15] und in dem viele verschiedene diskursive Fäden auf komplexe Weise verflochten sind. Auch Lehrende, Lernende, Bildungsstandards und Lehrpläne, Massenmedien, Interessenvertreterinnen und -vertreter[16], Protestbriefe oder Technologie koproduzieren in diesem Verständnis Bildungsmedien.[17] In Bildungsmedien gehen folglich unterschiedliche Deutungen und Wissensbestände ein, die verschiedene gesellschaftliche Akteurinnen und Akteure ausgehandelt haben.[18] Sie sind dementsprechend Binnenkade zufolge „in einem diskursiven und sozialen Sinn nicht einstimmig".[19]

Gleichwohl bedeutet die Komplexität und Mehrstimmigkeit nicht automatisch, dass Bildungsmedien multiperspektivisch sind. Zwar verfolgen viele Bildungsmedienproduzentinnen und -produzenten weltweit das Ziel, multiple Perspektiven einzubinden (vgl. u.a. Chiriac in diesem Band). Allerdings – und das ist ein erster einschränkender Kritikpunkt anknüpfend an Macgilchrist – stammen die Perspektiven in Bildungsmedien oft von verschiedenen privilegierten Stimmen, „rather than *radically* different voices from agonistic[20] societal positions".[21] Auf diese Weise wirkten Bildungsmedien wie Gummibänder: sie

---

13 Macgilchrist, „Schulbuchverlage als Organisationen der Diskursproduktion: Eine ethnographische Perspektive", 254.

14 Alexandra Binnenkade, „Doing Memory", in: *Journal of Educational Media, Memory, and Society* 7, 2 (2015), 29–43.

15 Macgilchrist, „Schulbuchverlage als Organisationen der Diskursproduktion: Eine ethnographische Perspektive", 254, Hervorh. im Original.

16 Die Autorinnen und Autoren des Bandes gendern entsprechend der Vorgaben der Reihe, auch wenn den Beteiligten bewusst ist, dass dadurch ein binäres Geschlechterverständnis reproduziert wird.

17 Ebd.

18 Höhne, *Schulbuchwissen*, 45.

19 Alexandra Binnenkade, „Open Peer Review zu Felicitas Macgilchrist, Elastic Textbooks: Pulling National Pasts Forward, 2021", https://public-history-weekly.degruyter.com/9-2021-2/elastic-textbooks/, zuletzt geprüft am 29. Juni 2023.

20 Im Anschluss an die Forschung zu *agonistic memory* verstehen wir agonistische Positionen und Perspektiven als solche, die in hegemoniale Diskurse intervenieren und sie destabilisieren. Agonistische Perspektiven benennen, was normalerweise zum Schweigen gebracht wird und/oder verunsichern ihre eigenen Narrative, indem sie zum Beispiel absichtlich ambivalente Geschichten anbieten, die zu gegensätzlichen Interpretationen einladen. Sie sind daher charakterisiert durch Disruption und Reflexivität. Vgl. Barbara Christophe, „Agonistic memory as a relational concept: Remembering socialism in Lithuania", in: *Memory Studies* (2022), https://doi.org/10.1177/17506980221114083, 1–14, 22.

21 Felicitas Macgilchrist, „Elastic Textbooks: Pulling National Pasts Forward", in: *Public History Weekly* 9, 2 (2021), doi:10.1515/phw-2021-17609.

zögen trotz des erklärten Ziels der Multiperspektivität weiterhin Monovokalität mit sich.[22] Auch für Höhne sind Bildungsmedien bei aller Komplexität „ein zentrales Medium repräsentativen dominanten Wissens",[23] denn die Koproduktion von Bildungsmedien findet immer eingebunden in gesellschaftliche Machtverhältnisse statt. Diese hinterlassen Höhne zufolge in den Diskursen in Bildungsmedien ihre Spuren „in Form der Bedeutungsselektion (thematische Strukturen), welche bis in die einzelne Formulierung hinein rekonstruierbar ist".[24] Mit Danielzik gesprochen wird den Lernenden auf diese Weise keine Unterstützung angeboten, „sich aus dominanten Wissensstrukturen heraus zu bewegen".[25]

Zweitens sind Bildungsmedien nicht unbedingt multiperspektivisch, wenn man ein reflexives Verständnis von Multiperspektivität zugrunde legt,[26] welches auch die Relationierung und das Hinterfragen von (divergierenden) Perspektiven im Hinblick auf deren jeweilige Vorannahmen und Implikationen sowie die Anregung zur kritischen Auseinandersetzung mit der eigenen Perspektive und Perspektivität umfasst (vgl. auch die Beiträge von Chiriac und Sahota in diesem Band). Solche Anregungen finden sich in Bildungsmedien bislang nur selten. Im Anschluss an Marcus Otto ist für diese weiterhin ein „discursive invisibling"[27] von Autorinnen und Autoren charakteristisch, die in Verfasserinnen- bzw. Verfassertexten zumeist aus einer auktorialen Perspektive sprechen und als Verfassende des konkreten Textes nicht in Erscheinung treten. Ein reflexives Verständnis ermöglicht es demgegenüber, über die eigene Perspektive, über unterschiedliche Blicke auf die Welt sowie über machtvolle Prozesse der Herstellung von Bildern über die Welt zu reflektieren. Diesen können dann bewusst vielfältige und nicht-hegemoniale Perspektiven zur Seite gestellt werden.[28] Die

---

22 Macgilchrist, „Elastic Textbooks: Pulling National Pasts Forward".

23 Höhne, *Schulbuchwissen*, 45.

24 Höhne, *Schulbuchwissen*, 45.

25 Chandra-Milena Danielzik, „Überlegenheitsdenken fällt nicht vom Himmel. Postkoloniale Perspektiven auf Globales Lernen und Bildung für nachhaltige Entwicklung", in: *ZEP – Zeitschrift für internationale Bildungsforschung und Entwicklungspädagogik* 36, 1 (2013), 26–33, 32.

26 Stefan Müller, „Perspektivenvielfalt und Normativität als Antwortmöglichkeiten auf demokratische Herausforderungen?", in: Carl Deichmann und Marc Partetzke (Hg.), *Demokratie im Stresstest. Reaktionen von Politikdidaktik und politischer Bildung*, Wiesbaden: Springer VS, 2021, 103–121; Tilman Rhode-Jüchtern, „Perspektiven und Visionen", in: Bernhard Haversath (Hg.), *Geographiedidaktik: Theorie – Themen – Forschung*, Braunschweig: Westermann, 2012, 64–68. Vgl. auch den Beitrag von Müller in diesem Band.

27 Marcus Otto, „Textbook Authors, Authorship, and Author function", in: Eckhardt Fuchs und Annekatrin Bock (Hg.), *The Palgrave Handbook of Textbook Studies*, London: Palgrave Macmillan, 2018, 95–102.

28 Birte Schröder und Inken Carstensen-Egwuom, „‚More than a single story': Analysen und Vorschläge zum Einstieg in den Geographieunterricht", in: Karim Fereidooni und Nina Simon (Hg.), *Rassismuskritische Fachdidaktiken: Theoretische Reflexionen und fachdidak-*

Schriftstellerin und Intellektuelle Chimamanda Ngozi Adichie nennt dies in ihrem weithin bekannten TED-Talk „The danger of a single story" eine „balance of stories".[29] Statt der Wiederholung von hegemonialen Perspektiven geht es ihr darum, bislang weniger in den Blick genommene Sichtweisen einzunehmen und Geschichten zu erzählen, die dominante Perspektiven herausfordern und andere Realitäten erzählen, die es auch gibt, die aber weniger im kollektiven Gedächtnis verankert sind.[30] Es geht dann nicht darum, das eine objektive Bild oder ein „richtigeres" Bild zu vermitteln. Vielmehr ist im Anschluss an Adichie ein besseres Gleichgewicht von Geschichten bzw. Perspektiven das Ziel[31], denn – um erneut mit Haraway zu sprechen, „it matters what stories we tell to tell other stories with; it matters what knots knot knots, what thoughts think thoughts, what descriptions describe descriptions, what ties tie ties. It matters what stories make worlds, what worlds make stories."[32]

Und lediglich ein reflexives, nicht aber ein rein additives Verständnis von Multiperspektivität (im Sinne einer Aneinanderreihung unterschiedlicher Perspektiven) ist anschlussfähig an Haraways fundamentale Kritik und ihr Verständnis von der Situiertheit und Perspektivgebundenheit von Wissen.[33] Wenn wir also mit dem Eingangszitat von Haraway 35 Jahre später auf Perspektiven in Bildungsmedien schauen, erscheint die Frage nach (Multi-)Perspektivität in Bildungsmedien keineswegs geklärt – so etabliert der Begriff im Zusammenhang mit Bildungsmedien auch scheinen mag.

Multiperspektivität in der pluralen Gesellschaft

Wir leben in einer pluralen Gesellschaft, in der das Bewusstsein für Perspektivenvielfalt und die Reflexion eigener Perspektivengebundenheit und damit einhergehender Ausblendungen essenziell ist für ein (inklusives) gesellschaftliches Miteinander und einen konstruktiven Umgang mit Konflikten. Gleichzeitig stellen unterschiedliche Perspektiven auch den hegemonialen gesellschaftlichen

---

tische Entwürfe rassismuskritischer Unterrichtsplanung, Wiesbaden: Springer VS, 2020, 349–375, 352.

29 Chimamanda N. Adichie, „The danger of a single story", http://www.ted.com/talks/chim amanda_adichie_the_danger_of_a_single_story, zuletzt geprüft am 17. April 2014.

30 Wie die Idee eines solchen Storytelling-Ansatzes, insbesondere mit Blick auf Mediengestaltung, in die Bildungspraxis überführt werden kann, siehe z.B. Joe Lambert und Brooke Hessler, Digital storytelling. Story work for urgent times, Berkeley, CA: Digital Diner Press, 2020.

31 Adichie, „The danger of a single story".

32 Donna Haraway, Staying with the Trouble. Making Kin in the Chthulucene, Durham, London: Duke University Press, 2016, 12.

33 Haraway, „Situated Knowledges".

Konsens an überlieferten Grunddeutungen und Wertvorstellungen infrage. Für bildungspolitische, aber auch -theoretische und -praktische Kontexte ist daher ein verkürztes Verständnis von Multiperspektivität nicht ausreichend. Genauso wenig erscheint es als ausreichend, allein schon für das Vorhandensein von diversen Perspektiven mit der pauschalen Begründung einzutreten, diese wären als Bereicherung oder generell als eine dringend notwendige Voraussetzung aufzufassen, das positive Potential von Heterogenität an Schulen und in der Gesellschaft auszuschöpfen. Dabei geht es durchaus darum, unterschiedliche Perspektiven einzubringen, um Vielfalt oder Differenz in Bildungsmedien überhaupt zu repräsentieren, wobei es ein sachlich orientiertes Korrektiv braucht, um jeweilige Perspektiven stets auf ihren überprüf- bzw. belegbaren „Wahrheitsgehalt" hin zu überprüfen. Erst dann können multiperspektivische und Perspektivität reflektierende Bildungsmedien ein starkes inklusives Signal senden. Darüberhinausgehend bedeutet Perspektivenvielfalt allerdings immer auch ein Aushandeln unterschiedlicher Perspektiven, welches durchaus kontrovers und konfliktbehaftet sein kann.

Weithin geteilte Wahrnehmungs-, Deutungs- und Handlungsmuster sind häufig verknüpft mit machtvollen Praktiken der Valorisierung und Devalorisierung. Perspektivenaushandlungen finden eingebettet in gesellschaftliche Machtverhältnisse statt – so auch in Lehr-/Lernsituationen und Unterrichtskontexten. Damit gehen sie immer auch mit der Gefahr der Festigung der gesellschaftlichen Machtverhältnisse, der Gefahr der Verletzung und Diskriminierung von Schülerinnen und Schülern und der Reproduktion, Aktualisierung und Legitimierung hegemonialer Perspektiven einher – bei gleichzeitiger Marginalisierung nicht-hegemonialer Perspektiven. In konkreten Lehr-/Lernsituationen kann daher eine dezidierte Bestärkung marginalisierter Perspektiven notwendig werden („Can the Subaltern Speak?"[34]). Es braucht das Bewusstsein, eine Sensibilität und eine Professionalität von Lehrenden und Bildungsmedienredaktionen im Hinblick auf das hohe Potential der Reproduktion von Diskriminierung in Lehr-/Lernsituationen, in denen unterschiedliche Perspektiven angeboten und verhandelt werden. Den Fokus statt auf Perspektivenvielfalt auf die Aushandlungsprozesse von Perspektiven in von gesellschaftlichen Macht- und Differenzverhältnissen durchzogenen Lehr-/Lernsituationen zu richten, rückt die Bedeutung der Professionalisierung von Lehrkräften in den Blick, die nicht allein gelassen werden dürfen mit den potentiell schwierigen Situationen, die in solchen Aushandlungsprozessen im Klassenraum entstehen können.

---

34 Gayatri C. Spivak, „Can the Subaltern Speak?", in: Cary Nelson und Lawrence Grossberg (Hg.), *Marxism and the Interpretation of Culture*, Urbana, Chicago: University of Illinois Press, 1988, 271–313.

Bildungsmedien und Bildungsmedienschaffende bzw. -verlage sind wie auch Schulen und schulische Akteurinnen und Akteure gefordert, auf die Heterogenität von Perspektiven und die damit einhergehenden Ambivalenzen einzugehen und Anregungen zu schaffen, diese im Sinne einer mündigkeitsorientierten Bildung[35] zu reflektieren. Dafür sind ein kritisches Bewusstsein für (die eigene) Perspektivität, ein Wissen um unterschiedliche Perspektiven, ein Wissen um Vertreterinnen und Vertreter von bestimmten Perspektiven in bestimmten Diskursen bzw. (medialen) Quellen und wo diese zu finden sind sowie eine grundsätzliche Bereitschaft, sich mit unterschiedlichen Sichtweisen auseinanderzusetzen bzw. diese zur Aussprache zu bringen, wichtige Schritte. All dies kann durchaus voraussetzungsvoll sein, wenn beispielsweise den Autorinnen und Autoren bzw. dem Redaktions-Team das Wissen um und der (sprachliche) Zugang zu afrikanischen und afrodiasporischen Quellen fehlen, während sie ein Kapitel zu „Afrika" in einem Geografieschulbuch entwickeln. So lautete auch eine der Empfehlungen der *Schulbuchstudie Migration und Integration* an Bildungsmedienverlage, die Schulbuchredaktionen diverser zu besetzen.[36] Um potentiellen Missverständnissen zu begegnen: Damit soll weder argumentiert werden, dass eine diverse Personalpolitik automatisch zu multiperspektivischen Bildungsmedien führt, noch möchten wir in essentialisierender, homogenisierender Weise Individuen zu Repräsentantinnen und Repräsentanten ihrer bzw. der ihnen zugeschriebenen Gruppe(n) machen, denen dann die Aufgabe übertragen wird, „Multiperspektivität" zum Ausdruck zu bringen. Dennoch führen wir diese Empfehlung hier an, um zu betonen, dass die gesellschaftliche Positioniertheit von Teams aus Redaktionen und Autorinnen/Autoren sowie deren Wissen um unterrepräsentierte, gegenhegemoniale Diskurse und Quellen eine zentrale Rolle dabei spielen, welches Wissen und welche Quellen in Bildungsmedien (re-)produziert und damit immer wieder gefestigt und legitimiert und/oder auch herausgefordert, hinterfragt und verschoben werden. Eine gute Referenz hierfür bieten die mittlerweile in Jahrzehnte langer bilateraler Kooperation etablierten Praktiken der Gemeinsamen Deutsch-Polnischen Schulbuchkommission, die sich nicht zuletzt in der Produktion gemeinsamer Lehrmaterialien und sogar curricularer Bildungsmedien für beide Länder bewährt haben.

Denn auch strukturelle Voraussetzungen tragen zur Ermöglichung oder Behinderung von Perspektivenvielfalt in Bildungsmedien bei. Jenseits von Schulbuchverlagen ist damit auch die bildungspolitische Ebene, beispielsweise in Form von Lehrplankommissionen, involviert und in der Verantwortung, dazu beizutragen, dass die Pluralität gesellschaftlicher Perspektiven in schulischen Bil-

---

35 Vgl. auch Müller, „Perspektivenvielfalt und Normativität als Antwortmöglichkeiten auf demokratische Herausforderungen?".

36 Inga Niehaus et al., *Schulbuchstudie Migration und Integration*, 67.

dungsmedien besser abgebildet wird und bisher marginalisierten gesellschaft-
lichen/theoretischen/erinnerungskulturellen etc. Perspektiven in schulischen
Bildungsmedien stärker Gehör verschafft wird. Zu diskutieren wäre auch, wie die
Perspektiven von Schülerinnen und Schülern selbst stärker eingebunden werden
können.

Multiperspektivität: reflexiv, hegemoniekritisch, emanzipatorisch

Ziel ist dabei nicht allein, Perspektiven einzubringen, um Vielfalt oder Unterschiede zu repräsentieren – wenngleich die hohe Bedeutung, die Repräsentanz
für marginalisierte gesellschaftliche Gruppen und individuelle Lernende oder
Lehrende haben kann, keinesfalls unterschätzt werden soll. Über Repräsentanz
hinausgehend ist hier aber gleichzeitig auch die Verhandlung von Perspektiven
und Perspektivität gemeint, um reflexiv-kritische, partizipative und emanzipa-
torische Lernprozesse anzuregen und zu begleiten, die Lernende (und Lehrende)
stimulieren, eigene und gesellschaftlich dominante, verfestigte Wissensbestände
und Deutungs-, Denk-, Sprech- und Handlungsmuster zu hinterfragen und die
ihnen andere, unterrepräsentierte Wissensangebote unterbreiten. Denn – so
warnt auch die hawaiianische Forscherin Julie Kaomea in einem Beitrag zu Kolonialismus und Tourismus in hawaiianischen Grundschulbüchern, das Sicht-
barmachen von Minoritäten in Bildungsmedien allein kann angesichts der jeweiligen gesellschaftlichen Machtverhältnisse – im gegebenen Fall unter anhal-
tenden rassistischen und kolonialen Bedingungen – auch zu ambivalenten
Ergebnissen führen.[37]

Eine reflexiv, machtsensibel bzw. hegemoniekritisch und emanzipatorisch
verstandene Multiperspektivität geht mit einer Reihe wichtiger Fragen einher,
deren verstärkte Diskussion wir für die Forschung rund um Bildung und Bildungsmedien für notwendig und vielversprechend halten. Dabei plädieren wir
für eine Forschung rund um Bildungsmedien, die diese nicht allein isoliert betrachtet, sondern auch deren Einbindung in unterrichtliche Interaktionen und
soziomaterielle (Bildungs-)Kontexte in den Blick nimmt.

Wie kann z. B. vermieden werden, dass Multiperspektivität im Sinne eines
absoluten Relativismus (miss-)verstanden oder gar bewusst in diesem Sinne
missbraucht wird, sodass alle Perspektiven gleichermaßen Gültigkeit beanspruchen – auch dann, wenn sie andere Menschen diskriminieren?[38] Wie kann in

---

37 Julie Kaomea, „A Curriculum of Aloha? Colonialism and Tourism in Hawai'i's Elementary
   Textbooks", in: *Curriculum Inquiry* 30, 3 (2000), 319–344.
38 Vgl. Müller, „Perspektivenvielfalt und Normativität als Antwortmöglichkeiten auf demokratische Herausforderungen?", 110.

Bildungsmedien sowie in der Interaktion mit diesen im Unterricht ein reflexiver, mündigkeitsorientierter Umgang mit Perspektivenvielfalt angeregt werden?[39] Wie kann es gelingen, dass auch marginalisierten Perspektiven innerhalb einer Gesellschaft in Bildungsmedien und Lehr-/Lernsituationen Gehör verschafft wird? Wie können Bildungsmedienschaffende und Lehrerinnen/Lehrer in geeigneter Weise im Hinblick auf diese herausfordernde Aufgabe professionalisiert werden?

Das Hinterfragen eigener Perspektiven bedeutet auch ein Zulassen von Verunsicherung und Ambivalenzen. Wie können Lernende in geeigneter Weise dazu angeregt, aber auch bei dieser potentiell schwierigen Aufgabe begleitet und unterstützt werden? Aber auch: Was bedeutet das Hinterfragen eigener Perspektiven für Lehrende und ihr Rollenverständnis in Unterrichtssituationen und -interaktionen? Was bedeutet das Zulassen von Verunsicherung für das Verständnis und die Konzeption von Bewertungs- und Handlungskompetenz, die Lernende erlangen sollen? Sowie – bezogen auf Bildungsmedienschaffende, aber auch darüberhinausgehend das hegemoniale Verständnis von Bildungsmedien und ihre Rolle und Funktion betreffend: Sollten nicht auch schulische Bildungsmedien sich selbst stärker hinterfragbar machen, anstatt (zur Förderung von Medienkompetenz) Lernende lediglich dazu anzuregen, *andere* Medien kritisch zu rezipieren?

Multiperspektivität *within and beyond the nation state*

Fragen der (Multi-)Perspektivität in Bildungsmedien berühren nicht nur unterschiedliche Perspektiven *„within"*, sondern auch *„beyond* the nation state". Fragen, die eher die Dimension der Multiperspektivität *„within* the nation state" betreffen, wären beispielsweise: Wie steht es um diversitäts- und rassismuskritische Perspektiven in Bildungsmedien (s. die Beiträge von Hagemann, Sahota und Schumann in diesem Band) und/oder eine diskriminierungskritische Interaktion mit Bildungsmedien in konkreten Lehr-/Lernsituationen in der deutschen Migrationsgesellschaft?[40] Wie können Bildungsmedien Gewalterfahrungen in der jüngeren Geschichte einer Gesellschaft reflektieren und die unterschiedlichen heutigen Perspektiven auf diese sowie Stillschweigen rund um diese aufgreifen (s. a. Utami in diesem Band)? Was hat die Bildungsmedienentwicklung für sprachliche Minderheiten mit Multiperspektivität zu tun (s. Totter und Cathomas in diesem Band)? Wie können eurozentrische, universalistische Per-

---

39 Müller, „Perspektivenvielfalt und Normativität als Antwortmöglichkeiten auf demokratische Herausforderungen?".
40 Bönkost, „Dekonstruktion von Rassismus in Schulbüchern".

spektiven dezentriert werden, beispielsweise in Bezug auf hegemoniale Afrikabilder (s. a. Schwarze in diesem Band)?

Multiperspektivität *„beyond* the nation state" macht eine weitere Dimension
auf, die mit Bezug zu Bildungsmedien und Perspektiven relevant ist. Zur Auseinandersetzung mit Perspektivität gehört auch, dass Bildungsmedien, Fachdidaktiken, Bildungsforschung und Bildungspolitik gefordert sind, den metho-
dologischen Nationalismus in der Bildungsmedienentwicklung, in wissenschaftlichen und politischen Debatten sowie in der schulischen Praxis zu
überwinden und sich mit unterschiedlichen Perspektiven auf Ziele, Inhalte und
Methoden auseinanderzusetzen. Denn Multiperspektivität ist auch eine trans-
national anzugehende Herausforderung, die sich nicht allein darin erschöpfen
kann, nationalstaatlich gerahmte Narrative um weltgeschichtliche oder globale
Blickwinkel zu erweitern. Es kommt vielmehr darauf an, die unterschiedlichen
nationalen Didaktiken oder die zerklüfteten Bildungslandschaften zu überwöl-
ben und so gegenseitiges Verständnis für (historische) Konstruktionen und auf
dieser Grundlage einen bildungspolitischen Dialog z.B. über erinnerungspoli-
tische Formate der historischen Wissensvermittlung an Schulen zu fördern.
Multiperspektivische und transnationale Ansätze erfordern, die verschiedenen
didaktischen Zugänge, Traditionen und (historischen) Perspektiven erst einmal
kennenzulernen, sich mit ihren jeweiligen Logiken auseinanderzusetzen und
diese bestenfalls miteinander zu „vernetzen". Der rote Faden jeglicher transna-
tional gerahmter didaktischer Ansätze liegt dabei in der „Übersetzungsleistung",
die keine allein sprachtechnische Aufgabe ist, sondern eine wichtige Scharnier-
leistung impliziert und als solche eine (geschichts-)didaktische Herausforderung
darstellt: Eigenlogiken unterschiedlicher Perspektiven müssen erst kompetent
übersetzt und im zweiten Schritt didaktisch reflektiert werden. Allein schon die
in eine multiperspektivische Darstellung einbezogenen Elemente der Erinnerungskultur von zwei benachbarten Staaten – wie das seit 2020 vorliegende gemeinsame deutsch-polnische Geschichtsschulbuch *Europa – Unsere Geschichte*[41]
exemplarisch zeigt – können ein Verständnis dafür vermitteln, dass etwa in den
europäischen Gesellschaften bei gleichem fachwissenschaftlichen Erkenntnis-
stand ganz unterschiedliche Ereignisse als sinnbildend erinnert werden. Dies

---

41 Asmut Brückmann et al., *Europa – Unsere Geschichte*, Wiesbaden: Eduversum und Warschau: WSiP, 2020. Diese von deutschen und polnischen Autoren und Autorinnen gemeinsam
   erarbeitete Lehrwerkreihe zur europäischen Geschichte liegt in beiden Sprachen vor und
   kann in deutschen wie polnischen Schulen als Lehrwerk eingesetzt werden. Es handelt sich
   um eine vierbändige Reihe für den regulären Einsatz im Geschichtsunterricht der Sekundarstufe I. Vgl. auch: Marcin Wiatr und Dominik Pick, „Transnationale Ansätze in der
   Geschichtsdidaktik aus bilateraler Sicht. Zum deutsch-polnischen Geschichtsbuchprojekt
   Europa – Unsere Geschichte / Europa. Nasza historia", in: *Bildung und Erziehung*, Themenheft: Bildungspropaganda–Bildungsnationalismus–Bildungskooperation, 2 (2022), 164–
   186.

kann ein wichtiger Ausgangspunkt für Lernprozesse sein, die eigene stand-punktgebundene Perspektivität reflexiv einzuholen und Wissensbestände zu hinterfragen und zu verändern.

Multiperspektivität und Materialität/Medialität im postdigitalen Zeitalter

Mit Bildungsmedien im postdigitalen Zeitalter[42] rücken auch Fragen nach der (Sozio-)Materialität und Medialität von Bildungsmedien, insbesondere im Zusammenhang mit (der Reflexion von) (Multi-)Perspektivität, immer stärker in den Fokus. Materialitäten und soziotechnische Affordanzen (*affordances*[43]) unterschiedlicher Bildungsmedien[44] sollten reflektiert und hinterfragt werden, denn Bildungsmedien umfassen in der datengetriebenen, postdigitalen Gesellschaft nicht nur (gedruckte Print-)Schulbücher, sondern auch andere Medien und Technologien, wie z. B. Lernmanagementsysteme, Lehr- und Lernvideos, Apps, AR/VR, Websites oder (Computer-)Spiele, die für unterschiedliche Bildungs- und Lehr-/Lernkontexte verfügbar gemacht werden. Letztere im Hinblick auf ihre Medialität sowie ihre soziomaterielle, performative und praktische Einbettung in Unterrichts- oder Lehr-/Lernpraktiken kritisch zu reflektieren, erscheint immer bedeutender angesichts der rasanten Verbreitung von KI-Anwendungen und -Systemen, wie zum Beispiel ChatGPT, die potenziell Ungleichheit und Vorurteile (*biases*) (re-)produzieren.

---

42 Zum Konzept der „Postdigitalität" (in der Bildungsforschung) siehe zum Beispiel Petar Jandrić und Jeremy Knox, „The postdigital turn: Philosophy, education, research", in: *Policy Futures in Education* 20, 7 (2022), 780–795. Zu theoretischen und perspektivischen Überlegungen zur Konstruktion postdigitalen Wissens und postdigitaler Theorie und (forschungsmethodischen) Überlegungen zur Konstruktion postdigitaler Forschung siehe z. B. Petar Jandrić, Alison MacKenzie und Jeremy Knox, *Postdigital Research. Genealogies, Challengens and Future Perspectives*, Cham: Springer, 2023, https://doi.org/10.1007/978-3-0 31-31299-1 (siehe auch den Review von Büchner) und dies., *Constructing Postdigital Research. Method and Emancipation*, Cham: Springer, 2023, https://doi.org/10.1007/978-3-031 -35411-3 (siehe auch den Review von Poltze).

43 S. James J. Gibson, „The theory of affordances", in: Robert Shaw und John Bransford (Hg.), *Perceiving, Acting and Knowing*, New York: John Wiley, 1977, 67–82.

44 Nach James J. Gibson, „The theory of affordances", wird als Affordanz (*affordance*) eines Objekts/Artefakts (bzw. in unserem Fall (Bildungs-)mediums) dessen „Angebotscharakter" verstanden. Zum Affordanzkonzept siehe z. B. Nicole Zillien, „Die (Wieder-)Entdeckung der Medien – Das Affordanzkonzept in der Mediensoziologie", in: *Sociologia Internationalis* 46, 2 (2008), 161–181. Es geht in anderen Worten und in aller Kürze darum, welche „Angebote" und Handlungsmöglichkeiten zum Beispiel durch unterschiedliche Designelemente von Medien nahegelegt werden.

Relevante Fragen mit Blick auf Materialität und Medialität im postdigitalen Zeitalter sind zum Beispiel: Wie unterscheiden sich gedruckte Bildungsmedien, wie z. B. Schulbücher, von digitalen Bildungsmedien? *Was* ermöglichen oder verhindern/erschweren bestimmte Strukturen und Designelemente *wie* in unterschiedlichen Bildungsmedien? Wie trägt beispielsweise der (begrenzte) Platz in Schulbüchern zur Ermöglichung oder Verhinderung von Multiperspektivität und Perspektivenvielfalt bzw. zur Produktion einer ganz bestimmten Art von Multiperspektivität bei und wie transformiert sich dies möglicherweise, wenn wir auf digitale Bildungsmedien blicken, in denen der Platz für ein bestimmtes Thema zumindest prinzipiell weniger stark begrenzt ist? So fragen Tribukait und Bock, „ob und wie webbasierte Schulbücher aufgrund der Unbestimmtheit, die die Interaktion von Akteuren und digitalen Technologien auszeichnet,[45] einen Weg eröffnen könnten zu einem Unterricht, der der Offenheit, Perspektivität und Kontroversität [...] anders gerecht wird."[46] Dass sich die (sozio-)materiellen Arrangements in schulischen Lehr-/Lernsituationen durch die Nutzung vernetzter digitaler Medien verändern, bedeutet allerdings nicht automatisch auch eine tiefgreifende Veränderung der unterrichtlichen Praktiken, mit denen diese Medien in den Unterricht eingebunden werden. Darauf weisen Tribukait und Bock hin, die sich im Kontext von Geschichtsunterricht mit dem Schnittpunkt der Materialität/Medialität von digitalen Bildungsmedien und den Unterrichtspraktiken im Zusammenhang mit diesen Bildungsmedien befassen.[47] Und auch Macgilchrist betont, dass das Vorhandensein von mehr Platz als einem materiellen Aspekt eines digitalen Bildungsmediums nicht automatisch mehr Multiperspektivität ermöglicht.[48] Es kann durchaus eine Differenz geben zwischen den Medienpraktiken, die durch die Medien angeregt werden und den Praktiken, die unterrichtlich umgesetzt werden. Es reicht daher nicht aus, den Blick allein auf die Potentiale zu richten, die digitale Bildungsmedien für Multiperspektivität und deren Reflexion aufgrund ihrer fluiden Materialität und Medialität aufweisen. Vielmehr ist auch deren Einbindung in differente soziomaterielle Unterrichtspraktiken zentral. Das *mbook Geschichte* – ein digitales Schulbuch, mit dem Tribukait und Bock sich empirisch auseinandersetzen – integriert zum Beispiel Autorinnen-/Autoren-Videos, um den Konstruktionscharakter von

---

45 Allert et al., „Formen von Subjektivierung und Unbestimmtheit im Umgang mit datengetriebenen Lerntechnologien – eine praxistheoretische Position", in: *Zeitschrift für Erziehungswissenschaft* 21 (2017), 142–158, 146, zit. n. Maren Tribukait und Annekatrin Bock, „Impulse und Irritationen: Das transformative Potential eines digitalen Schulbuchs für den Geschichtsunterricht", in: *Medienimpulse* 60, 1 (2022), 1–37, 29.
46 Tribukait und Bock, „Impulse und Irritationen", 9, 29.
47 Tribukait und Bock, „Impulse und Irritationen".
48 Macgilchrist, „Elastic Textbooks: Pulling National Pasts Forward".

„Geschichte" zu verdeutlichen.[49] Die Autoren und Autorinnen erklären in den Videos, warum sie bestimmte thematische Schwerpunkte gesetzt und andere Ereignisse ausgelassen haben, was sie an den Themen jeweils wichtig finden oder warum sie bestimmte Quellen ausgewählt haben.[50] Um dieses Potential für eine reflexive Auseinandersetzung mit (Multi-)Perspektivität und dem Konstruktionscharakter von Wissensbeständen (hier des Geschichtsunterrichts) zu nutzen, bedarf es allerdings einer entsprechenden unterrichtlichen Einbettung.

Die Beiträge in diesem Band

Die Beiträge in diesem Sammelband basieren auf Vorträgen, die im Rahmen der Jahrestagung „Perspektiven *in* und *über* Bildungsmedien. Voraussetzungen – Aushandlungsprozesse – Chancen" gehalten wurden, die vom Georg-Eckert-Institut | Leibniz-Institut für Bildungsmedien am 23. und 24. Februar 2023 in Braunschweig ausgerichtet wurde. Die Idee zum Tagungsthema geht auf die Abteilung „Wissen im Umbruch" zurück. Für ihre Beiträge auf der Tagung und die Unterstützung bei der Organisation und möchten wir uns ausdrücklich bedanken bei Riem Spielhaus, Benjamin Zachariah, Eckhardt Fuchs, Heike Ettlich und Susanne Vullriede. Für die herausragende redaktionelle Arbeit danken wir Nicola Watson und Wibke Westermeyer. Letzterer gilt ein besonderer Dank, da ihre Expertise und wertvollen Anregungen maßgeblich zur Qualität des Bands beigetragen haben. Ohne ihr unermüdliches Engagement hätte der Band ganz sicher erst später das Licht der Welt erblickt.

Der Sammelband führt unterschiedliche (trans-)disziplinäre und transnationale Blickwinkel auf die vielfältigen Dimensionen von Perspektiven in schulischer Bildung und Bildungsmedien zusammen. Die Beiträge beleuchten Perspektiven, Perspektivität und Perspektivenvielfalt bzw. Multiperspektivität in unterschiedlichen aktuellen thematischen Zusammenhängen und gesellschaftlichen Kontexten wie beispielsweise Rassismus und Diversität in Bildungsmedien der BRD (s. Hagemann, Schumann) sowie im gesellschaftlichen Kontext Großbritanniens (s. Sahota) oder auch historische Gewalterfahrungen und deren (De-) Thematisierung in aktuellen indonesischen Bildungsmedien (s. Utami). Sie nehmen dabei unterschiedliche Stationen der Bildungsmedienkonzeption und -produktion in den Blick (s. Chiriac, Sengupta und Bagchi, Totter und Cathomas), genauso wie die kritische Analyse fertiger Produkte (s. u. a. Heldt, Bloise und Theophil sowie Schmitz-Zerres) oder unterrichtliche Interaktionen (s. Schwarze). Die Aufsätze haben unterschiedliche disziplinäre Fokussierungen,

---

49 Cornelsen Verlag, *mBook Geschichte*, 2018.
50 Tribukait und Bock, „Impulse und Irritationen", 9.

betrachten Bildungsmedien unterschiedlicher Schulfächer wie beispielsweise
Geschichte, Philosophie, Politik und Geografie oder wählen einen überfachli-
chen, thematischen Blick und sie argumentieren von unterschiedlichen theoretischen Perspektiven aus. Mal nehmen sie – wie beispielsweise die Beiträge im
dritten Abschnitt „Perspektivenvielfalt? Gesellschaftliche Diskurse und Bildungsmedien" – stärker eine kritisch-analytische Außenperspektive auf Bildungsmedien ein, mal argumentieren sie wie im vierten Abschnitt „Bildungsmedien *Out of the Box*" stärker aus der Perspektive von selbst in die Bildungsmedienproduktion involvierten Forschenden. Die Beiträge sind zum Teil in
deutscher, zum Teil in englischer Sprache verfasst. Sie eint ein kritisch-reflexiver,
mündigkeitsorientierter Zugang (für die bildungstheoretische Auseinandersetzung s. Müller in diesem Band) sowie ein gemeinsames Interesse an der kritischen Auseinandersetzung mit mangelnder bzw. der Stärkung von Multiperspektivität.

Multiperspektivität als *Game Changer?*

Im ersten Abschnitt „Multiperspektivität als *Game Changer?*" nehmen drei
Beiträge das Konzept der Multiperspektivität stärker theoretisierend in den Blick
und setzen dabei unterschiedliche Schwerpunkte: Im ersten Beitrag „Perspektivenvielfalt – aber welche?" geht Stephan Müller dem Konzept der Perspektivenvielfalt im Kontext von Schule und Unterricht nach. Sein Beitrag bietet einen
Rahmen zur Unterscheidung von Multiperspektivitätsverständnissen an. Mit
besonderem Blick auf die politische Bildung fragt er, wie eine Perspektivenvielfalt
strukturell aufgebaut ist, die Bildungserfahrungen (nicht) unterstützt und wozu
diese beitragen sollte. Müller diskutiert Rahmenbedingungen, strukturelle Modelle und Begründungsmuster von Perspektiven(-vielfalt) in Bildungskontexten
im Spannungsfeld von Utilitarismus und Mündigkeit. Abschließend plädiert er
für eine reflexive Perspektivenvielfalt im Rahmen mündigkeitsorientierter Bildung, durch die eine Reflexion eigener und gesellschaftlicher Annahmen,
Selbstverständlichkeiten und normativer Orientierungen für Lehrende und
Lernende eröffnet werde.
   Grace Sahota hinterfragt in ihrem Beitrag „A Critical Race Theory Approach
to Multiperspectivity as Counterhegemonic History" das Konzept der Multiperspektivität im Geschichtsunterricht kritisch aus der Perspektive von Hege-
monietheorie und Critical Race Theory (CRT). Sie versteht Perspektiven aus
einem hegemonietheoretischen Zugriff als geprägt durch Paradigmen und fragt
danach, ob Multiperspektivität als Teil eines gegenhegemonialen Prozesses betrachtet werden kann – mit dem Ziel, Prozesse der Rassifizierung in neoliberalen
Regimes zu unterbrechen. Sie plädiert für einen praktischen CRT-Ansatz im

Hinblick auf Multiperspektivität und diskutiert sowohl methodologische Implikationen für Forschende, als auch konzeptuelle und praktische Implikationen für Lehrende.

Im dritten Beitrag mit dem Titel „Verfassertexte fallen nicht vom Himmel. Aushandlungen um (Multi-)Perspektivität in der Bildungsmedienproduktion" setzt sich Christine Chiriac mit Multiperspektivität auseinander, wie sie aus den Blickwinkeln der Bildungsmedienschaffenden selbst betrachtet wird. Ihr Beitrag bezieht sich auf die Entwicklung von Bildungsmedien des Geschichtsunterrichts und analysiert das Sprechen über und Verständnis von Multiperspektivität. An empirischen Beispielen zeigt Chiriac auf, wie die Akteurinnen und Akteure ihre Arbeit an Schulbüchern im Spannungsverhältnis zwischen unterschiedlichen Ansprüchen, Zielen und Rahmenbedingungen beschreiben und welche Implikationen sie für die Wiedergabe differenter Perspektiven im Geschichtsschulbuch in dieser Konstellation ausmachen.

Doing Difference/Doing Normality: Repräsentationen des Eigenen und Anderen

Im zweiten Abschnitt „*Doing Difference/Doing Normality:* Repräsentationen des Eigenen und Anderen" widmen sich drei Beiträge den Repräsentationen und Differenzkonstruktionen des Eigenen/Anderen in Schulbüchern verschiedener Schulfächer (Philosophie, Politik, Geografie). Daniel Schumann beschäftigt sich aus wissenssoziologisch-konstruktivistischer Perspektive in seinem Beitrag „Über-/Setzungen von Vielfalt. Perspektiven einer Soziologie politischer Bildungsmedien" mit bildungsmedialen Praktiken der Über-/Setzung und Transformation von Wissen über Vielfalt in Bildungsmedien, am Beispiel von Darstellungen von Integration in Politikschulbüchern. Er fokussiert die spezifische Fachlichkeit des Politikunterrichts und skizziert eine Analyseheuristik mit Kategorien einer Soziologie politischer Bildungsmedien, die bei der Analyse von Bildungsmedien, vor allem im Hinblick auf Über-/Setzungen von Differenz und die „Grammatik" der Übersetzung von Vielfaltsdiskursen, angewendet werden kann.

Am Beispiel der exemplarischen Analyse eines Kapitels aus einem Schulbuch des Philosophieunterrichts stehen Wissens- und Problemkonstruktionen im Hinblick auf Differenzkategorien wie Migration und Kultur im Fokus des Beitrags von Philipp Hagemann mit dem Titel „,Eine Ethik für alle Kulturen?' Zum Repräsentationsverhältnis eines ‚europäischen Wir' und ‚kulturell Anderer' in einem Schulbuchmaterial des Philosophieunterrichts". Er rekonstruiert didaktische Konzipierungen und Hintergründe sowie kulturbezogene Wissenszusammenhänge im ausgewählten Schulbuchkapitel und fragt danach, welches Wissen über die Welt vermittelt wird, wie „Kultur" konzipiert wird, welche

Modellierung der Lerngruppe in den Adressierungen deutlich wird und welches performative, subjektivierende Potential in diesen enthalten ist.

Sonja Schwarze fokussiert in ihrem Beitrag „*Same old, same old?* Denkmuster der Kolonialität und ihre Konsequenzen als Bestandteil des ‚Subsahara-Afrika'-Bildes im Geografieunterricht" koloniale Denkmuster im Geografieunterricht. Basis dafür ist eine diskursorientierte Analyse von Unterrichtsbeobachtungen und im Unterricht eingesetzten Materialien. Sie zielt insbesondere auf die Transparentmachung von kolonialen Narrativen als Bausteine des negativen „Subsahara-Afrika"-Bildes in den Unterrichtsmaterialien und der Performanz des beobachteten Geografieunterrichts. Abschließend reflektiert sie Implikationen für die Unterstützung der Schulbucharbeit und Lehrkräfteprofessionalisierung.

Perspektivenvielfalt? Gesellschaftliche Diskurse und Bildungsmedien

Im dritten Abschnitt „Perspektivenvielfalt? Gesellschaftliche Diskurse und Bildungsmedien" stehen unterschiedliche Diskurse – um Gewalt, Zukunft und Multiperspektivität, sowie Digitalisierung/Digitalität – in und im Zusammenhang mit Bildungsmedien im Fokus der Beiträge. In einer Auseinandersetzung mit der Geschichte eines postkolonialen Staates blickt Indah Wahyu Puji Utami auf Diskurse um „Gewalt" im indonesischen Unabhängigkeitskrieg in indonesischen Geschichtsschulbüchern aus geschichtsdidaktischer und kritischer Perspektive. Vor dem Hintergrund neuerer Entwicklungen in den Lehrplänen und Schulbuchänderungen in Indonesien zeigt sie Möglichkeiten auf, das Thema Gewalt während des indonesischen Unabhängigkeitskriegs zu untersuchen und Multiperspektivität in der (geschichtsdidaktischen) Unterrichtspraxis und in Geschichtslehrplänen im Umgang mit *difficult history* umzusetzen.

Diskurse um Zukunft und Multiperspektivität stehen im Fokus des Beitrags „Die Zukunft im Geschichtsbuch?" von Sabrina Schmitz-Zerres. Aus einer inhaltsanalytischen und international vergleichenden Perspektive blickt Schmitz-Zerres auf (multi-)perspektivische Zukunftsszenarien in deutschen, britischen und chilenischen Geschichtsschulbüchern. Sie fragt, wie Geschichtsschulbücher die kontingente Zukunft verhandeln und wie die Beziehung von Schulbuchautoren und -autorinnen und Lernenden konstruiert wird. Werden die Perspektiven der Schulbuchautoren und -autorinnen den Schülerinnen und Schülern nahegelegt? Der Beitrag arbeitet Unterschiede und Gemeinsamkeiten in den diversen Bildungsmedien heraus.

Inken Heldt, Jennifer Bloise und Manuel Theophil analysieren in ihrem Beitrag mit dem Obertitel „Verhinderung von Perspektivenvielfalt?" die Thematisierung von Digitalisierung/Digitalität und digitalen Medien in rheinland-pfälzischen Schulbüchern des Faches Sozialkunde. Aufbauend auf Ergebnissen einer qualitativen Inhaltsanalyse setzen sie sich insbesondere mit der eingeschränkten Perspektivenvielfalt *auf* digitale Medien innerhalb der Schulbücher auseinander, nehmen aber auch die Vermittlung eingeschränkter Perspektivenvielfalt *durch* digitale Medien in den Blick.

Bildungsmedien *Out of the Box*

Im vierten und letzten Abschnitt des Sammelbandes „Bildungsmedien *Out of the Box*" wird der Blick auf die Entwicklung und Produktion von (multiperspektivischen) Bildungsmedien gerichtet – aus der Perspektive von Forschenden, die in eben diese Entwicklungsprozesse eingebunden waren.

Alexandra Totter und Rico Cathomas beschäftigen sich in ihrem Beitrag mit Perspektiven der Bildungsmedienforschung auf Minderheiten-Sprachlehrmittel für Rätoromanisch in der Schweiz. Sie fragen nach der Rolle von Lehrmitteln zur Wahrung von Minderheitensprachen und fokussieren exemplarisch die Entwicklungsprozesse eines solchen Lehrmittels, um auf spezifische Anforderungen zu schließen. Abschließend diskutiert der Beitrag, welche spezifischen Forschungsfragen und -perspektiven sich bei der Untersuchung von Minderheiten-Sprachlehrmitteln eröffnen und mit welchen Herausforderungen aber auch Chancen Bildungsmedienforschung über Sprachlehrmittel für Minderheiten verbunden ist.

Anwesha Sengupta und Debarati Bagchi geben abschließend vor dem Hintergrund aktueller Debatten und Tendenzen nationalistischer Geschichtsschreibung in indischen Lehrplänen und einer Normalisierung nicht recherchierter, gefälschter und/oder als gefährlich einzustufender Geschichtsinhalte, einen Einblick in die Überarbeitungs- und Entwicklungsprozesse dreier alternativer Schulbücher. Diese alternativen Geschichtsbücher für Kinder sind aus der Perspektive kritischer Geschichtswissenschaft und – wegen der höheren Reichweite – in einer regionalen Sprache (Bengali) verfasst. Auf Basis erhobener Daten aus Lese- und Illustrationssitzungen mit Kindern stehen nicht nur praktische Implikationen, sondern insbesondere die Verknüpfung von Geschichte und kritischem Denken im Fokus des Beitrags.

(Multi-)Perspektivität und Bildungsmedien: Ausblick

Wenn wir uns mit Perspektiven in und für Bildungsmedien auseinandersetzen, ist eine kritische Analyse und Reflexion auf unterschiedlichen Ebenen notwendig: in Bezug auf Prozesse und Praktiken der Bildungsmedienentwicklung,

-gestaltung und -produktion wie auch in Bezug auf Perspektiven, die in die Endprodukte, also die digitalen und analogen Bildungsmedien, eingeschrieben sind und durch diese (re-)produziert werden. Aber auch Fragen nach der Soziomaterialität und -technizität von Bildungsmedien im postdigitalen Zeitalter sind relevant, insbesondere in Bezug auf das, was in unterschiedlichen Bildungskontexten, z. B. im Unterricht, mit den Bildungsmedien „passiert", wie mit multiperspektivischen Bildungsmedien interagiert wird und wie diese von den unterschiedlichen Akteurinnen und Akteuren angeeignet werden. Auch darüber, welcher didaktischer Konzepte es bedarf, um spezifische Möglichkeiten von digitalen Medien zu erschließen und entfalten zu können, wissen wir noch wenig: Hier könnten für die Bildungsmedienforschung vor allem Interaktions- und Aneignungsforschungen hilfreiche und neue Blickwinkel eröffnen. Welche didaktischen und professionellen Praktiken, welche Nutzungs- und Aneignungspraktiken zeigen sich im Umgang mit unterschiedlichen digitalen und analogen Bildungsmedien in differenten postdigitalen (Bildungs-)Kontexten? Wie sind technische und soziale Bedingungen und Strukturen mit Medienpraktiken in Bildungskontexten verschränkt und verwoben? Wie positionieren sich unterschiedliche (schulische) Akteurinnen und Akteure zu Diskursen, die in die Strukturen und Inhalte unterschiedlicher Bildungsmedien eingeschrieben sind? Diese bisher kaum untersuchten Fragen sind es wert, stärker reflektiert und beforscht zu werden – am besten aus unterschiedlichen Perspektiven, mit interdisziplinär verorteten Ansätzen und transnationalen Zugängen.

Literaturverzeichnis

Adichie, Chimamanda N. „The danger of a single story", http://www.ted.com/talks/chim amanda_adichie_the_danger_of_a_single_story, zuletzt geprüft am 17. April 2014.

Baier, Katharina, Barbara Christophe und Kathrin Zehr. „Schulbücher als Seismographen für diskursive Brüche – Ein neuer Ansatz in der kulturwissenschaftlichen Schulbuchforschung dargestellt am Beispiel der Analyse von Schulbucherzählungen über den Kalten Krieg", in: *Eckert. Working Papers* 4 (2014), http://www.edumeres.net/urn/urn: nbn:de:0220-2014-00184.

Binnenkade, Alexandra. „Open Peer Review zu Felicitas Macgilchrist, Elastic Textbooks: Pulling National Pasts Forward, 2021", https://public-history-weekly.degruyter.com/9 -2021-2/elastic-textbooks/, zuletzt geprüft am 29. Juni 2023.

Dies. „Doing Memory", in: *Journal of Educational Media, Memory, and Society* 7, 2 (2015), 29–43.

Bonköst, Jule. „Dekonstruktion von Rassismus in Schulbüchern: ‚Verbesserte' Schulbuchinhalte reichen nicht aus", *Eckert. Dossiers* 1 (2020), https://repository.gei.de/handle /11428/314.

Brückmann, Asmut, Krzysztof Gutowski, Aleksandra Kmak-Pamirska und Herbert Kohl. *Europa – Unsere Geschichte*, Wiesbaden: Eduversum und Warschau: WSiP, 2020.

Büchner, Felix. „Review of Petar Jandrić, Alison MacKenzie, and Jeremy Knox (Hg.). (2023). *Postdigital Research: Genealogies, Challenges, and Future Perspectives*", in: *Postdigital Science and Education*, 2023, https://doi.org/10.1007/s42438-023-00437-1.

Cornelsen Verlag. *mBook Geschichte*, 2018.

Christophe, Barbara. „Agonistic memory as a relational concept: Remembering socialism in Lithuania", in: *Memory Studies* (2022), 1–14, https://doi.org/10.1177/175069802211 14083.

Danielzik, Chandra-Milena. „Überlegenheitsdenken fällt nicht vom Himmel. Postkoloniale Perspektiven auf Globales Lernen und Bildung für nachhaltige Entwicklung", in: *ZEP – Zeitschrift für internationale Bildungsforschung und Entwicklungspädagogik* 36, 1 (2013), 26–33.

Deleuze, Gilles. „Was ist ein Dispositiv?", in: *Spiele der Wahrheit: Michel Foucaults Denken*, François Ewald und Bernhard Waldenfels (Hg.), Frankfurt am Main: Suhrkamp, 1991, 153–162.

Gibson, James J. „The theory of affordances", in: *Perceiving, Acting and Knowing*, Robert Shaw und John Bransford (Hg.), New York: John Wiley, 1977, 67–82.

Haraway, Donna. „Situated Knowledges: The Science Question in Feminism and the Privilege of Partial Perspective", in: *Feminist Studies* 14, 3 (1988), 575–599.

Dies. *Staying with the Trouble. Making Kin in the Chthulucene*, Durham, London: Duke University Press, 2016.

Höhne, Thomas. *Schulbuchwissen. Umrisse einer Wissens- und Medientheorie des Schulbuches*, Frankfurt am Main: Johann Wolfgang Goethe-Universität, 2003.

Jandrić, Petar und Jeremy Knox. „The postdigital turn: Philosophy, education, research", in: *Policy Futures in Education* 20, 7 (2022), 780–795.

Jandrić, Petar, Alison MacKenzie und Jeremy Knox. *Constructing Postdigital Research. Method and Emancipation*, Cham: Springer, 2023, https://doi.org/10.1007/978-3-031-3 5411-35413.

Dies. *Postdigital Research. Genealogies, Challengens and Future Perspectives*, Cham: Springer, 2023, https://doi.org/10.1007/978-3-031-31299-1.

Kaomea, Julie. „A Curriculum of Aloha? Colonialism and Tourism in Hawai'i's Elementary Textbooks", in: *Curriculum Inquiry* 30, 3 (2000), 319–344.

Lambert, Joe und Brooke Hessler. *Digital storytelling. Story work for urgent times*, Berkeley, CA: Digital Diner Press, 2020.

Macgilchrist, Felicitas. „Schulbuchverlage als Organisationen der Diskursproduktion: Eine ethnographische Perspektive", in: *Zeitschrift für Soziologie der Erziehung und Sozialisation* 31, 3 (2011), 248–263.

Dies. „Materiality and Mediality of Textbooks", in: *The Palgrave handbook of textbook studies*, Eckhardt Fuchs und Annekatrin Bock (Hg.), London: Palgrave Macmillan, 2018, 169–177.

Dies. „Textbooks", in: *The Routledge handbook of critical discourse studies*, John Flowerdew und John E. Richardson (Hg.), Milton Park, Abingdon, Oxon, New York: Routledge, 2018, 525–539.

Dies. „Elastic Textbooks: Pulling National Pasts Forward", in: *Public History Weekly* 9, 2 (2021), doi:10.1515/phw-2021-17609.

Müller, Stefan. „Perspektivenvielfalt und Normativität als Antwortmöglichkeiten auf demokratische Herausforderungen?", in: *Demokratie im Stresstest. Reaktionen von Politikdidaktik und politischer Bildung*, Carl Deichmann und Marc Partetzke (Hg.), Wiesbaden: Springer VS, 2021, 103–121.

Niehaus, Inga, Rosa Hoppe, Marcus Otto und Viola B. Georgi. *Schulbuchstudie Migration
und Integration*, 2015, https://www.uni-hildesheim.de/media/zbi/Schulbuchstudie_Mi
gration_und_Integration_09_03_2015.pdf, zuletzt geprüft am 10. Juni 2015.

Otto, Marcus. „Textbook Authors, Authorship, and Author function", in: *The Palgrave
handbook of textbook studies*, Eckhardt Fuchs und Annekatrin Bock (Hg.), London:
Palgrave Macmillan, 2018, 95–102.

Poltze, Katharina. „Review of Petar Jandrić, Alison MacKenzie, and Jeremy Knox (Hg.).
(2023). *Constructing Postdigital Research: Method and Emancipation*", in: *Postdigital
Science and Education*, 2023, https://doi.org/10.1007/s42438-023-00438-0.

Rhode-Jüchtern, Tilman. „Perspektiven und Visionen", in: *Geographiedidaktik: Theorie –
Themen – Forschung*, Bernhard Haversath (Hg.), Braunschweig: Westermann, 2012, 64–
68.

Schröder, Birte und Inken Carstensen-Egwuom. „‚More than a single story': Analysen und
Vorschläge zum Einstieg in den Geographieunterricht", in: *Rassismuskritische Fachdidaktiken: Theoretische Reflexionen und fachdidaktische Entwürfe rassismuskritischer
Unterrichtsplanung*, Karim Fereidooni und Nina Simon (Hg.), Wiesbaden: Springer VS,
2020, 349–375.

Spivak, Gayatri C. „Can the Subaltern Speak?", in: *Marxism and the Interpretation of
Culture*, Cary Nelson und Lawrence Grossberg (Hg.), Urbana, Chicago: University of
Illinois Press, 1988, 271–313.

Tribukait, Maren und Annekatrin Bock. „Impulse und Irritationen: Das transformative
Potential eines digitalen Schulbuchs für den Geschichtsunterricht", in: *Medienimpulse*
60, 1 (2022), 1–37.

Wiatr, Marcin und Dominik Pick. „Transnationale Ansätze in der Geschichtsdidaktik aus
bilateraler Sicht. Zum deutsch-polnischen Geschichtsbuchprojekt Europa – Unsere
Geschichte / Europa. Nasza historia", in: *Bildung und Erziehung*, Themenheft: Bildungspropaganda–Bildungsnationalismus–Bildungskooperation, 2 (2022), 164–186.

Zillien, Nicole. „Die (Wieder-)Entdeckung der Medien – Das Affordanzkonzept in der
Mediensoziologie", in: *Sociologia Internationalis* 46, 2 (2008), 161–181.

Multiperspektivität als *Game Changer?*

Stefan Müller

Perspektivenvielfalt – aber welche?

Die Frage nach Perspektivenvielfalt hört sich zunächst einfach an. Ernsthafte Einwände gegen Perspektivenvielfalt für die Gestaltung von Lern- und Bildungserfahrungen sind nicht auszumachen, ganz im Gegenteil. Perspektivenvielfalt, auch zuweilen unter dem Stichwort Multiperspektivität, gilt geradezu als ein Schlüssel für die Vermittlung von Wissen und die Möglichkeit von Bildung, die über den bisherigen Tellerrand hinausragt. Dies erscheint zunächst eingängig, da neue Erfahrungen auch erst durch neue Perspektiven möglich werden.

Allerdings zeigen sich Herausforderungen von Perspektivenvielfalt rasch in konkreten Fällen. In einer sozialwissenschaftlichen Bildung und im gesellschaftswissenschaftlichen Fächerverbund sind sie insbesondere um politisch umstrittene Fragen konzentriert, die eng mit (eigenen) normativen Annahmen verbunden sind.[1] Sollen beispielsweise Positionen aller im Bundestag vertretenen Parteien im Unterricht diskutiert werden – oder nicht, weil dann auch menschenverachtende Äußerungen der AfD zur Sprache kommen? Sollen beispielsweise beim Thema Nahostkonflikt die Perspektiven Israels und der Hamas gleichermaßen im Unterricht behandelt werden – oder nicht, weil so ein demokratischer Staat mit einer antisemitischen und menschenverachtenden Terrororganisation gleichgesetzt wird? An solchen und vergleichbaren Fragen zeigen sich die Herausforderungen von Perspektivenvielfalt für die Gestaltung von Lern- und Bildungserfahrungen.

Im Folgenden wird ein Umgang mit diesen Herausforderungen diskutiert, der im Rahmen einer mündigkeitsorientierten Bildung einen bestimmten Modus der Befragung vorschlägt. In mündigkeitsorientierten Konzeptionen wird ein Raum für reflexive Distanzierungen ermöglicht, der andere und eigene Perspektiven befragbar hält.[2] Der Raum für Lern- und Bildungserfahrungen wird so in einer

---

1 Kerstin Pohl, *Kontroversität: Wie weit geht das Kontroversitätsgebot für die politische Bildung?*, Bundeszentrale für politische Bildung, http://www.bpb.de/gesellschaft/kultur/zukunft-bildung/208270/kontroversitaet?p=all, 15. Juni 2015, zuletzt geprüft am 22. Februar 2024.
2 Vgl. dazu: Stefan Müller, *Reflexivität in der politischen Bildung. Untersuchungen zur sozialwissenschaftlichen Fachdidaktik*, Frankfurt am Main: Wochenschau Verlag, 2021.

Art und Weise geöffnet, die den Blick auf stillschweigend vorausgesetzte Annahmen und auf mögliche Folgen der jeweiligen Perspektiven öffnet. Reflexive Befragungen nehmen dabei allerdings auch Kriterien in Anspruch, die als normative Maßstäbe die Befragungen selbst prägen. Daher ist ein mündigkeitsorientierter Modus der Befragung und Distanzierung darauf angewiesen, selbst offen und befragbar zu bleiben.

Um einen solchen Modus zu entwickeln, geht dieser Beitrag den strukturellen und normativen Annahmen von Perspektivenvielfalt nach. Er diskutiert eine additive und eine reflexive Struktur von Perspektivenvielfalt sowie unterschiedliche normative Orientierungen, die in allen Modellen von Perspektivenvielfalt eine hervorgehobene Bedeutung einnehmen. Auf dieser Grundlage skizziert der Beitrag ein Modell mündigkeitsorientierter Perspektivenvielfalt, das aus einer bestimmten Kombination (Kopplung) *struktureller und normativer Elemente* besteht. Dies zeigt, dass eine mündigkeitsorientierte Perspektivenvielfalt anspruchsvoll ist, da mit den ausgewählten Perspektiven auch eine Distanz zu den eigenen Vorstellungen ermöglicht werden soll, also Lern- und Bildungsräume geöffnet werden.

Die Rahmenbedingungen: Perspektivenvielfalt unter institutionellen Bedingungen

Der Umgang mit Perspektivenvielfalt unter institutionellen Bedingungen von Schule und Unterricht ist nicht voraussetzungslos. Daher geht dieser Abschnitt zunächst auf die Rahmenbedingungen ein, die die Gestaltung von Lern- und Bildungserfahrungen an Schulen prägen, sowohl für Lernende als auch für Lehrende.

Bereits Curricula, Lehrmaterialien und Schulbücher stellen ganz bewusst ausgewählte Perspektiven vor. Damit aber enthalten sie wiederum andere Perspektiven (durchaus begründet) vor. Hier wird bereits sichtbar, dass den normativen Begründungen für und gegen ausgewählte Perspektiven eine besondere Bedeutung zukommt.

Für Lernende ist die Auswahl der Perspektiven damit weitestgehend vorgegeben, nicht nur selbstgewählt. Die Möglichkeiten für Lernende, mit der zur Verfügung gestellten Perspektivenvielfalt umzugehen, sind dennoch vielfältig. Die Perspektiven können angenommen, aber auch ignoriert, geändert, umgedeutet, ironisiert, missverstanden und auch strategisch-instrumentell benutzt werden. Dies hängt eng mit den Bedingungen von Benotung und Bewertung zusammen. Schüler und Schülerinnen stehen vor der Überlegung, welche Äußerungen, Haltungen und Standpunkte sie in den Unterricht einbringen, wenn sie wissen, dass dies mit dem weiteren Erfolg in der Institution verbunden sein kann – und welche nicht. Bedeutsam ist hier zudem, dass die Lernenden durchaus genaue Vorstellungen davon haben können, was die Lehrenden (nicht) hören wollen.

Für Lehrende zeigen sich spiegelbildliche Herausforderungen. Auch hier prägen die curricularen Vorgaben sowie die Benotung und Bewertung den Umgang mit Perspektivenvielfalt, freilich auf der anderen Seite der Macht. Daraus ergeben sich Herausforderungen, die das eigene professionelle Selbstverständnis betreffen: Welche Perspektiven sollen, können, müssen (nicht) zugelassen werden bzw. können (nicht) ausgehalten werden? Eine mündigkeitsorientierte Konzeption wird von der für die Professionalisierung zentralen Differenz zwischen (eigener) gesellschaftspolitischer Verortung und der Gestaltung von Bildungserfahrungen getragen.[3] Damit geht es für Lehrende auch darum, die ausgewählte Perspektive angemessen vertreten und begründen zu können, ohne sie (als Privatperson oder als Bürger/-in) auch inhaltlich selbst teilen zu müssen. Anders formuliert geht es um die Möglichkeit für Lehrende, in eine reflexive Distanz treten zu können, um die ausgewählten Perspektiven auch befrag- und kritisierbar zu halten. Professionalisierte Bildungsangebote setzen also voraus, zwischen persönlichen Vorlieben oder Abneigungen und der Auswahl von Perspektiven für Lern- und Bildungserfahrungen unterscheiden zu können.

Die Struktur von Perspektivenvielfalt: Additive und reflexive Modelle

Die institutionellen Rahmenbedingungen prägen somit die Auswahl und den Umgang mit Perspektivenvielfalt in verschiedenen Hinsichten. Aus einer mündigkeitsorientierten Perspektive geht es an dieser Stelle jeweils um die Frage, wie durch Perspektivenvielfalt die Denk-, Handlungs- und Urteilsmöglichkeiten der Lernenden erweitert werden können. Ebenso kann auch danach gefragt werden, wie diese verhindert, verstellt und instrumentalisiert werden. Eine mündigkeitsorientierte Konzeption nimmt diese Fragen in den Blick, indem sie auf die Verknüpfung struktureller und normativer Annahmen reflektiert.

Im Folgenden werden diese beiden Ebenen genauer betrachtet und idealtypisch diskutiert. Bei der Idealtypenbildung nach Max Weber geht es darum,

---

3 Wolfgang Sander, „Bildung und Perspektivität. Kontroversität und Indoktrinationsverbot als Grundsätze von Bildung und Wissenschaft", in: *Erwägen – Wissen – Ethik (EWE)* 20, 2 (2009), 239–248, 240; Stefan Müller und Elia Scaramuzza, *Mündigkeit in der politischen Bildung. Ein Gespräch über eine reflexive sozialwissenschaftliche Fachdidaktik*, Frankfurt am Main: Wochenschau Verlag, 2024, http://daten.wochenschau-verlag.de/download/9783756616121.pdf, zuletzt geprüft am 22. Februar 2024, 14.

besonders charakteristische Merkmale zu pointieren. Die Idealtypenbildung entspricht dabei einem Gedankenkonstrukt. Es

> wird gewonnen durch einseitige Steigerung eines oder einiger Gesichtspunkte und durch Zusammenschluss einer Fülle von diffus und diskret, hier mehr, dort weniger, stellenweise gar nicht, vorhandener Einzelerscheinungen, die sich jenen einseitig hervorgehobenen Gesichtspunkten fügen, zu einem in sich einheitlichen Gedankenbilde. In seiner begrifflichen Reinheit ist dieses Gedankenbild nirgends in der Wirklichkeit empirisch vorfindbar.[4]

In einer Idealtypenbildung stehen besonders charakteristische Merkmale im Fokus, um Optionen, aber auch mögliche Einschränkungen von Annahmen sichtbar werden zu lassen. Idealtypisch schlage ich daher die Unterscheidung additiver und reflexiver Modelle vor, um die Struktur und die normativen Bezüge in den verschiedenen kursierenden Annahmen von Perspektivenvielfalt daraufhin befragen zu können, wie mündigkeitsorientierte Bildungserfahrungen unterstützt bzw. verstellt werden.[5]

Strukturelle Merkmale additiver Perspektivenvielfalt

Die erste idealtypische Form, die *additive Perspektivenvielfalt* zeichnet sich dadurch aus, dass eine Aneinanderreihung von möglichen Bezugnahmen auf einen Lerngegenstand dominiert. Verschiedene Perspektiven werden nebeneinander gestellt, um so Perspektivenvielfalt zu gewährleisten. Dabei sind geringfügig verschiedene Varianten vorstellbar: Perspektiven können aneinandergereiht oder addiert werden. Gemeinsam ist additiven Modellen, dass sie unterschiedliche, möglicherweise sogar divergierende Perspektiven nebeneinander stellen. Darüber soll die Bandbreite wissenschaftlich und/oder gesellschaftlich relevanter und vorhandener Perspektiven abgesichert werden.

Eine additive Perspektivenvielfalt ermöglicht es, divergierende wissenschaftliche und/oder gesellschaftspolitische Positionen im Unterricht abzubilden, sofern relevante Perspektiven nicht ignoriert, ausgeblendet oder bewusst vorenthalten werden sollen. Ein additives Nebeneinanderstellen unterschiedlicher Positionen bildet daher einen ersten Schritt für Lern- und Bildungserfahrungen. Wird Perspektivenvielfalt allerdings darauf reduziert, bleiben die Optionen der

---

4 Max Weber, „Die ‚Objektivität' sozialwissenschaftlicher und sozialpolitischer Erkenntnis", in: *Gesammelte Aufsätze zur Wissenschaftslehre*, hrsg. von Johannes Winckelmann. Tübingen: Mohr Siebeck, 1985, 191.

5 Teile der folgenden Überlegungen finden sich auch in Stefan Müller: „Perspektivenvielfalt und Normativität als Antwortmöglichkeiten auf demokratische Herausforderungen?", in: Carl Deichmann und Marc Partetzke (Hg.), *Demokratie im Stresstest. Reaktionen von Politikdidaktik und politischer Bildung*, Wiesbaden: Springer VS, 2021, 103–121.

Befragung verkürzt. Im Extremfall können dann menschenverachtende und diskriminierende Positionen gleichberechtigt und unhinterfragt neben allen anderen stehen – dies allein auf der Grundlage eines Verständnisses von Perspektivenvielfalt, das gesellschaftlich kursierende Positionen nebeneinanderstellt, ohne sie für weitergehende Befragungen auf ihre Vorannahmen und Effekte hin zu öffnen.

Mündigkeitsorientierte Bildungserfahrungen sind – neben dem Einbezug divergierender Perspektiven – demgegenüber auf *Befragungsmöglichkeiten* angewiesen, in denen die unterschiedlichen Perspektiven mit- und gegeneinander abgewogen und diskutiert werden. Auch additive Modelle können darauf abzielen, die verschiedenen Perspektiven gegenseitig befragbar zu halten, aber diese Befragung der Perspektiven bleibt äußerlich und umfasst keine Befragung hin auf innere Annahmen und Widersprüche.

Strukturelle Merkmale reflexiver Perspektivenvielfalt

Ein reflexives Modell von Perspektivenvielfalt baut auf den ersten Schritt der additiven Aufzählung auf, stellt dann aber auf den Modus der Befragung um, der die additive Perspektivenvielfalt selbst in die Befragung mit aufnimmt. Ein strukturell entscheidender Unterschied zwischen den beiden idealtypischen Modellen besteht darin, dass eine reflexive Perspektivenvielfalt Unterschiede nicht nur *zwischen*, sondern auch *in* den divergierenden Perspektiven diskutiert.

Werden einzelne Perspektiven (P1, P2, P3 usw.) für Lern- und Bildungserfahrungen ausgewählt, können diese in einer additiven Perspektivenvielfalt in einer Aneinanderreihung verharren: der eine sagt so, die andere so. Eine reflexive Perspektivenvielfalt öffnet Optionen einer gegenseitigen und einer inneren Befragung:

a) Welche Unterschiede (= u) und Gemeinsamkeiten (= g) gibt es *zwischen* den divergierenden Perspektiven P1, P2, P3 usw.?

b) Welche Implikationen (a, b, c usw.) sind *in* den divergierenden Perspektiven P1, P2, P3 usw. bereits enthalten und vorausgesetzt? Hier öffnet sich ein weites und offenes Feld, das z. B. den sozialen Standort von Perspektiven, die Absicherung oder Legitimation von sozialen Ungleichheiten oder ganz allgemein eine Diskussion der stillschweigend gesetzten Annahmen umfassen kann.

In einer reflexiven Perspektivenvielfalt zielen die Optionen der Befragung damit strukturell sowohl auf den Einbezug der Relation *zwischen* den Perspektiven als auch auf die bereits gesetzten Vorannahmen und Implikationen *in* den divergierenden Perspektiven ab. Ein Effekt solcher Befragungen besteht darin, dass strukturell eine *reflexive Distanz* zu den ausgewählten Perspektiven ermöglicht wird. Damit werden die Voranahmen in den jeweiligen Perspektiven ebenfalls in die Befragung einbezogen. Neben dem Mit- und Gegeneinander von Perspektiven, das allzu leicht in einem dichotomen Entweder-oder verharren kann, wird eine Differenzierung aufgenommen, die *in* den Perspektiven nach deren Annahmen, Voraussetzungen, Brüchen, Widersprüchen und auch Folgen fragt. Perspektiven werden damit nicht lediglich *gesetzt*, sondern *reflexiv befragbar*. Damit können Perspektiven als historisch und sozial entstanden betrachtet werden.

Zusammengefasst verharren additive Konzepte in Modellen, die im besten Falle das äußerliche Mit- und Gegeneinander von Perspektiven diskutierbar werden lassen. Reflexive Modelle von Perspektivenvielfalt beziehen demgegenüber auch das Mit- und Gegeneinander *in* den anderen und den eigenen Perspektiven ein (vgl. Abb. 1).

Additive Perspektivenvielfalt	Reflexive Perspektivenvielfalt
Nebeneinanderstellen: P1, P2, P3, …	Nebeneinanderstellen und Implikationen P1 [a, b, …], P2 [a, c, …], …
Additive Reihung: P1 + P2 + P3 …	Additive Reihung und Implikationen P1 [a, b, …] + P2 [a, c, …] …
Äußerliche Befragung: P1 ←→ P2 ←→ P3 …	Äußerliche und innere Befragung P1 [a, b, …] ← g, u → P2 [a, c, …] ← g, u → P3 […]

Abbildung 1: Strukturelle Merkmale additiver und reflexiver Perspektivenvielfalt (Legende: P = Perspektive, […] = innere Vermittlungsverhältnisse, a, b, c = Voranahmen, Implikationen, ←→ = Verhältnisbestimmung, g = Gemeinsamkeiten, u = Unterschiede)

Von der additiven zur reflexiven Perspektivenvielfalt

Eine reflexive Perspektivenvielfalt zeichnet sich durch besondere Merkmale aus, die zugleich die zentralen Herausforderungen bilden. Die Befragung anderer Perspektiven, zumal, wenn es sich um solche handelt, denen man selbst nicht zustimmt, ist noch vergleichsweise einfach. Andere Perspektiven können dann rasch als verkürzt, als falsch oder vielleicht sogar als ideologisch ausgemacht werden.[6] Damit kann sich eine reflexive Perspektivenvielfalt allerdings nicht begnügen. Denn genau so wird Reflexion unterlaufen, letztlich an einem entscheidenden Punkt abgebrochen, nämlich in der Frage nach den eigenen An-

---

6 Vgl. auch Stuart Hall, „Das Spektakel des ‚Anderen'", in: Stuart Hall, *Ideologie, Identität, Repräsentation. Ausgewählte Schriften 4*, hrsg. von Juha Koivisto und Andreas Merkens, Hamburg: Argument-Verlag, 2004, 108–166.

nahmen, die Lern- und Bildungserfahrungen substanziell berühren.[7] Eine reflexive Befragung umfasst daher auch die eigenen in Anspruch genommen Annahmen. Es geht um die Befragung anderer *und* eigener Perspektiven in ihrem Verhältnis zueinander, im Blick auf die jeweiligen normativen Vorannahmen und die möglichen Folgen.

In einer reflexiven Perspektivenvielfalt stehen demnach sowohl Fremdperspektiven als auch die eigenen Perspektiven zur Befragung, um sie daraufhin zu untersuchen, welche Vorannahmen und Effekte in den jeweils bevorzugten und abgelehnten Annahmen enthalten sind. In struktureller Hinsicht besteht die Herausforderung darin, auf die eigenen Perspektiven einen Blick von außen werfen zu können, ohne rasch und vorschnell die eigenen Annahmen als gesetzt und unhinterfragbar behaupten oder umgekehrt einfach verwerfen zu müssen.

Damit wird eine weitere Herausforderung deutlich. Eine reflexive Perspektivenvielfalt ist auf die möglichst genaue Kenntnis anderer, entgegenstehender Perspektiven angewiesen. Erst wenn die Divergenzen zu (oder Gemeinsamkeiten mit) anderen Argumentations- und Begründungsmustern sichtbar und erfahrbar werden, rückt auch deutlicher in den Blick, wie die eigenen Annahmen begründet werden können – oder welche (un-)beabsichtigten Folgen mit der eigenen Begründung auch einhergehen können. Das schließt auch den Blick darauf ein, ob in den Perspektiven, die vehement abgelehnt werden, eventuell Momente enthalten sind, die für die eigene Perspektive relevant sind, diese ggf. sogar revidieren oder erweitern können.

Eine reflexive Perspektivenvielfalt ist damit auf einen doppelten Modus der Befragung angewiesen, der *auch* die eigene Perspektive beobachten und beschreiben kann. Hier öffnen sich Befragungsmöglichkeiten, die ins Zentrum der Herausforderungen von Perspektivenvielfalt zur Unterstützung von Lern- und Bildungserfahrungen führen. Diese Herausforderungen bilden die eigenen, implizit und stillschweigend in Anspruch genommenen Voraussetzungen, weil die eigenen Annahmen selten expliziert werden, sondern subjektiv als gültig und allgemeinverbindlich verstanden werden – sie bleiben unhinterfragt. Die unhinterfragte Normalität kann im Modell reflexiver Perspektivenvielfalt auf Distanz gebracht und reflexiv befragt werden, für die Unterstützung, Erweiterung und Vertiefung der Denk-, Handlungs- und Urteilsmöglichkeiten.

In struktureller Hinsicht ist die Organisation von Perspektivenvielfalt also insgesamt davon geprägt, a) *ob* relevante divergierende Perspektiven einbezogen oder ausgeblendet werden, und b) *wie* die unterschiedlichen Perspektiven be-

---

7 Vgl. dazu Heinz Steinert, „Genau hinsehen, geduldig nachdenken und sich nicht dumm machen lassen", in: Heinz Steinert (Hg.), *Zur Kritik der empirischen Sozialforschung. Ein Methodengrundkurs*, Frankfurt am Main: Johann Wolfgang Goethe-Universität, 1998, 67–79; Müller, *Reflexivität in der politischen Bildung*, 135–154.

fragbar gehalten werden. Handelt es sich vorrangig um eine äußerliche Befragung, welche die unterschiedlichen Perspektiven aneinanderreiht und auf Unterschiede und Gemeinsamkeiten *zwischen* den Perspektiven verweist – oder werden die je einzelnen Perspektiven darüber hinaus auf ihre Voraussetzungen, Annahmen und Implikationen befragt? Additive Perspektivenvielfalt bildet eine notwendige, aber nicht hinreichende Voraussetzung für eine reflexive Perspektivenvielfalt. Die bildungstheoretischen Stärken von Perspektivenvielfalt ergeben sich neben der bewussten und planmäßigen Zusammenstellung aus den Befragungsmöglichkeiten, die für Lern- und Bildungserfahrungen zur Verfügung gestellt werden.

Normative Befragungen im Spannungsfeld von Nützlichkeit und Mündigkeit

Ein additives Modell wählt exemplarisch unterschiedliche Zugänge aus; eine reflexive Perspektivenvielfalt baut darauf auf und rückt zusätzlich eine Befragung in den Mittelpunkt, die Gegensätze und Unterschiede sowohl zwischen als auch in den Perspektiven fokussiert und dabei auch die eigenen Annahmen umfasst. Das rückt die Frage in den Mittelpunkt, wann und wie eine exemplarische Auswahl von Perspektiven in eine reflexive Befragung übergeht. In *beiden* idealtypischen Modellen nehmen die normativen Kriterien der Befragung eine entscheidende Rolle ein. Die gegenseitigen Befragungen, auch wenn diese von äußeren in innere Befragungen übergehen, verweisen mit unterschiedlichen Schwerpunktsetzungen auf *bereits in Anspruch genommene normative Bezugnahmen.* Sowohl additive als auch reflexive Modelle der Perspektivenvielfalt sind darauf angewiesen, ihre normativen Bezüge zu klären. Es geht in einer mündigkeitsorientierten Perspektivenvielfalt auch darum, menschenverachtende Positionen von ihrem Gegenteil begründet unterscheiden zu können. Das ist bereits selbst ein normativer Anspruch. Ein Anspruch an Perspektivenvielfalt lässt sich auch allgemeiner formulieren: Perspektivenvielfalt soll den Schülerinnen und Schülern nutzen. Was aber heißt hier nutzen? Diese Frage nehme ich im Folgenden als Ausgangspunkt, um die Rolle von normativen Orientierungen in den Blick zu nehmen, die alle Modelle von Perspektivenvielfalt durchziehen.

Mit der Frage nach dem Nutzen öffnet sich ein weit zurückreichendes und verzweigtes Feld: „Die Verhältnisbestimmung von Nützlichkeit (*utilitas*) und Sittlichkeit (*honestas*) stellt [...] ein durchgängiges Problem in der Geschichte der Ethik und Sozialphilosophie nicht nur des Abendlandes."[8]

---

8 Jürgen Ritsert, *Zur Philosophie des Gesellschaftsbegriffs. Studien über eine undurchsichtige Kategorie*, Weinheim: Beltz Juventa, 2017, 154, Hervorh. im Orig.

Der klassische Utilitarismus von Jeremy Bentham bringt dabei Motive ins Spiel, die bis heute prägend sind: „[A]llein jene Praxis sei sittlich richtig, die nicht nur dem Glück der jeweils Handelnden, sondern dem (größten) Glück aller dient."[9] Das hört sich verlockend und vielversprechend an. Die größtmögliche Summe an Glück für alle, zumindest für die meisten oder wenigstens für viele. „Bentham hat den hedonistischen Kalkül im spätfeudalen und frühkapitalistischen England aufgestellt. Angesichts der damals bestehenden Konzentration von Macht und Reichtum in den Händen einer dünnen Schicht Privilegierter enthält die in den Kalkül übersetzte Maxime, jeden ohne Unterschied zu berücksichtigen, eine geradezu revolutionäre Gesellschaftskritik."[10]

Diskutiert heute noch jemand das Glück, das mit der institutionellen Gestaltung von Lernen und Bildung, sei es in der Schule oder auch in der Hochschule, verbunden sein kann? Moderne utilitaristische Begründungsmuster rücken gegenüber dem Glück vor allem das Prinzip des Nutzens in den Mittelpunkt. „,Nutzen', ,Zweckrationalität', ,Effizienz' (das sind alles wahlverwandte Begriffe) bedeuten für den reinen Utilitarismus die oberste Norm zur Bewertung menschlicher Aktionen."[11] In einem utilitaristischen Begründungsmuster von Perspektivenvielfalt ist die Auswahl von Perspektiven am (größtmöglichen) Nutzen orientiert, z.B. mit Blick auf den weiteren persönlichen, sozialen und gesellschaftlichen Erfolg. Brüche in der Orientierung am Nutzen zeigen sich, wenn etwa danach gefragt wird, wem der Nutzen nützen soll: Den Lernenden? Den Lehrenden? Der Institution? Der Gesellschaft? In einigen Fällen können hier durchaus Übereinstimmungen verzeichnet werden, die eine Orientierung am Nutzen unproblematisch erscheinen lassen. In anderen Fällen kann die Orientierung am Nutzen für die Institution aber auch dem Nutzen für die Erweiterung von Denk-, Handlungs- und Urteilsmöglichkeiten der Lernenden entgegenstehen. Zudem kann im utilitaristischen Begründungsmuster die Orientierung am Nutzen so stark dominieren, dass damit ein Nutzen für viele auch das Ausnutzen weniger legitimiert – es nutzt ja immerhin! Auch wenn sich der klassische Utilitarismus keineswegs darauf reduzieren lässt, so steht im utilitaristischen Denken nicht die Problematisierung des Ausnutzens, der Instrumentalisierung Anderer im Mittelpunkt, sondern der Nutzen für viele oder für die meisten.

Ein mündigkeitsorientiertes Begründungsmuster meldet hier erhebliche Bedenken an. Hier wird geltend gemacht, dass der Nutzen für gegenwärtige individuelle oder gesellschaftliche Zwecke auch mit dem Ausnutzen der Beteiligten,

---

9 Otfried Höffe, „Zur Theorie des Glücks im klassischen Utilitarismus", in: ders. (Hg.), *Ethik und Politik. Grundmodelle und -probleme der praktischen Philosophie*, Frankfurt am Main: Suhrkamp 1979, 123.

10 Ebd., 141.

11 Jürgen Ritsert, *Themen und Thesen kritischer Gesellschaftstheorie. Ein Kompendium*, Weinheim: Beltz Juventa, 2014, 122.

ihrer Autonomie, ihrer Menschenwürde verbunden sein kann. Dies kann bis hin zur Instrumentalisierung der Lernenden reichen, weil dies ja schließlich den Schülerinnen und Schülern *nutzt*. Neben der Orientierung am Nutzen beinhaltet eine mündigkeitsorientierte Begründung daher die Befragung danach, welche Effekte für die Autonomie und die Menschenwürde der Beteiligten mit der Orientierung am Nutzen einhergehen.

Damit schließt eine mündigkeitsorientierte Begründung die Orientierung am Nutzen keineswegs per se aus, ganz im Gegenteil. Sie kontextualisiert jedoch den (alleinigen) Maßstab des Nutzens (sei es für das Individuum oder die Gesellschaft) und meldet an einer entscheidenden Stelle Widerspruch an, nämlich dann, wenn die Mündigkeit, Autonomie oder Würde des Menschen instrumentalisiert wird und nicht mehr zugleich als Zweck an sich selbst gesehen, sondern Nützlichkeitserwägungen untergeordnet wird. Das normative Prinzip der Mündigkeit schließt so an den kategorischen Imperativ Kants an: „Handle so, daß du die Menschheit, sowohl in deiner Person, als in der Person eines jeden andern, jederzeit zugleich als Zweck, niemals als Mittel brauchest."[12] Der kategorische Imperativ verschiebt den normativen Rahmen, indem neben und über dem Nutzen stets zugleich die Bewahrung und Unterstützung der Autonomie, der Menschenwürde einbezogen und anerkannt wird. Damit sind Nützlichkeitserwägungen nicht grundsätzlich ausgeschlossen, aber inhärent mit der Frage der Anerkennung und der Verletzung von Autonomie und Menschenwürde verknüpft.[13]

Zusammengefasst prägt im utilitaristischen Begründungsmuster das Prinzip des Nutzens die normativen Orientierungen. Gut ist, was nutzt, sei es dem reibungslosen Unterrichtsverlauf, der nächsten Klausur, dem Kompetenzerwerb, den Bildungserfahrungen oder sogar der Mündigkeit von Lernenden. Letztere rückt ein mündigkeitsorientiertes Begründungsmuster in den Mittelpunkt und lässt auch nicht davon ab, insbesondere dann nicht, wenn die Mündigkeit der Lernenden untergraben oder verhindert wird. Mit dem kategorischen Imperativ wird eine normative Begründung eröffnet, die auch die sozialen Legitimierungen

---

12 Immanuel Kant, *Grundlegung zur Metaphysik der Sitten (1785). Werke in 10 Bänden*, herausgegeben von Wilhelm Weischedel, Darmstadt: Wissenschaftliche Buchgesellschaft, 1956, 61 [BA 67].

13 Zur gesellschaftlich vermittelten Autonomie vgl. Jürgen Ritsert, *Bestimmung und Selbstbestimmung. Zur Idee der Freiheit*, Hamburg: Merus-Verlag, 2007; Anna-Maria Brandstetter, „Kolonialismus. Wider die vereinfachenden Dichotomien", in: Jan-Georg Deutsch und Albert Wirz (Hg.), *Geschichte in Afrika. Einführung in Probleme und Debatten*, Berlin: Das Arabische Buch, 1997, 75–106. Zur Menschenwürde vgl. auch An-Na'im, Abdullahi Ahmed (Hg.), *Human rights in cross-cultural perspectives. A quest for consensus*, Pennsylvania: University of Pennsylvania Press, 1992; Seyla Benhabib, *Kosmopolitismus ohne Illusionen. Menschenrechte in unruhigen Zeiten*, Berlin: Suhrkamp, 2016; Janne Mende, *Der Universalismus der Menschenrechte*, Konstanz: UTB; UVK, 2021.

der Untergrabung und der Unterstützung der Mündigkeit der Beteiligten befragbar hält. Voraussetzung dafür ist, dass die normative Orientierung an Autonomie und Menschenwürde für die Gestaltung von Lern- und Bildungserfahrungen anerkannt wird und ihre Förderung und Unterstützung nicht nützlichkeitsorientierten Erwägungen geopfert wird.

Die beiden normativen Orientierungen am Nutzen und an der Mündigkeit ändern entscheidend den Horizont für die Gestaltung von Perspektivenvielfalt für Lern- und Bildungserfahrungen. Im Unterricht treten die normativen Orientierungen in Mischformen auf, können ineinander übergehen und sind in manchen Hinsichten sogar aufeinander verwiesen. An einer bildungstheoretisch entscheidenden Stelle sind sie jedoch nicht mehr kompatibel: an der Frage, ob der Nutzen für die Lernenden die Untergrabung der Mündigkeit der Lernenden rechtfertigt.

Deutlich wird damit auch, dass sowohl die Verhinderung als auch die Unterstützung von Lern- und Bildungserfahrungen in und durch die Organisation von Perspektivenvielfalt intrinsisch damit verbunden ist, welche normativen Begründungsmuster (nicht) für die Auswahl und die Befragung von Perspektiven zur Verfügung stehen. Erst in der Kopplung mit dem normativen Begründungsmuster der Mündigkeit wird die Organisation von Perspektivenvielfalt für Bildungserfahrungen so befrag- und distanzierbar, dass die Frage nach dem „Wozu" mit der Förderung und Unterstützung der Mündigkeit für Lernende verbunden werden kann.

Wie können Perspektiven ausgewählt werden? Die fachdidaktischen Prinzipien

Die idealtypische Unterscheidung von additiver und reflexiver Multiperspektivität ragt weit in die Gestaltung von Lernerfahrungen hinein. Für die Auswahl von Perspektiven sind in der politischen Bildung die didaktischen Prinzipien „Adressatenorientierung, exemplarisches Lernen, Problemorientierung und Kontroversität" leitend.[14] Sander weist darauf hin, dass diese vier Prinzipien durch „Handlungsorientierung" sowie durch die „Wissenschaftsorientierung" reflexiv überprüft werden können.[15] Die didaktischen Prinzipien zielen darauf ab, die Präkonzepte von Schülerinnen und Schülern anzuerkennen und auszuhalten und gleichzeitig die Optionen für eine Erweiterung von Denk-, Hand-

---

14 Wolfgang Sander, *Politik entdecken – Freiheit leben. Didaktische Grundlagen politischer Bildung.* 4. Aufl., Schwalbach/Ts.: Wochenschau Verlag, 2013, 197.

15 Ebd., 198.

lungs- und Urteilsmöglichkeiten zur Verfügung zu stellen. Kurz und beispielhaft will ich das an zwei didaktischen Prinzipien diskutieren.

Mit dem didaktischen Prinzip des *exemplarischen Lernens* wird darauf abgezielt, Perspektiven auszuwählen, von denen begründet vermutet werden kann, dass sie exemplarisch einen erweiterten und vertieften Einblick in den Bildungsgegenstand geben. Damit kann auf eine der Herausforderungen additiver Perspektivenvielfalt reagiert werden. Mit einer exemplarischen Auswahl können bewusst und begründet Perspektiven ausgeblendet werden, weil an einer ausgewählten, besonders bedeutsamen Perspektive verdeutlicht werden kann, welche Optionen und Problematiken mit einem Gegenstand einhergehen. Auch hier tritt allerdings wieder das Spannungsfeld von Nützlichkeit und Mündigkeit auf. Wird durch exemplarisches Lernen für die nächste Klausur oder zudem auch für die Erweiterung von Mündigkeit gelernt? Oder sogar beides? Der mündigkeitsorientierte Pfad kann hier eröffnet werden, wenn neben der gegenseitigen Befragung auch die innere (reflexive) Befragung der exemplarisch ausgewählten Perspektive einbezogen wird.

Mit dem didaktischen Prinzip der *Kontroversität* rückt eine weitere Herausforderung in den Mittelpunkt: Die Orientierung am Nutzen kann auch dazu verleiten, den Lernenden die eigenen gesellschaftspolitischen Ziele überstülpen zu wollen.[16]

Ein Beispiel verdeutlicht das: In der Stadt X soll eine Umgehungsstraße gebaut werden. Es gibt die Variante A und die Variante B, die kontrovers diskutiert werden. Die eine geht durch eine Kleingartenkolonie, die andere durch ein Naturschutzgebiet. Eine additive Perspektivenvielfalt erarbeitet nun die Kontroverse zwischen Kleingartenkolonie gegen Naturschutzgebiet (und umgekehrt). Sind eventuell Ausgleichsflächen für die Zerstörung des Naturschutzgebiets geplant, soll es adäquaten Ersatz für die Kleingartenanlage geben? Eine Pro-Contra-Diskussion zeichnet sich ab, bei der am Ende möglicherweise die eine gegen die andere Perspektive gewinnt. Eine reflexive Perspektivenvielfalt nimmt nun allerdings zusätzlich Befragungen innerhalb der jeweils gut begründbaren Perspektiven vor. Welche expliziten und impliziten Annahmen sind *in* den beiden Perspektiven enthalten? Zudem können beide Perspektiven ebenso wie die eigenen Motivationen auf ihre inhärenten normativen Annahmen befragt werden. Soll der Individualverkehr weiter ausgebaut werden und was bedeutet das für die Menschen und die Gesellschaft? Welche Nützlichkeitserwägungen, welche darüberhinausgehenden normativen Orientierungen können (nicht) nachgezeichnet werden?

---

16 Stefan Müller, „Kontroversität", in: Wolfgang Sander und Kerstin Pohl (Hg.), *Handbuch politische Bildung*, Frankfurt am Main: Wochenschau Verlag, 2022, 231–239.

Mit der idealtypischen Unterscheidung von additiver und reflexiver Perspektivenvielfalt werden Differenzierungsmöglichkeiten für die Gestaltung von Lern- und Bildungserfahrungen sichtbar. Wird zudem das Spannungsfeld von Nützlichkeit und Mündigkeit einbezogen, werden auch die Annahmen und die Effekte von individuellen und gesellschaftlichen normativen Orientierungen befragbar.

Sichtbar wird allerdings auch: Die didaktischen Prinzipien schützen nicht automatisch vor einer Überlagerung der Mündigkeit durch eine bloße Nutzenorientierung. Damit die didaktischen Prinzipien ihren Anspruch erfüllen können, sind sie strukturell darauf angewiesen, über ein additives Modell von Perspektivenvielfalt hinauszugehen. Darauf zielt eine reflexive Perspektivenvielfalt, um *in* den ausgewählten Perspektiven zudem diskutieren zu können, inwiefern damit die Mündigkeit der Lernenden (nicht) unterstützt wird, inwiefern dadurch die Lernenden (nicht) instrumentalisiert werden. Die didaktischen Prinzipien sind damit an die Kenntnis vom und die Reflexion auf das Spannungsfeld von Nützlichkeit und Mündigkeit verwiesen. Sie sind sogar daran gekoppelt, wenn mündigkeitsorientierte Lern- und Bildungserfahrungen unterstützt, hervorgebracht und gefördert werden sollen.

Die Auswahl von Perspektiven vor dem Hintergrund der didaktischen Prinzipien ist demnach auch darauf angewiesen, Instrumentalisierungen erkennen, problematisieren und kritisieren zu können. Hier kann die Reflexion auf rein nutzenorientierte Prinzipien dabei helfen, Instrumentalisierungen zu erkennen. Mit dem Einbezug der normativen Orientierungen an Mündigkeit kann auf institutionelle Bedingungen von Bildung zu anderen Zwecken statt der Mündigkeit der Beteiligten reagiert werden.

Mündigkeitsorientierte Perspektivenvielfalt

Der Beitrag argumentiert, dass additive Varianten von Perspektivenvielfalt die divergierenden und gegensätzlichen Positionierungen in einem Feld einbeziehen können. Wird allerdings darin verharrt, kann eine solche Aneinanderreihung auch in eine Beliebigkeit, in „Meinungsgirlanden"[17] münden. Zusätzlich zu einer additiven Perspektivenvielfalt zielt eine reflexive Perspektivenvielfalt auf Befragungen ab, die das Nebeneinanderstellen unterschiedlicher Standpunkte überschreiten.

---

17 Tilman Grammes, „Unterrichtsanalyse – ein Defizit der Fachdidaktik", in: Siegfried Schiele und Herbert Schneider (Hg.), *Reicht der Beutelsbacher Konsens?*, Schwalbach/Ts.: Wochenschau Verlag, 1996, 154.

Eine solche Überschreitung durch Befragungen zeichnet sich im Blick auf die Verhältnisbestimmung, Vorannahmen und möglichen gesellschaftlichen Folgen der jeweiligen Perspektiven ab. Dies wäre sogar mit einer additiven Perspektivenvielfalt möglich. Eine reflexive Perspektivenvielfalt zeichnet sich demgegenüber allerdings dadurch aus, auch *in* den jeweiligen Perspektiven Befragungen vorzunehmen, auch und insbesondere in den eigenen. *In* den jeweiligen Perspektiven sind die individuellen und gesellschaftlichen Vorstellungen enthalten, in einem In-, Mit- und Gegeneinander. Dann kann es auch gelingen, *in* und *aus* den divergierenden Perspektiven Gemeinsamkeiten und Unterschiede zu differenzieren, die für Lern- und Bildungserfahrungen der eigenen Positionierung unterstützend sind. Eine reflexive Perspektivenvielfalt zielt so darauf ab, dass Lernende von einer Aneinanderreihung von Meinungen in die Kenntnis und das Aushalten entgegenstehender Positionierungen übergehen können, um genau dadurch die eigenen Perspektiven (besser) begründen oder erweitern zu können. Solche Befragungen können sich kaum mit der Einnahme von Standpunkten begnügen oder mit dem dürren Hinweis darauf, dass der eine es so und die andere anders sieht. Vielmehr werden Befragungen benötigt, die über das Nebeneinanderstellen von Perspektiven hinausgehen. Dieses Hinausgehen ist im Rahmen mündigkeitsorientierter Bildungserfahrungen mit einer reflexiven Wendung auf die inhärente Befragung der jeweiligen Perspektiven verbunden: *In* der jeweiligen Perspektive sind die möglichen mündigkeitsorientierten und mündigkeitskeitseinschränkenden Annahmen enthalten. Das ermöglicht auch Differenzierungen, die in den jeweiligen normativen Annahmen zwischen der Orientierung am Nutzen und an der Mündigkeit unterscheiden können.

Damit ist die Organisation mündigkeitsorientierter Bildung strukturell darauf angewiesen, andere und eigene Perspektiven nicht lediglich äußerlich abzuwehren, zu ignorieren oder zu proklamieren, sondern befragbar zu halten. Eine mündigkeitsorientierte Bildung bietet nicht nur die Chance zur Auseinandersetzung mit divergierenden Meinungen, sie ist konstitutiv darauf angewiesen. Eine zentrale Herausforderung besteht darin, noch in den anderen, divergierenden Zugängen danach zu suchen, ob überzeugende Momente, Motive und Überlegungen enthalten sind, welche die eigenen Annahmen unterstützen und differenzieren bzw. ggf. revidieren und erweitern können.

Eingeholt werden kann dann auch ein beinah vergessener Hinweis Hegels: „Die wahrhafte Widerlegung muss in die Kraft des Gegners eingehen und sich in den Umkreis seiner Stärke stellen; ihn außerhalb seiner selbst anzugreifen und da Recht zu behalten, wo er nicht ist, fördert die Sache nicht."[18] In einer mündigkeitsorientierten Perspektivenvielfalt sind andere Perspektiven keine „Gegner",

---

18 Georg Wilhelm Friedrich Hegel, *Wissenschaft der Logik II (1813). Werke 6*, Frankfurt am Main: Suhrkamp, 1970, 250.

die „angegriffen" oder „bekämpft" werden müssen, sondern sie sind notwendige Befragungsmöglichkeiten, um eigene und gesellschaftliche Annahmen kennen und ggf. problematisieren zu lernen. Hegels Hinweis rückt damit eine zunächst kontraintuitive Überlegung in den Mittelpunkt, die auf die Kraft des anderen Arguments abhebt, weil darin die Momente für die Verbesserung des eigenen Arguments enthalten sind. Im Blick auf die Struktur reflexiver Perspektivenvielfalt in ihrer Verbindung mit dem normativen Anspruch auf Förderung der Mündigkeit ist hier ein Schlüssel für die strukturellen und normativen Minimalbedingungen reflexiver Perspektivenvielfalt enthalten. Das bedeutet weder logisch noch praktisch, dass das andere Argument, die andere Perspektive übernommen werden muss. Das wäre die blinde Affirmation. Es kommt auf eine Befragung an, die in Revidierungen, Ergänzungen und Erweiterungen der eigenen Perspektive münden kann, aber nicht muss, und die strukturell aus einer Perspektive reflexiver Distanz gewonnen wird.

Ein Modell reflexiver Perspektivenvielfalt im Rahmen mündigkeitsorientierter Bildung zeichnet sich ab, in dem strukturell die inneren Implikationen bei äußerlich bleibenden Unterschieden divergierender Perspektiven ebenso wie die normativen Annahmen in den Blick gerückt werden. Was sind die bevorzugten *und* die abgelehnten eigenen *und* anderen Maßstäbe einer Befragung von Perspektiven? Welche Voraussetzungen, Annahmen und Implikationen sind mündigkeitsförderlich, welche mündigkeitseinschränkend und warum (vgl. Abb. 2)?

Reflexive Perspektivenvielfalt im Rahmen mündigkeitsorientierter Bildung
P1+/- [a+/-, b+/-, ...] ← g+/-, u+/- → P2+/- [a+/-, c+/-, ...] ← g+/-, u+/- → P3+/- [...]

Abbildung 2: Reflexive Perspektivenvielfalt im Rahmen mündigkeitsorientierter Bildung (Legende wie in Abbildung 1; + = mündigkeitsförderliche Momente, – = mündigkeitseinschränkende Momente)

Eine Aneinanderreihung, ein Nebeneinanderstellen von Perspektiven wird hier überschritten. Eröffnet wird eine reflexive, offene Befragung der eigenen und der gesellschaftlich kursierenden Annahmen, Selbstverständlichkeiten und der normativen Orientierungen, für Lehrende und Lernende. Dieses Verfahren der Befragung ermöglicht es auch, die Unterstützungen und die Beschädigungen von Mündigkeit in und durch die Organisation von Perspektivenvielfalt zu diskutieren und zu problematisieren.

Literaturverzeichnis

An-Na'im, Abdullahi Ahmed (Hg.). *Human rights in cross-cultural perspectives. A quest for consensus*, Pennsylvania: University of Pennsylvania Press, 1992.

Autorengruppe Fachdidaktik (Hg.). *Was ist gute politische Bildung? Leitfaden für den sozialwissenschaftlichen Unterricht*, Schwalbach/Ts.: Wochenschau Verlag, 2016.

Benhabib, Seyla. *Kosmopolitismus ohne Illusionen. Menschenrechte in unruhigen Zeiten*, Berlin: Suhrkamp, 2016.

Brandstetter, Anna-Maria. „Kolonialismus. Wider die vereinfachenden Dichotomien", in: *Geschichte in Afrika. Einführung in Probleme und Debatten*, Jan-Georg Deutsch und Albert Wirz (Hg.), Berlin: Das Arabische Buch, 1997, 75–106.

Grammes, Tilman. „Unterrichtsanalyse – ein Defizit der Fachdidaktik", in: *Reicht der Beutelsbacher Konsens?*, Siegfried Schiele und Herbert Schneider (Hg.), Schwalbach/Ts.: Wochenschau Verlag, 1996, 143–169.

Hall, Stuart. „Das Spektakel des ‚Anderen'", in: Stuart Hall: *Ideologie, Identität, Repräsentation. Ausgewählte Schriften 4*, hrsg. von Juha Koivisto und Andreas Merkens, Hamburg: Argument-Verlag, 2004, 108–166.

Hegel, Georg Wilhelm Friedrich. *Wissenschaft der Logik II* (1813), Werke 6, Frankfurt am Main: Suhrkamp, 1970.

Höffe, Otfried. „Zur Theorie des Glücks im klassischen Utilitarismus", in: *Ethik und Politik: Grundmodelle und -probleme der praktischen Philosophie*, Otfried Höffe (Hg.), Frankfurt am Main: Suhrkamp, 1979, 120–159.

Kant, Immanuel. *Grundlegung zur Metaphysik der Sitten (1785): Werke in 10 Bänden*, hrsg. von Wilhelm Weischedel, Darmstadt: Wissenschaftliche Buchgesellschaft, 1956.

Mende, Janne. *Der Universalismus der Menschenrechte*, Konstanz: UTB; UVK, 2021.

Müller, Stefan. *Reflexivität in der politischen Bildung. Untersuchungen zur sozialwissenschaftlichen Fachdidaktik*, Frankfurt am Main: Wochenschau Verlag, 2021.

Ders. „Perspektivenvielfalt und Normativität als Antwortmöglichkeiten auf demokratische Herausforderungen?", in: *Demokratie im Stresstest. Reaktionen von Politikdidaktik und politischer Bildung*, Carl Deichmann und Marc Partetzke (Hg.), Wiesbaden: Springer VS, 2021, 103–121.

Ders. „Kontroversität", in: *Handbuch politische Bildung*, Wolfgang Sander und Kerstin Pohl (Hg.), 5., vollständig überarbeitete Auflage, Frankfurt am Main: Wochenschau Verlag, 2022, 231–239.

Müller, Stefan und Elia Scaramuzza. *Mündigkeit in der politischen Bildung. Ein Gespräch über eine reflexive sozialwissenschaftliche Fachdidaktik*. Frankfurt am Main: Wochenschau Verlag, 2024, http://daten.wochenschau-verlag.de/download/978375661612 1.pdf, zuletzt geprüft am 22. Februar 2024.

Pohl, Kerstin. *Kontroversität: Wie weit geht das Kontroversitätsgebot für die politische Bildung?*, Bundeszentrale für politische Bildung, http://www.bpb.de/gesellschaft/kultu r/zukunft-bildung/208270/kontroversitaet?p=all, 15. Juni 2015, zuletzt geprüft am 22. Februar 2024.

Ritsert, Jürgen. *Bestimmung und Selbstbestimmung. Zur Idee der Freiheit*, Hamburg: Merus-Verlag, 2007.

Ders. *Themen und Thesen kritischer Gesellschaftstheorie: Ein Kompendium*, Weinheim: Beltz Juventa, 2014.

Ders. *Zur Philosophie des Gesellschaftsbegriffs: Studien über eine undurchsichtige Kategorie*, Weinheim: Beltz Juventa, 2017.

Sander, Wolfgang. „Bildung und Perspektivität. Kontroversität und Indoktrinationsverbot als Grundsätze von Bildung und Wissenschaft", in: *Erwägen – Wissen – Ethik (EWE)* 20, 2 (2009), 239–248.

Ders. *Politik entdecken – Freiheit leben: Didaktische Grundlagen politischer Bildung*, 4. Aufl., Schwalbach/Ts.: Wochenschau Verlag, 2013.

Ders. „Geschichte der politischen Bildung", in: *Handbuch politische Bildung*, Wolfgang Sander und Kerstin Pohl (Hg.), 5., vollständig überarbeitete Auflage, Frankfurt am Main: Wochenschau Verlag, 2022, 13–29.

Steinert, Heinz. „Genau hinsehen, geduldig nachdenken und sich nicht dumm machen lassen", in: *Zur Kritik der empirischen Sozialforschung: Ein Methodengrundkurs*, Heinz Steinert (Hg.), Frankfurt am Main: Johann Wolfgang Goethe-Universität Frankfurt, 1998, 67–79.

Weber, Max. „Die ‚Objektivität' sozialwissenschaftlicher und sozialpolitischer Erkenntnis", in: *Gesammelte Aufsätze zur Wissenschaftslehre*, hrsg. von Johannes Winckelmann, 6., erneut durchges. Auflage, Tübingen: Mohr Siebeck, 1985, 146–214.

Grace Sahota

A Critical Race Theory Approach to Multiperspectivity as Counterhegemonic History

Introduction

History education has the potential to foster a sense of belonging and national identity among students but conversely, by including or excluding certain perspectives, it can lead to feelings of alienation.[1] Nationally enforced curricula confer on the state the ability to define what counts as legitimate knowledge[2] and whose historical experiences and identities are worth knowing. Research has shown that across many Western and/or settler-colonial states[3] that are typified by neoliberal regimes described as racial[4] and post-racial,[5] education is a space in which norms of whiteness are reproduced, reinforced and prioritised to the detriment of those from minoritised communities.

Over the last 30 years, multiperspectivity has been used to transform history education. Multiperspectivity has been defined as a processual strategy of understanding that centres on accounting for others' perspectives as well as an awareness of our own particular perspective and orientation.[6] It was welcomed for its predisposition towards historical and analytic thinking, its awareness of

---

1 Karel van Nieuwenhuyse, "Going Beyond Eurocentric Us-Them Thinking in History Education: Multiperspectivity as a Tool Against Radicalisation and for a Better Intercultural Understanding", in: Noel Clycq, Christiane Timmerman, Dirk Vanheule, Rut Van Caudenberg and Stiene Ravn (eds), *Radicalisation: A Marginal Phenomenon or Mirror to Society?*, Leuven: Leuven University Press, 2019, 215–242.

2 Michael W. Apple, "The State and the Politics of Knowledge" in: Michael W. Apple & Peter Aasen (eds) *The State and the Politics of Knowledge*, London: RoutledgeFalmer, 2003, 1–24.

3 Examples of which are included throughout this chapter.

4 David Theo Goldberg, *The Threat of Race: Reflections on Racial Neoliberalism*, Malden: Wiley-Blackwell, 2009.

5 Kalwant Bhopal, *White Privilege: The Myth of a Post-Racial Society*, London: Blackwell, 2018.

6 Karl Peter Fritzsche, "Introduction: Unable to be Tolerant?", in: Russell F. Farnen, Karl Peter Fritzsche, Ivan Kos and Rüdiger Meyenberg (eds), *Tolerance in Transition*, Oldenburg: Bibliotheks- und Informationssystem der Universität Oldenburg, 2001, 1–8, cited in Robert Stradling, *Multiperspectivity in History Teaching: A Guide for Teachers*, Germany: Council of Europe, 2003, 13.

dominant monocultural, ethnocentric and exclusive school history narratives and its celebratory inclusivity of multiple perspectives.[7] It is argued that through the inclusion of multiple perspectives such as those of minoritised groups, multiperspectivity offers all students a sense of belonging within the nation, whilst also encouraging students to be critical of processes that foster or impose collective identity and memories.[8] Multiperspectivity is thus aligned with multicultural and inclusive approaches to history education as well as with "new history", which emphasises the subject's interpretative and subjective nature.[9] Multiperspectivity is consequently an epistemological idea that explores the coexistence of multiple narratives and dismisses an objective understanding of history as a single, closed, narrative truth.[10] It is ideological and normative, emphasising mutual understanding and social cohesion in increasingly diverse (western) societies.

Multiperspectivity has been uncritically and inaccurately argued to be simply what historians do.[11] However, it is neither without its critics nor known for its conceptual clarity. Advocates of multiperspectivity acknowledge that "it probably raises more questions than it answers"[12]; questions on defining perspectives, challenges raised by selectivity and interpretation, the role of the teacher, what historical truth is and if it can be achieved, levels of complexity and procedural questions. Robert Stradling has been cognizant of certain limitations, especially when it comes to implementing multiperspectivity in practice. There are many barriers to enacting a multiperspective approach to history education, including time, cost and the degree of flexibility and scope required in both the formal curriculum and educational materials. It is especially difficult to realise multiperspectivity in the classroom when textbook content rarely includes multiple perspectives.[13] Whilst it may be firmly on the history education agenda, the realisation (enactment) of multiperspectivity is not supported by the available educational materials.

---

7 Stradling, *Multiperspectivity in History Teaching*.

8 Van Nieuwenhuyse, "Going Beyond Eurocentric Us-Them Thinking".

9 Michal Honig and Dan Porat, "The British, the Tank, and that Czech: How History Teachers Talk About People in History Lessons", in: *Theory & Research in Social Education* 47, 4 (2019), 526–547.

10 Bjorn Wansink, Sanne Akkerman, Itzél Zuiker and Theo Wubbels, "Where Does Teaching Multiperspectivity in History Education Begin and End? An Analysis of the Uses of Temporality", in: *Theory & Research in Social Education* 46, 4 (2018), 495–527.

11 Stradling, *Multiperspectivity in History Teaching*.

12 Ibid., 14.

13 Marc Kropman, Carla van Boxtel and Jannet van Drie, "Multiperspectivity in Lesson Designs of History teachers: The Role of Schoolbook Texts in the Design of Multiperspective History Lessons", in: *Historical Encounters* 8, 1 (2021), 46–69.

Several questions about multiperspectivity arose over the course of my doctoral project at the University of Birmingham. The primary question is, when does multiperspectivity hinder rather than harm endeavours for an equitable education? The difference between hinder and harm in this case is their effect on the dismantlement of racial structures. Harm implies a detrimental effect, while hindrance implies a certain dissonance between doing *something* and doing something *well*. Both may be intentional, though the intention itself is often not decisive. What is more important is the effect. My next question is, can multiperspectivity be considered part of the counterhegemonic process to interrupt racializing processes inherent to neoliberal regimes?

To explore these questions, multiperspectivity will be theoretically examined through a Critical Race Theory (CRT) lens. CRT sees education, and the curriculum more specifically, as one of the arenas in which white supremacy is maintained.[14] The chapter begins by bringing together CRT and Gramscian ideas of hegemony and common sense to highlight the complexity of hegemonic racializing processes before defining (post-)post-racial neoliberalism. The latter section will introduce examples from existing research in order to substantiate and exemplify how the regimes in a variety of national contexts are supported through history education. In addition, the role of multiperspectivity and its connection to counterhegemonic history will be defined, and its potential for interrupting racializing processes will be examined. Teacher and student agency and (the use of) educational materials will be foregrounded. A praxis approach to CRT is consequently advocated in order to find a way forward. This comes in the form of methodological considerations for researchers into history education, while considerations for a racially literate CRT approach to multiperspectivity are put forward for practitioners.

Conceptualising the hegemonic (post-)post-racial neoliberal context

Entangling Critical Race Theory (CRT) and Gramscian hegemony

Critical Race Theory (CRT) has its foundations in US legal scholarship, which argues that "the logic and structure of conventional law gr[e]w out of the power relationships of the society and, as a consequence, the oppressed will never be well served by the law."[15] As the name would suggest, CRT gives primacy to race in

---

14 Gloria Ladson-Billings, "Just what is Critical Race Theory and what's it doing in a nice field like education?" in: *Qualitative Studies in Education* 11, 1 (1998), 7–24.

15 Gloria Ladson-Billings, "Race *still* matters: Critical race theory in education", in: Michael W. Apple, Wayne Au and Luis Armando Gandin (eds), *The Routledge International Handbook of Critical Education*, New York: Routledge, 2009, 110–122.

its analyses, arguing that race operates and is made manifest in particular ways and thus requires specific attention over and above the rhetoric of generalised diversity and difference.[16] CRT sees race and racism as fundamental character-istics of education.[17] More specifically, CRT positions the curriculum as one of the key arenas in which white supremacy is maintained.[18] A CRT approach to education, therefore, is intended to raise new questions, challenge dominant assumptions and, more importantly, to deconstruct oppressive structures and discourses and reconstruct human agency and power dynamics that are equitable and socially just.[19]

CRT understands race as being socially produced through processes of ra-cialization. While there is a certain "fixedness" to the fact that the concept of race is, has been and will continue to be produced, the ways in which it is produced and categorised are fluid. In this sense, race is conceptually promiscuous and elastic.[20] This enduring and evolutionary nature makes current racializing processes elusive and ever more entrenched, "submerged and hidden"[21] than previous iterations. Conceptual and material human-driven work is needed to produce and enact racial "arrangements"[22] and experiences. This is what Gold-berg terms the *"labor of race"*.[23] To dismiss racialization as simply a "social construct"[24] is reductive and damaging. It denies the complex processes and relations of racialization and the reality of their effects on the everyday lived experiences of racialized groups and individuals. To only discuss race in terms of its constructedness is to be complicit in racializing processes. As Lentin main-tains, the idea that race is not really real can exacerbate white people's dangerous and wilful ignorance of the realities of racialized regimes in such a way that protects their position within racially hierarchized social structures from which they generally benefit.[25]

The relevance of Gramsci's work to studies into race and racism has been compellingly argued by Stuart Hall.[26] Gramsci's analyses centre on "relations of

---

16 Ibid., 115.
17 David Gillborn, "Education policy as an act of white supremacy", in: Edward Taylor, David Gillborn and Gloria Ladson-Billings (eds), *Foundations of Critical Race Theory in Education*, New York: Routledge, 2009, 51–69, 63.
18 Ladson-Billings, "Just what is Critical Race Theory", 29.
19 Ibid., 19.
20 David Theo Goldberg, *Are We All Postracial Yet?*, Cambridge: Polity Press, 2015, 10.
21 Ladson-Billings, "Just what is Critical Race Theory", 18.
22 Goldberg, *The Threat of Race*, 4.
23 Ibid., italics in original.
24 Ladson-Billings, "Just what is Critical Race Theory", 18.
25 Alana Lentin, *Why race still matters*, Cambridge: Polity Press, 2020, 35.
26 Stuart Hall, "Gramsci's Relevance for the Study of Race and Ethnicity", in: *Journal of Com-munication Inquiry* 10, 5 (1986), 5–27.

force",[27] which occur across a multitude of levels, dimensions, and moments and are understood to be continuously forming. By not basing his theorisations on traditional Marxist economism, which he argued was reductive and infantile, Gramsci's approach allows greater space for complexity. It is changes to the balance within these relations of force that are crucial to understand. For this reason, Gramsci intentionally speaks of *moments* of hegemony secured by alliances of dominant groups winning consent.[28]

Departing from the reductive dynamics of social power between a single dominant group and oppressed group(s), Gramsci purposefully speaks of alliances and hegemonic blocs that seek social advancement for the whole, or at least appear to.[29] The alliance attempts to gain popularity by accounting for the subordinate interests of subaltern groups.[30] Alliances actively construct and positively maintain social unity by winning consent for their hegemonic moment, holding coercion or force in reserve.[31] The capacity to win consent, however, is unevenly distributed. It depends on knowledge of how consent is won, as well as being intimately connected to the capacity for coercion.[32] In concert with consent is "'legal' enforcement"[33] through the justice system and other state institutions, including education.

Coercion and the ability to generate consent do not "radiate outwards from [the state's] apparatuses"[34] in a uniform way, rather the state and civil society are mutually implicated in operations of hegemony. The state and civil society are not separate entities but rather complex, relational elements that operate fluidly and are open to (re)negotiation and reproduction through consent and coercion.[35] The "war of position"[36] over hegemony cannot be won by a single action. Progress occurs over a prolonged period and across many fronts of struggle throughout "the whole structure of society, including the structures and in-

---

27 Hall, "Gramsci's Relevance", 11.

28 Antonio Gramsci, *Selections from the Prison Notebooks,* edited and translated by Quinten Hoare and Geoffrey Nowell Smith, London: Lawrence and Wishart, 1971, 180–182, 259.

29 Joseph A. Buttigieg, "Gramsci on Civil Society", in: *boundary* 2, 22 (1995), 1–32, 22.

30 Hall, "Gramsci's Relevance", 15.

31 Ibid.

32 Buttigieg, "Gramsci on Civil Society", 7; 27.

33 Wayne Au and Michael W. Apple, "Rethinking reproduction: Neo-Marxism in critical education theory", in: Michael W. Apple, Wayne Au and Luis Armando Gandin (eds), *The Routledge International Handbook of Critical Education,* New York: Routledge, 2009, 83–95, 85.

34 Hall, "Gramsci's Relevance", 18.

35 Buttigieg, "Gramsci on Civil Society", 28; Peter Mayo, "Gramsci and the politics of education", in: *Capital & Class* 38, 2 (2014), 385–398, 388; Peter Mayo, *Hegemony and education under neoliberalism,* London: Routledge, 2015, 133f.

36 Gramsci, *Selections from the Prison Notebooks,* 239.

stitutions of civil society."[37] These struggles are differentiated and are not, as in traditional Marxist conceptions, subsumed into a single industrial or class struggle. That said, civil society is the primary site where hegemony is (re)produced, and where struggles over hegemony take place.[38]

This flexible formulation of an integral state calls for us to pay closer attention to institutions and processes within civil society and connected to it, for their "absolutely vital role in giving, sustaining and reproducing different societies in a racially structured form."[39] It also encourages a conceptualisation of the proliferated existence of race and an examination of "common sense" ideas of biologically and culturally homogenous groups.[40] Common sense conceptions of the world are reproduced through education. Common sense knowledge has the power to marginalise and is unquestionably accepted *en masse*.[41] It is here that we can see, through these definitions of hegemony and common sense, that a hegemonic situation is not static but rather malleable, much like our CRT definition of "race". Moreover, taking inspiration from Gramsci allows contradictory relations of force to be accounted for.[42] This is particularly important when it comes to questioning multiperspectivity, as there are arguments that it can further entrench racial inequality while seeming to attempt the opposite.

Consent is entangled with CRT's interest convergence, which maintains that the interests of minoritised groups will be accommodated only when they converge with majorised or white interests.[43] This means that an implicit or explicit cost/benefit analysis for the majorised group and majority-dominated institutions – in this context, white people and white-dominated institutions – is assessed before anti-racist measures are taken.[44] To secure moments of hegemony, an alliance must simultaneously possess a "degree of mastery"[45] over many multidirectional and multidimensional arenas of activities and initiatives. For hegemonic operations to secure hegemonic moments, they must be infused

---

37 Hall, "Gramsci's Relevance", 17.
38 Buttigieg, "Gramsci on Civil Society", 30.
39 Hall, "Gramsci's Relevance", 26.
40 Arun Saldanha, "Reontologising Race: The Machinic Geography of Phenotype", in: *Environment and Planning D: Society and Space* 24, 1 (2006), 9–24, 12.
41 Michael Welton, "Gramsci's Contribution to the Analysis of Public Education Knowledge", in: *The Journal of Educational Thought* 16, 3 (1982), 140–149, 141; Mayo, "Gramsci and the politics of education", 390.
42 Apple, *The State and the Politics of Knowledge*, 6.
43 Derrick A. Bell, "Brown v. Board of Education and the Interest-Convergence Dilemma", in: *Harvard Law Review* 93, 3 (1980), 518–533, 523.
44 Karl Kitching, "Taking Responsibility for Race Inequality and the Limitless Acts Required: Beyond 'Good/Bad Whites' to the Immeasurably Whitened Self", in: *Power and Education* 3, 2 (2011) 164–178, 168.
45 Hall, "Gramsci's Relevance", 15.

"in every capillary of society",[46] from cultural organisations to political movements and educational institutions. Of these, education is seen as the most
influential arena. Gramsci states that every hegemonic situation is necessarily an
educational one,[47] highlighting the fundamentally transformative role education
plays in winning mass consent for a hegemonic moment, *and* for (re)negotiating
or countering one.[48] For Au and Apple, acknowledging education as a site of
resistance against hegemony is crucial, as is the capacity for agency among
individuals and communities.[49] Educational materials such as textbooks also
engage in the hegemonic process by, for example, disseminating dominant national historical narratives that are often exclusionary and steeped in subtle
racializing processes.[50]

Exploring the hegemonic (post-)post-racial neoliberal education context

Both racial neoliberalism and (post-)post-race are intimately entangled and inseparable – connected to ideas of racelessness, racial denial, colour evasiveness
and individualisation.[51] Goldberg conceptualises racial neoliberalism in terms of
state governmentality and relations that evaporate race under neoliberalism.[52] In
this sense neoliberalism supports a "racial formation"[53] that further entrenches
structures of racial hierarchies, despite being characterised as having "no ideo-

---

46 Carmel Borg, Joseph A. Buttigieg and Peter Mayo, "Introduction: Gramsci and education", in:
    Carmel Borg, Joseph A. Buttigieg and Peter Mayo (eds), *Gramsci and Education*, Plymouth:
    Rowman & Littlefield Publishers Inc., 2002, 7–25, 8.
47 Antonio Gramsci, *Selections from the Prison Notebooks*, 350.
48 Borg et al., "Introduction", 7; Stanley Aronowitz, "Gramsci's Theory of Education: Schooling
    and Beyond", in: Carmel Borg, Joseph A. Buttigieg and Peter Mayo (eds), *Gramsci and
    Education*, Plymouth: Rowman & Littlefield Publishers Inc., 2002, 95–104; Welton,
    "Gramsci's Contribution", 141.
49 Au and Apple, "Rethinking reproduction", 87.
50 See for example: Benjamin Kelsey Kearl, "Resisting Official Knowledge: The Incorporation
    and Abjection of Race and Poverty in High School American History Textbooks, 1960s–
    2000s", in: *Journal of Curriculum and Pedagogy* 11 (2014), 64–80; Prentice Chandler and
    Douglas McKnight, "The Failure of Social Education in the United States: A Critique of
    Teaching the National Story from 'White' Colourblind Eyes", in: *Journal for Critical Educa-
    tion Policy Studies* 7 (2009), 218–248.
51 Chandler and McKnight, "The Failure of Social Education"; Anthony L. Brown and Keffrelyn
    D. Brown, "Strange Fruit Indeed: Interrogating Contemporary Textbook Representations of
    Racial Violence Toward African Americans", in: *Teachers College Record* 112, 1 (2010), 31–67.
52 Goldberg, *The Threat of Race*, 360.
53 Alana Lentin and Gavan Titley, *The Crises of Multiculturalism: Racism in a Neoliberal Age*,
    London: Zed Books, 2011, 169.

logical intent with regards to race".[54] However, neoliberalism plays a significant role in racializing processes, often silent and literally deadly.

Neoliberalism's focus on privatisation, deregulation and decentralisation and trickle-down economics creates a "thin"[55] version of democracy that values profit maximisation and possessive individualism above all else. The entrenchment of neoliberal values and approaches to governance firmly shape and constrain the field of education.[56] The last 30 years of neoliberalism has substantially altered education provision in the UK and elsewhere through marketisation and privatisation – this has included the diversification of education provision and has been based on core commitments to a reduced state, and to deregulation and market efficiency.[57] Discourses surrounding core commitments such as improving competitiveness, jobs and educational standards, can threaten ideals of democracy and equity.[58] The development of "quasi-markets"[59] in education exacerbates existing racial and class inequities. Schools are geared more towards achievers than to helping achievement, curricula are designed to mould pupils to unquestioningly participate in the status-quo and teachers have become technicians producing "functionaries" over "visionaries".[60]

Decentralisation, far from devolving power to local authorities as it is designed to do, in reality often transfers power to the private sphere, making a business out of volunteering and social enterprise and putting profit over effective service.[61] The neoliberal state bolsters the "privatization of race and the protection of racially driven exclusions"[62] in the private sphere, which is ensured considerable protections from state intervention. Racisms[63] are set free to "circulate and proliferate by all other means possible" in the private sphere.[64] By appearing to expunge race from the public domain, and in concert with legal regimes of

---

54 Lentin and Titley, *The Crises of Multiculturalism*, 169.

55 Michael W. Apple, *Educating the "Right" Way: Markets, Standards, God, and Inequality*, London: RoutledgeFalmer, 2001, 18.

56 Deborah Youdell, *School Trouble: Identity, Power and Politics in Education*, Abingdon, Oxon: Routledge, 2011, 7.

57 Ibid., 12.

58 Apple, *Educating the "Right" Way*, 30.

59 Ibid., 40.

60 Ambalavaner Sivanandan, "The market state vs the good society", in: *Race & Class* 54, 3 (2013), 1–9, 4.

61 Sivanandan, "The market state", 5.

62 Goldberg, *The Threat of Race*, 337.

63 Goldberg intentionally speaks of racisms in the plural, acknowledging its many manifestations and operations in various contexts. See Paul Gilroy & David Theo Goldberg, "Transcript: In Conversation with David Theo Goldberg", 8 July 2020, https://www.ucl.ac.uk/racism -racialisation/transcript-conversation-david-theo-goldberg, last accessed 16 January 2024.

64 Goldberg, *Are We All Postracial Yet?*, 151.

equality, racism becomes a matter of individual morality,[65] where only obvious and explicit acts from individual "bad apples" qualify as being racist. Racism thus becomes "exceptional" and "irrational" in the face of neoliberalism's rational economic agent, the individual.[66] Individualism espouses personal freedom, opportunity and equality in the eyes of the law and state. Yet it may actually erode solidarity and community, and shift responsibility onto the individual for failing to "make the best of things."[67]

Some textbook research, for example, has shown that in the USA an individualisation of binary hero-villain narratives frequently dominates the representation of nation and national identity.[68] Additionally, observational research that revealed racial microaggressions during a non-statutory module on enslavement for UK Black History Month underscores the endemic and deeply embedded nature of racism in educational institutional contexts.[69] That study's findings showcase the paradox of racist conduct being attributed to individual "bad apples" and the "whiteness-as-normal construction of Britain's past" that actively legitimates and extends white supremacy.[70] A study in South Africa also found that teachers focus on individual rather than structural contexts of racism.[71]

Moreover, legal regimes of equality give the illusion that we are protected against racism by the state, that race can no longer be a privileging or limiting factor for individuals and that the problem has been solved and is, therefore, an unimportant hinderance to "real" politics.[72] Lentin and Titley maintain that erasing race does nothing to address "racial thought" in structures of power.[73] As a result, they argue, white people are more concerned with not being labelled as racist than acknowledging and addressing its structural manifestations. This

---

65 Goldberg, *The Threat of Race*, 363.

66 Ibid., 181; Lentin and Titley, *The Crises of Multiculturalism*, 169.

67 Ibid., 168.

68 Rachel D. Hutchins, "Heroes and the Renegotiation of National Identity in American History Textbooks: Representations of George Washington and Abraham Lincoln, 1982–2003", in: *Nations and Nationalism* 17, 3 (2011), 649–668; Cathryn van Kessel and Ryan M. Crowley, "Villainification and Evil in Social Studies Education", in: *Theory and Research in Social Education* 45, 4 (2017), 427–455.

69 Nadena Doharty, "'I FELT DEAD': Applying a Racial Microaggressions Framework to Black Students' Experiences of Black History Month and Black History", in: *Race, Ethnicity and Education* 22, 1 (2018), 110–129.

70 David Gillborn, "Education Policy as an Act of White Supremacy", in *Journal of Education Policy* 20, 4 (2005), 485–505, 499, cited in Doharty, "'I FELT DEAD'", 122.

71 Chana Teeger, "Ruptures in the Rainbow Nation: How Desegregated South African Schools Deal with Interpersonal and Structural Racism", in: *Sociology of Education* 88, 3 (2015), 226–243.

72 Alana Lentin, "Post-Race, Post Politics: The Paradoxical Rise of Culture After Multiculturalism", in: *Ethnic and Racial Studies* 37, 8 (2014), 1268–1285, 1269.

73 Lentin and Titley, *The Crises of Multiculturalism*, 71.

supports Osler's speculation that diversity will be taught without considering existing structural conditions or how to effect change.[74]

While legal regimes of equality may ensure that diversity is present, the resounding consensus amongst the academic community is that the inclusion of multiple and marginalised perspectives in historical narratives alone is not enough. Structural forms are concealed from view and their existence denied, while the status-quo of racial conditions and racist articulations continues unchecked.[75] For example, a study into racial violence in US textbooks shows that despite "actual inclusion" the textbooks fall short of conveying racialized structures, and manufacture distance between racist practices and social structures by depicting individuals in a "deviant, morally corrupt way".[76] Similarly, with increased representation of indigenous histories in Canadian textbooks came increased oversimplification.[77] This exemplifies the difference between what Lentin and Titley call the *politics of diversity* and *diversity politics*. Where the former refers to "the institutional and broadly managerial deployment of diversity as a dimension of integration governance,"[78] the latter engages with "claims of marginalized difference through a consideration of material, political and symbolic relations of dominance."[79]

The "post" in post-racial neoliberalism comes from the idea that race has been separated from racism, signifying the "end of race" and denoting a world in which race as a social category no longer matters.[80] Racelessness and colour evasiveness, far from solving racism, continue to enforce it while simultaneously privileging whiteness,[81] as whiteness becomes "default" and the yardstick against which all else is measured. More than that, it is positioned "outside the racial framework", as being "race neutral", transparent and unmentionable.[82] It is not necessarily limited to nor does it include all those perceived as white. State-defined, internal distinctions exist between "the more and the less white" based on class, gender, religion, sexuality etc.[83] There may also be blurred boundaries where racialized people can qualify as white in a regime of whiteness when values

---

74 Audry Osler, "Citizenship Education and the Ajegbo Report: Re-Imagining a Cosmopolitan Nation", in: *London Review of Education* 6, 1 (2008), 11–25, 18.

75 Goldberg, *Are We All Postracial Yet?*, 34f.

76 Brown and Brown, "Strange Fruit Indeed", 144.

77 Christine Rogers Stanton, "The Curricular Indian Agent: Discursive Colonization and Indigenous (Dys)Agency in U. S. History Textbooks", in: *Curriculum Inquiry* 44, 5 (2014), 649–676, 668.

78 Lentin and Titley, *The Crises of Multiculturalism*, 183.

79 Ibid., 181.

80 Goldberg, *The Threat of Race*; Goldberg, *Are We All Postracial Yet?*, 5.

81 Bhopal, *White Privilege*.

82 Lentin and Titley, *The Crises of Multiculturalism*, 81.

83 Steve Garner, *Whiteness: An Introduction*, London: Routledge, 2007, 63; see also: Bhopal, *White Privilege*.

and morals overlap.[84] Here we can see the fluidity of racial boundaries and proximities to whiteness. Teeger argues that the dynamics of white guilt and the desire to avoid conflict and maintain credibility and authority in the history classroom led teachers in South Africa to delegitimise minoritised students' assertions of enduring and contemporary structural racism.[85] Moreover, racial denial is not limited to the present day, but may retroactively deny historical conditions *and their legacies*; racism is thus "buried alive".[86] Post-racial neo-liberalism preserves white supremacy in education, a space where topics of race and racism remain taboo[87] or are relegated to specific institutionalised structures such as Black History Month, and jeopardises challenges to dismantle the status-quo.

The "euphemization of racism" has gained significant ground in recent years to avoid describing either individuals or situations as racist.[88] Moreover, diversity itself is often a euphemism for racial and ethnic difference.[89] The "not racism" proposed in Lentin's most recent book "entails the constant redefinition of racism to suit white agendas, and goes to the heart of the question of who gets to define what racism is."[90] More importantly, her work crucially takes note of the shift away from postracialism described above, where increasingly it is "defining racism [that] has become a site of political struggle"[91] over and above racial denial. I would tentatively and anecdotally argue that this shift has coincided with the summer of 2020, which saw the murder of George Floyd (not to mention the countless others before and since) and subsequent international anti-racist Black Lives Matter movements, as well as the undeniable and disproportionate effects of the COVID-19 pandemic on racially minoritised people. Education, in particular, is a site of struggle over defining racism. Perhaps most widely known is the backlash over CRT in US educational spaces, which has since migrated to the English education system.[92]

---

84 Garner, *Whiteness*; Steve Garner, "A Moral Economy of Whiteness: Behaviours, Belonging and Britishness", in: *Ethnicities* 12, 4 (2012), 445–464, 461.
85 Teeger, "Ruptures in the Rainbow Nation", 1194.
86 Goldberg, *Are We All Postracial Yet?*, 76.
87 Maria C. Ledesma and Dolores Calderón, "Critical Race Theory in Education: A Review of Past Literature and a Look into the Future", in: *Qualitative Inquiry* 21, 3 (2015), 206–222.
88 Lentin, *Why race still matters*, 25.
89 Ahmed et al., 2006, cited in Lentin and Titley, *The Crises of Multiculturalism*, 180.
90 Lentin, *Why race still matters*, 52.
91 Ibid.
92 See, for example, Sally Weale, "Education experts counter government attack on critical race theory", in: *The Guardian*, 13 November 2020, https://www.theguardian.com/education/20 20/nov/13/education-experts-counter-government-attack-on-critical-race-theory, last accessed 18 December 2023.

It is therefore important to consider, and situate, multiperspectivity within the context of post-racial neoliberalism, or rather, "post-postracial"[93] neoliberalism, and to question whether it falls under the bracket of diversity politics or the politics of diversity. More crucially, multiperspectivity must be considered from a CRT perspective, which challenges both neoliberalism's doctrine of individualised equality of opportunity and the enduring presence of race and racializing processes in education.[94]

Multiperspectivity and counterhegemonic history education

Counterhegemonic history education in the context of this chapter means to counter (post-)post-racial neoliberal history education, which is typified by myths of "the end of race" – that definitions of race are in the past – and by superficial diversity and inclusion and which can include multiperspective approaches. Counterhegemonic history must necessarily interact with moments of hegemony and actively renegotiate "common sense" by engendering "good sense". Good sense is defined as a "spontaneous, vivid but not coherent or philosophically elaborated, instinctive understanding of [the] basic conditions of life and the nature of the constraints and forms of exploitation to which it is commonly subjected."[95] Good sense may inform new common-sense conceptions but it is not equivalent. Encouraging good sense amongst students of school history is to engage in the "war of position" and diffuse and fracture dominant ideological formations of (post-)post-racial neoliberalism which conceal the historical legacies of racism in the present and ensure the continued existence and evolution of racializing logics and/or redefine race and racism. In such formations and moments, history education is only one piece of the puzzle. Just as history education is not the only arena in which people are exposed to historical discourse,[96] it is not the only arena in which (counter)hegemony can be achieved.

Here it is important to note the complex, sometimes even contradictory, multidirectional and interdiscursive nature of the hegemonic situation and ideology of (post-)post-racial neoliberalism.[97] Depending on how multiperspectivity is enacted and understood, it may be equally contradictory. It has been argued that multiperspective approaches to history education constrain any real challenges to eurocentrism or systemic racism despite claims that they en-

---

93 Lentin, *Why race still matters*, 26.
94 Ladson-Billings, "Race *still* matters", 120 f.
95 Hall, "Gramsci's Relevance", 21.
96 Van Nieuwenhuyse, "Going Beyond Eurocentric Us-Them".
97 Hall, "Gramsci's Relevance".

courage critical inquiry and advocate "clarification" of the past and an under-standing of its "complexity".[98] Despite attempts to introduce multiperspective approaches to history that are geared towards inclusion and to countering es-sentialist and exclusionary national narratives,[99] history education forms an "unofficial canon",[100] guided by the National Curriculum for England which is both Anglo- and Eurocentric. White histories and experiences are privileged to the detriment of black and minority ethnic histories and experiences.[101] This dynamic contributes to the maintenance of hegemonic (post-)post-racial neo-liberalism.

Research shows that multiperspectivity results in an evasive balancing of "sides" and tends towards binarism (e.g. positive/negative, good/bad, right/ wrong) rather than encouraging a paradigmatic understanding that gives space for the comprehension of structural processes of oppression. Focusing on whether representations are good or bad, right or wrong is a "power-evasive"[102] discursive strategy that is present in educational materials, and is evident too in research on textbooks.[103] Furthermore, in the South African context, the "both sides of the story" trope enables persistent legacies of racism to be denied and solidifies barriers to addressing racial inequalities.[104] Attempts to counter dominant historical narratives in South African textbooks have also been found to be superficial and uncritical.[105]

Teachers' agency has counterhegemonic potential,[106] but is by no means guaranteed. Teachers have also been positioned as "gatekeepers".[107] Despite awareness of and engagement with anti-racist practices amongst Dutch history

---

98 Marta Araújo and Silvia Rodríguez Maeso, "History Textbooks, Racism and the Critique of Eurocentrism: Beyond Rectification or Compensation", in: *Ethnic and Racial Studies* 35, 7 (2012), 1266–1286, 1281.

99 Marc Kropman, Jannet van Drie and Carla van Boxtel, "The influence of multiperspectivity in history texts on students' representations of a historical event", in: *European Journal of Psychology of Education* (2022), 1295–1315.

100 Richard Harris and Rosemary Reynolds, "Exploring Teachers' Curriculum Decision Making: Insights from History Education", in: *Oxford Review of Education* 44, 2 (2018), 139–155.

101 Bhopal, *White Privilege*, 77.

102 Araújo and Maeso, "History Textbooks, Racism and the Critique of Eurocentrism", 1267.

103 See Chandler and McKnight, "The Failure of Social Education"; Brown and Brown, "Strange Fruit Indeed".

104 Teeger, "Ruptures in the Rainbow Nation", 1196.

105 Sharon Subreenduth, "Insidious Colonialism in Post-Apartheid Education: Interplay of Black Teacher Narratives, Educational Policy and Textbook Analysis", in: *Qualitative Research in Education* 2, 3 (2013), 213–241.

106 Michael W. Apple, *Official knowledge: Democratic education in a conservative age*, New York: Routledge, 2000.

107 Wansink et al., "Where Does Teaching Multiperspectivity in History Education Begin and End?"

educators, for example, colour evasive discourse persists.[108] In South African history classrooms, research has shown how teachers' interactions with textbooks are guided by white guilt and conflict avoidance, which results in an individual understanding of racism that corroborates rather than challenges the official curriculum and its embedded oppressive structures, meaning that structural racism in the present is ultimately sidelined and ignored.[109] Teachers' beliefs about the subject of history play a crucial role in counterhegemonic potential. Beliefs affect how textbooks are used[110] and how teachers convey their own position and that of the textbook authors in lessons.[111] Research has found that some teachers neglect multiperspectivity's emphasis on subjectivity and interpretation entirely and instead strive for value-neutrality, while others only occasionally offer their own perspective in the classroom.[112] Moreover, a study in the Netherlands confirmed a tendency for teachers to recount dominant historical narratives while paying little attention to multiperspectivity.[113]

In contexts where teachers have the freedom to choose textbooks, their selection is influenced by several factors, such as: the book's capacity to encourage historical reasoning and whether it demonstrates multiperspectivity, or how it contributes to students' necessary acquisition of chronological knowledge.[114] Kropman, van Boxtel & van Drie argue that these two categories are mutually exclusive, though both are requirements of examination programmes. Educators appear more likely to opt for a risk-aversion strategy, both for textbook selection and curriculum planning, informed by what they expect to be included on national examination papers.[115] Teachers may argue that this decision actually equates to a choice between personal and/or professional values, and institutional pressures on outcomes and measures of attainment that are dictated by education's quasi-market economics. "Playing it safe" in effect reinforces (post-) post-racial neoliberalism by ensuring that teachers adhere to the official canon.

---

108 Maria Luce Sijpenhof, "A Transformation of Racist Discourse? Colour-Blind Racism and Biological Racism in Dutch Secondary Schooling (1968–2017)", in: *Pedagogica Historica* 56, 1–2 (2020), 51–69.

109 Teeger, "Ruptures in the Rainbow Nation", 1193.

110 Kropman, van Boxtel and van Drie, "Multiperspectivity in Lesson Designs".

111 Ibid.; Kropman et al., "The influence of multiperspectivity".

112 Wansink et al., "Where Does Teaching Multiperspectivity in History Education Begin and End?".

113 Marc Kropman, Carla van Boxtel and Jannet van Drie, "Narratives and Multiperspectivity in Dutch Secondary School History Textbooks", in: *Journal of Educational Media, Memory, and Society* 12, 1 (2020), 1–23.

114 Kropman, van Boxtel and van Drie, "Multiperspectivity in Lesson Designs".

115 Richard Harris, "Risk Aversion in a Performativity Culture – What Can We Learn From Teachers' Curriculum Decision Making in History?", in: *Journal of Curriculum Studies* 53, 5 (2021), 659–674.

Students, too, possess counterhegemonic potential and studies have shown them to have an appetite for counterhegemonic history. While it has been argued that student understanding mirrors curricular representations of individualised racism,[116] more recent research argues that students are "hungry to critique" the historical narratives that are presented to them and are aware they are "not getting quite the whole story" from the formal curriculum.[117] Research has also found a strong desire amongst history students in schools in Austria to learn more about racism and inequality—"structural and otherwise".[118] That said, research shows that students are conditioned to ignore multiperspective approaches, even when introduced in the school setting, due to the prominence of national perspectives.[119] In other words, educators may face challenges on two fronts when critically engaging with multiperspectivity in the classroom: expectations from the official curriculum on one side, and conditioned students on the other.

It is in these subtle, covert ways, sometimes disguised as counterhegemony, that racializing processes continue to permeate through history education despite (half-hearted and perhaps performative) attempts to the contrary. Racializing processes are fixed in their enduring presence but fluid in their realisation. The following section will return to CRT and outline how we might envision an approach to multiperspectivity that is truly counterhegemonic and "race conscious".[120]

Finding a counterhegemonic, CRT approach to multiperspectivity

While it is important that multiperspective approaches to history education are thoroughly examined and critiqued through the lens of CRT, and that theories are developed that attempt to explain how racializing processes function, the work cannot end there. To do so would confirm criticism of CRT that claims it promotes bleak pessimism in the face of possibilities for change. And although identifying racializing structures is a revolutionary project in itself, the aim

116 Audrey Bryan, "'You've got to teach people that racism is wrong and then they won't be racist': Curricular representations and young people's understandings of 'race' and racism", in: *Journal of Curriculum Studies* 44, 5 (2012), 599–629, 607.

117 Julia Huber and Alison Kitson, "An Exploration of the Role of Ethnic Identity in Students' Construction of 'British Stories'", in: *Curriculum Journal* 31, 3 (2020), 454–478, 474.

118 Christiane Hintermann, Christa Makrom, Heidemarie Weinhäuple, and Sanda Üllen, "Debating Migration in Textbooks and Classrooms in Austria", in: *Journal of Educational Media, Memory & Society* 6, 1 (2014), 79–106, 97.

119 Kropman et al., "The influence of multiperspectivity".

120 Daniel J. Willever, "Race Consciousness and the Teaching of American History", in: *Agora* 57, 3 (2022), 32–35.

should instead be to develop a "Critical Race Praxis"[121] that is grounded in community engagement and "race consciousness"[122] and which outlines the ways in which the teaching and learning about race and racism has evolved. We should also take the "sudden omnipresence"[123] of CRT and concerns over the dilution of its criticality seriously by pursuing a "ground-up"[124] praxis that builds on contributions from organic intellectuals and grassroots philosophers.[125] In the spirit of race-conscious CRT praxis, this section tentatively puts forward several methodological implications for researchers, and conceptual and practical implications for educators.

Methodological implications for researchers

1. **Study textbooks as a whole.**[126] A common trend[127] amongst textbook research is to study extracts from textbooks that address specific topics or periods. However, for more complete insights into the reproduction of hegemonic exclusionary narratives, such as those produced within (post-)post-racial neoliberal contexts, textbooks need to be examined in their entirety.
2. In addition, in order to reach a **deeper level of analysis that can identify hidden racializing processes**, content analysis methods should be avoided in favour of more critical approaches that aim to examine ideological projects in textbook materials.[128]

---

121 Ledesma and Calderón, "Critical Race Theory in Education", 219.
122 Willever, "Race Consciousness and the Teaching of American History", 35.
123 Christopher L. Busey, Christen E. Duncan and Tiana Dowie-Chin, "Critical What What?: A Theoretical Systematic Review of 15 Years of Critical Race Theory Research in Social Studies Education, 2004–2019", in: *Review of Educational Research* 93, 3 (2022), 412–453, 423.
124 Busey et al., "Critical What What?", 441.
125 Mari J. Matsuda, "Looking to the bottom: Critical legal studies and reparations", in: *Harvard Civil Rights-Civil Liberties Law Review* 22, 2 (1987), 323–375, in Busey et al., "Critical What What?", 441.
126 Maria Grever and Tina van der Vlies, "Why National Narratives are Perpetuated: A Literature Review on New Insights from History Textbook Research", in: *London Review of Education* 15, 2 (2017), 286–301.
127 See, for example, Luigi Cajani, "The Image of Italian Colonialism in Italian History Textbooks for Secondary Schools", in: *Journal of Educational Media, Memory & Society* 5, 1 (2013), 72–89; Denise Bentrovato and Karel van Nieuwenhuyse, "Confronting "Dark" Colonial Pasts: A Historical Analysis of Practices of Representation in Belgian and Congolese Schools, 1945–2015", in: *Paedagogica Historica* 56, 3 (2020), 293–320; Hutchins, "Heroes and the Renegotiation of National Identity".
128 Chandler and McKnight, "The Failure of Social Education".

Conceptual and practical implications for educators

1. **Make race an inherent and explicit part of multiperspective approaches to history education**, it should not be an incidental part of one or more perspectives. Race affects all perspectives, even (or especially) when it seems it does not, as with whiteness. This means integrating minoritised perspectives *throughout* the curriculum and educational materials, as well as explicitly naming and accepting whiteness as a racialized position.[129] Ensuring race conscious history is present throughout history education will help students to understand the structural persistence[130] and "active maintenance"[131] of race and racism beyond individualised narratives. As a result, students will gain the racial literacy necessary to understand and articulate experiences and realities of race and racism that are crucial in order to "disrupt the normalcy of Whiteness in education."[132] Moreover, a race conscious approach should not be limited to victimisation narratives. Empowering and challenging, rather than simply uplifting, the agency of minoritised groups and individuals must be emphasised *over and above* knowing of the "horrors and atrocities",[133] although this is nonetheless important.

2. **Focus on equity over equality and diversity.** This approach emphasises that it is not the number of perspectives that are included that is key, but whether or not the inclusion of multiple perspectives has counterhegemonic power. Related to this is the rejection of multiperspectivity's multicultural tropes of celebratory inclusion which project ideas of benevolence and deflect attention from the maintenance of race and racism.[134] Focussing on equity over equality allows us to move beyond the "interest-convergence ploy"[135] and to break the consensus for the (post-)post-racial neoliberal status-quo by foregrounding marginalised perspectives as opposed to merely including them as simplified anecdotal afterthoughts.

---

129 Zeus Leonardo, "The souls of white folk: Critical pedagogy, whiteness studies, and globalization discourse", in: *Race, Ethnicity and Education* 5, 1 (2002), 29–50, 46.

130 John S. Wills, "Silencing Racism: Remembering and Forgetting Race and Racism in 11th-Grade U.S. History Classes", in: *Teachers College Record* 121, 4 (2019), 1–44.

131 Kitching, "Taking Responsibility for Race Inequality", 168.

132 Cheryl E. Matias, "Tears Worth Telling: Urban Teaching and the Possibilities of Racial Justice", in: *Multicultural Perspectives* 15, 4 (2013), 187–193, 188.

133 Willever, "Race Consciousness and the Teaching of American History", 35.

134 Audrey Bryan, "The intersectionality of nationalism and multiculturalism in the Irish curriculum: teaching against racism?", in: *Race Ethnicity and Education* 12, 3 (2009), 297–317.

135 William F. Tate IV, "Critical Race Theory and Education: History, Theory, and Implications", in: *Review of Research in Education* 22 (1997), 195–247, 235.

3. **Encourage thinking without the concepts of us and them.**[136] History may be a traditionally nationalistic subject; however, the inclusion of non-national perspectives, without us/them narratives, will allow for a more reflective history that seeks to avoid individualisation and assimilation. Additionally, critical approaches must "come to grips with global white supremacy,"[137] cutting across national boundaries.

4. **Make clear the perspectives and/or positionality of historians, teachers and textbook authors.** The metadiscourse[138] behind the author's presence in textbooks is often underestimated and unclear to students. Textbooks must be viewed within the context of memory politics and ideological positioning, and students should be taught to question them.[139] Students and teachers may consequently work towards decentring dominant, white perspectives and enlarging the national narrative in order to generate a counter-history.[140]

Concluding remarks

This chapter aimed to explore the concept of multiperspectivity through the lens of CRT and Gramscian (counter)hegemony under regimes of (post-)post-racial neoliberalism. I questioned whether multiperspectivity hinders or harms endeavours for equitable education, and whether multiperspectivity should be considered part of the counterhegemonic process aimed at interrupting racializing processes that are inherent to neoliberal regimes. Introducing or implementing multiperspectivity in a "common sense" way, that is to say multiculturally, celebratory and superficially, does very little to interrupt or dismantle racializing processes within national history education, in fact, it further entrenches them. This approach to introducing multiperspectivity conceals historical legacies of race and racism in the past and present and gives the illusion that simple inclusion is enough. It is this sense of "hindering" that I refer to in this chapter; attempts that, whilst reflecting good intentions, may ultimately do more harm than good and essentially take two steps forward and one back. As Lentin

---

136 Andreas Körber, "Trascultural history education and competence: Emergence of a concept in German history education", in: *History Education Research Journal* 15, 2 (2018), 101–116.

137 Leonardo, "The souls of white folk", 33.

138 Avon Crismore, "Rhetorical Form, Selection and the Use of Textbooks" in: Suzanne de Castell, Allan Luke and Carmen Luke (eds), *Language, Authority and Criticism: Readings on the School Textbook,* London: The Falmer Press, 1989, 133–154, cited in Kropman et al., "The influence of multiperspectivity", 1298.

139 Susanne Grindel, "The End of Empire: Colonial Heritage and the Politics of Memory in Britain", in: *Journal of Educational Media, Memory, and Society* 5, 1 (2013), 33–49; Chandler and McKnight, "The Failure of Social Education".

140 Busey et al., "Critical What What?".

asserts, "race matters regardless of these good intentions. We are not served by talking in euphemisms or pretending that race belongs in the past."[141] The "first stage" is gaining "consciousness of being part of a particular hegemonic force".[142] Acknowledging that race and racism are fundamental characteristics of education, and that education is *the* place for the reproduction and interruption of hegemony, highlights the importance of a CRT approach to multiperspectivity that is both racially literate and committed to organic praxis.

Bibliography

Apple, Michael W. *Official knowledge: Democratic education in a conservative age*, New York: Routledge, 2000.

Apple, Michael W. *Educating the "Right" Way: Markets, Standards, God, and Inequality*, London: RoutledgeFalmer, 2001.

Apple, Michael W. "The State and the politics of Knowledge", in: Micheal W. Apple and Peter Aasen (eds) *The State and the Politics of Knowledge*, London: RoutledgeFalmer, 2003, 1–24.

Araújo, Marta and Silvia Rodríguez Maeso. "History Textbooks, Racism and the Critique of Eurocentrism: Beyond Rectification or Compensation", in: *Ethnic and Racial Studies* 35, 7 (2012), 1266–1286.

Aronowitz, Stanley. "Gramsci's Theory of Education: Schooling and Beyond", in: *Gramsci and Education*, Carmel Borg, Joseph A. Buttigieg, and Peter Mayo (eds), Plymouth: Rowman & Littlefield Publishers Inc., 2002, 95–104.

Au, Wayne and Michael W. Apple. "Rethinking reproduction: Neo-Marxism in critical education theory", in: *The Routledge International Handbook of Critical Education*, Michael W. Apple, Wayne Au and Luis Armando Gandin (eds), New York: Routledge, 2009, 83–95.

Bell, Derrick A. "Brown v. Board of Education and the Interest-Convergence Dilemma", in: *Harvard Law Review* 93, 3 (1980), 518–533.

Bentrovato, Denise and Karel van Nieuwenhuyse. "Confronting "Dark" Colonial Pasts: A Historical Analysis of Practices of Representation in Belgian and Congolese Schools, 1945–2015", in: *Paedagogica Historica* 56, 3 (2020), 293–320.

Bhopal, Kalwant. *White Privilege: The Myth of a Post-Racial Society*, London: Blackwell, 2018.

Borg, Carmel, Joseph A. Buttigieg and Peter Mayo. "Introduction: Gramsci and education", in: *Gramsci and Education*, Carmel Borg, Joseph A. Buttigieg, and Peter Mayo (eds), Plymouth: Rowman & Littlefield Publishers Inc., 2002, 7–25.

Brown, Anthony L. and Keffrelyn D. Brown. "Strange Fruit Indeed: Interrogating Contemporary Textbook Representations of Racial Violence Toward African Americans", in: *Teachers College Record* 112, 1 (2010), 31–67.

---

141 Lentin, *Why race still matters*, 135.
142 Gramsci, *Selections from the Prison Notebooks*, 333.

Bryan, Audrey. "The intersectionality of nationalism and multiculturalism in the Irish curriculum: teaching against racism?", in: *Race Ethnicity and Education* 12, 3 (2009), 297–317.

Bryan, Audrey. "'You've got to teach people that racism is wrong and then they won't be racist': Curricular representations and young people's understandings of 'race' and racism", in: *Journal of Curriculum Studies* 44, 5 (2012), 599–629.

Busey, Christopher L., Christen E. Duncan and Tiana Dowie-Chin. "Critical What What?: A Theoretical Systematic Review of 15 Years of Critical Race Theory Research in Social Studies Education, 2004–2019", in: *Review of Educational Research* 93, 3 (2022), 412–453.

Cajani, Luigi. "The Image of Italian Colonialism in Italian History Textbooks for Secondary Schools", in: *Journal of Educational Media, Memory & Society* 5, 1 (2013), 72–89.

Buttigieg, Joseph A. "Gramsci on Civil Society", in: *boundary 2*, 22, 3 (1995), 1–32.

Chandler, Prentice and Douglas McKnight. "The Failure of Social Education in the United States: A Critique of Teaching the National Story from 'White' Colourblind Eyes", in: *Journal for Critical Education Policy Studies* 7, 2 (2009), 218–248.

Doharty, Nadena. "'I FELT DEAD': Applying a Racial Microaggressions Framework to Black Students' Experiences of Black History Month and Black History", in: *Race, Ethnicity and Education* 22, 1 (2018), 110–129.

Garner, Steve. *Whiteness: An Introduction*, London: Routledge, 2007.

Garner, Steve. "A Moral Economy of Whiteness: Behaviours, Belonging and Britishness", in: *Ethnicities* 12, 4 (2012), 445–464.

Gillborn, David. "Education policy as an act of white supremacy", in: *Foundations of Critical Race Theory in Education*, Edward Taylor, David Gillborn and Gloria Ladson-Billings (eds), New York: Routledge, 2009, 51–69.

Goldberg, David Theo. *The Threat of Race: Reflections on Racial Neoliberalism*, Malden: Wiley-Blackwell, 2009.

Goldberg, David Theo. *Are We All Postracial Yet?*, Cambridge: Polity Press, 2015.

Gramsci, Antonio. *Selections from the Prison Notebooks*, edited and translated by Quintin Hoare and Geoffrey Nowell Smith, London: Lawrence and Wishart, 1971.

Grever, Maria and Tina van der Vlies. "Why National Narratives are Perpetuated: A Literature Review on New Insights from History Textbook Research", in: *London Review of Education* 15, 2 (2017), 286–301.

Grindel, Susanne. "The End of Empire: Colonial Heritage and the Politics of Memory in Britain", in: *Journal of Educational Media, Memory, and Society* 5, 1 (2013), 33–49.

Hall, Stuart. "Gramsci's Relevance for the Study of Race and Ethnicity", in: *Journal of Communication Inquiry* 10, 5 (1986), 5–27.

Harris, Richard. "Risk Aversion in a Performativity Culture – What Can We Learn From Teachers' Curriculum Decision Making in History?", in: *Journal of Curriculum Studies* 53, 5 (2021), 659–674.

Harris, Richard and Rosemary Reynolds. "Exploring Teachers' Curriculum Decision Making: Insights from History Education", in: *Oxford Review of Education* 44, 2 (2018), 139–155.

Hintermann, Christiane, Christa Makrom, Heidemarie Weinhäuple and Sanda Üllen. "Debating Migration in Textbooks and Classrooms in Austria", in: *Journal of Educational Media, Memory & Society* 6, 1 (2014), 79–106.

Honig, Michal and Dan Porat. "The British, the Tank, and that Czech: How History Teachers Talk About People in History Lessons", in: *Theory & Research in Social Education* 47, 4 (2019), 526–547.

Huber, Julia and Alison Kitson. "An Exploration of the Role of Ethnic Identity in Students' Construction of 'British Stories'", in: *Curriculum Journal* 31, 1 (2020), 454–478.

Hutchins, Rachel D. "Heroes and the Renegotiation of National Identity in American History Textbooks: Representations of George Washington and Abraham Lincoln, 1982–2003", in: *Nations and Nationalism* 17, 3 (2011), 649–668.

Kearl, Benjamin Kelsey. "Resisting Official Knowledge: The Incorporation and Abjection of Race and Poverty in High School American History Textbooks, 1960s–2000s", in: *Journal of Curriculum and Pedagogy* 11 (2014), 64–80.

Kessel, Cathryn van and Ryan M. Crowley. "Villainification and Evil in Social Studies Education", in: *Theory & Research in Social Education* 45, 4 (2017), 427–455.

Kitching, Karl. "Taking Responsibility for Race Inequality and the Limitless Acts Required: Beyond 'Good/Bad Whites' to the Immeasurably Whitened Self", in: *Power and Education* 3, 2 (2011), 164–178.

Körber, Andreas. "Transcultural history education and competence: Emergence of a concept in German history education", in: *History Education Research Journal* 15, 2 (2018), 101–116.

Kropman, Marc, Carla van Boxtel and Jannet van Drie. "Narratives and Multiperspectivity in Dutch Secondary School History Textbooks", in: *Journal of Educational Media, Memory, and Society* 12, 1 (2020), 1–23.

Kropman, Marc, Carla van Boxtel and Jannet van Drie. "Multiperspectivity in Lesson Designs of History teachers: The Role of Schoolbook Texts in the Design of Multiperspective History Lessons", in: *Historical Encounters* 8, 1 (2021), 46–69.

Kropman, Marc, Jannet van Drie and Carla van Boxtel. "The influence of multiperspectivity in history texts on students' representations of a historical event", in: *European Journal of Psychology of Education* (2022), 1295–1315.

Ladson-Billings, Gloria. "Just what is Critical Race Theory and what's it doing in a nice field like education?", in: *Qualitative Studies in Education* 11, 1 (1998), 7–24.

Ladson-Billings, Gloria. "Race *still* matters: Critical race theory in education", in: *The Routledge International Handbook of Critical Education*, Michael W. Apple, Wayne Au and Luis Armando Gandin (eds), New York: Routledge, 2009, 110–122.

Ledesma, Maria C. and Dolores Calderón. "Critical Race Theory in Education: A Review of Past Literature and a Look into the Future", in: *Qualitative Inquiry* 21, 3 (2015), 206–222.

Lentin, Alana. "Post-Race, Post Politics: The Paradoxical Rise of Culture After Multiculturalism", in: *Ethnic and Racial Studies* 37, 8 (2014), 1268–1285.

Lentin, Alana. *Why race still matters*, Cambridge: Polity Press, 2020.

Lentin, Alana and Gavan Titley. *The Crises of Multiculturalism: Racism in a Neoliberal Age*, London: Zed Books, 2011.

Leonardo, Zeus. "The souls of white folk: Critical pedagogy, whiteness studies, and globalization discourse", in: *Race, Ethnicity and Education* 5, 1 (2002), 29–50.

Matias, Cheryl E. "Tears Worth Telling: Urban Teaching and the Possibilities of Racial Justice", in: *Multicultural Perspectives* 15, 4 (2013), 187–193.

Mayo, Peter. "Gramsci and the politics of education", in: *Capital & Class* 38, 2 (2014), 385–398.

Mayo, Peter. *Hegemony and education under neoliberalism*, London: Routledge, 2015.

Nieuwenhuyse, Karel van. "Going Beyond Eurocentric Us-Them Thinking in History Education: Multiperspectivity as a Tool Against Radicalisation and for a Better Intercultural Understanding", in: *Radicalisation: A Marginal Phenomenon or Mirror to Society?*, Noel Clycq, Christiane Timmerman, Dirk Vanheule, Rut van Caudenberg and Stiene Ravn (eds), Leuven: Leuven University Press, 2019, 215–242.

Osler, Audry. "Citizenship Education and the Ajegbo Report: Re-Imagining a Cosmopolitan Nation", in: *London Review of Education* 6, 1 (2008), 11–25.

Saldanha, Arun. "Reontologising Race: The Machinic Geography of Phenotype", in: *Environment and Planning D: Society and Space* 24, 1 (2006), 9–24.

Sijpenhof, Maria Luce. "A Transformation of Racist Discourse? Colour-Blind Racism and Biological Racism in Dutch Secondary Schooling (1968–2017)", in: *Pedagogica Historica* 56, 1–2 (2020), 51–69.

Sivanandan, Ambalavander. "The market state vs the good society", in: *Race & Class* 54, 3 (2013), 1–9.

Stanton, Christine Rogers. "The Curricular Indian Agent: Discursive Colonization and Indigenous (Dys)Agency in U. S. History Textbooks", in: *Curriculum Inquiry* 44, 5 (2014), 649–676.

Stradling, Robert. *Multiperspectivity in History Teaching: A Guide for Teachers*, Germany: Council of Europe, 2003.

Subreenduth, Sharon. "Insidious Colonialism in Post-Apartheid Education: Interplay of Black Teacher Narratives, Educational Policy and Textbook Analysis", in: *Qualitative Research in Education* 2, 3 (2013), 213–241.

Tate IV, William F. "Critical Race Theory and Education: History, Theory, and Implications", in: *Review of Research in Education* 22 (1997), 195–247.

Teeger, Chana. "Ruptures in the Rainbow Nation: How Desegregated South African Schools Deal with Interpersonal and Structural Racism", in: *Sociology of Education* 88, 3 (2015), 226–243.

Wansink, Bjorn, Sanne Akkerman, Itzél Zuiker and Theo Wubbles. "Where Does Teaching Multiperspectivity in History Education Begin and End? An Analysis of the Uses of Temporality", in: *Theory & Research in Social Education* 46, 4 (2018), 495–527.

Weale, Sally. "Education experts counter government attack on critical race theory", in: *The Guardian*, 13 November 2020, https://www.theguardian.com/education/2020/nov/13/education-experts-counter-government-attack-on-critical-race-theory, last accessed 18 December 2023.

Welton, Michael. "Gramsci's Contribution to the Analysis of Public Education Knowledge", in: *The Journal of Educational Thought* 16, 3 (1982), 140–149.

Willever, Daniel J. "Race Consciousness and the Teaching of American History", in: *Agora* 57, 3 (2022), 23–35.

Wills, John S. "Silencing Racism: Remembering and Forgetting Race and Racism in 11th-Grade U.S. History Classes", in: *Teachers College Record* 121, 4 (2019), 1–44.

Youdell, Deborah. *School Trouble: Identity, Power and Politics in Education*, Abingdon, Oxon: Routledge, 2011.

Christine Chiriac

„Verfassertexte fallen nicht vom Himmel." Aushandlungen um (Multi-)Perspektivität in der Bildungsmedienproduktion

Der Geschichtsdidaktiker Klaus Bergmann, dessen Name in Deutschland mit Multiperspektivität aufs Engste verbunden ist, unterstreicht die Bedeutung von *Perspektivität* im Allgemeinen als „Grundsachverhalt menschlicher Wahrnehmung und menschlichen Denkens, der unhintergehbar ist".[1] Das Pendant zu diesem „Grundsachverhalt" ist in der Geschichtsdidaktik schon seit den 1970er Jahren das Prinzip der *Multiperspektivität*,[2] das mittlerweile allgemein als erstrebenswert gilt und sich in den Curricula zahlreicher Länder wiederfindet.[3] Eine normative Komponente begleitet das Prinzip, wenn Multiperspektivität etwa als didaktisches „Rezept" betrachtet wird, um in einer diverser werdenden

---

1 Klaus Bergmann, *Multiperspektivität. Geschichte selber denken*, Schwalbach/Ts.: Wochenschau, 2000, 11. S. dazu auch Martin Lücke, „Multiperspektivität, Kontroversität, Pluralität", in: Martin Lücke und Michele Barricelli (Hg.), *Handbuch Praxis des Geschichtsunterrichts*, Schwalbach/Ts.: Wochenschau, 2012, 281–288.
2 Vgl. Hans-Joachim Bötel und Peter Ensthaler, „Ein neuer Ansatz der Lehrbuchgestaltung: H. D. Schmid, Fragen an die Geschichte", in: *Internationales Jahrbuch für Geschichts- und Geographie-Unterricht* 17 (1976), 102–131; Bodo von Borries, *Problemorientierter Geschichtsunterricht. Schulbuchkritik und Schulbuchrevision, dargestellt am Beispiel der römischen Republik (Anmerkungen und Argumente)*, Stuttgart: Klett, 1980; Karl-Peter Fritzsche, „Multiperspektivität, eine Strategie gegen Dogmatismus und Vorurteile", in: Michael Byram (Hg.), *Germany: its representation in textbooks for teaching German in Great Britain*, Frankfurt am Main: Diesterweg, 1993, 55–61.
3 Vgl. Marc Kropman, Clara van Boxtel und Jannet van Drie, „Narratives and Multiperspectivity in Dutch Secondary School History Textbooks", in: *Journal of Educational Media, Memory, and Society* 12, 1 (2020), 1–23, hier 1; Bjorn Wansink, Sanne Akkerman, Itzél Zuiker und Theo Wubbels, „Where Does Teaching Multiperspectivity in History Education Begin and End? An Analysis of the Uses of Temporality", in: *Theory & Research in Social Education* 46, 4 (2018), 495–527, hier 496; Lücke, „Multiperspektivität, Kontroversität, Pluralität", 281. Multiperspektivität spielt auch im Rahmen von Empfehlungen des Europarats an die Bildungspraxis eine wichtige Rolle, vgl. Robert Stradling, *Multiperspectivity in History Teaching: A Guide for Teachers*, Straßburg: Council of Europe, 2003; Bridget Martin, „Integrating Multiperspectivity in the History Classroom", in: *Council of Europe Portal*, 2022.

Gesellschaft Differenz zu beleuchten, eine plurale Reflexion der Vergangenheit anzuregen und demokratische Positionen zu stärken.[4]

So unumstritten das geschichtsdidaktische Prinzip auf einer abstrakten Ebene auch sein mag – die Umsetzung ist nicht frei von Spannung. Dazu gibt es eine Reihe von neueren Untersuchungen, auf die an dieser Stelle nur exemplarisch verwiesen werden soll. Multiperspektivität, so der gemeinsame Nenner der Studien, ist zwar mittlerweile fester Bestandteil von Geschichtsunterricht und den entsprechenden Bildungsmedien[5] – allerdings ist die praktische Realisierung verbesserungsbedürftig, außerdem bleibt eine gewisse „Perspektivität der Multiperspektivität" unreflektiert oder intransparent. Dies ist der Fall, wenn Lehrkräfte ein „normative balancing"[6] vollziehen und im Unterricht jene Perspektiven bevorzugt wiedergeben, die sie als wünschenswert(er) einschätzen. Schulbücher wiederum beinhalten (weiterhin auch) undifferenzierte bzw. monoperspektivische Erzählungen.[7] Bildungsmedienschaffende reproduzieren unter anderem aus wirtschaftlich-strategischen Gründen gesellschaftlich dominierende Narrative[8] und können mitunter eine „normative metamorphosis of sources into the national autobiography"[9] vornehmen. Die Kritiken sollten aber auch nicht davon ablenken, dass Multiperspektivität inzwischen aus Schulbüchern nicht mehr wegzudenken ist. Zudem muss auch stets die Frage (mit-) gestellt werden, was ein Schulbuch in dieser Hinsicht überhaupt leisten kann.

In der Literatur fehlt gerade eine aktuelle Perspektive der Bildungsmedienschaffenden selbst.[10] Dieser Beitrag trägt dazu bei, die Lücke zu verkleinern,

---

4 Vgl. Wansink u. a., „Where Does Teaching Multiperspectivity in History Education Begin and End?", 496. In diese Richtung wird bereits früher argumentiert, vgl. Fritzsche, „Multiperspektivität, eine Strategie gegen Dogmatismus und Vorurteile", 58 und 60, sowie Gita Steiner-Khamsi, „Minority-Inclusive History Curricula in Secondary Schools: Adopting Methods of Comparison and Multiperspectivity", in: *European Journal of Intercultural Studies* 7, 1 (1996), 29–43, hier 41.

5 Als Bildungsmedium bzw. Schulbuch werden hier analoge und digitale Lehr- und Lernmaterialien bezeichnet, die institutionalisierte Lernprozesse in der Schule unterstützen, vgl. Verband Bildungsmedien e.V., *Bildungswelten. Bildungsmedien und Bildungsmedienverlage in Deutschland,* 2022, 6.

6 Wansink u. a., „Where Does Teaching Multiperspectivity in History Education Begin and End?", 495.

7 Vgl. Philipp Mittnik, „Nationalsozialismus in deutschen, österreichischen und englischen Lehrwerken der Sekundarstufe I (1980–2017)", in: *Journal of Educational Media, Memory, and Society* 10, 2 (2018), 86–108, hier 103.

8 Vgl. Kropman, „Narratives and Multiperspectivity", 14.

9 Kai Krüger, „Textbook representations of the economy of East and West Germany at the time of the golden Age", in: *Journal of Educational Media, Memory, and Society* 12, 2 (2020), 105–131, hier 124.

10 Es fehlt vor allem eine Außenperspektive auf ihre Perspektiven, denn Selbstberichte von Produzentinnen und Produzenten gibt es durchaus, vgl. Alan Brinkley, „The challenges and rewards of textbook writing. An interview", in: *Journal of American History* 91, 4 (2005), 1392–1397; Mary Beth Norton, „Reflections of a longtime textbook author. Or, history re-

indem er erstens nachvollzieht, wie Produzentinnen und Produzenten von Bildungsmedien für den Geschichtsunterricht in Deutschland über Multiperspektivität sprechen und was sie darunter verstehen. Zweitens zeigt er an vier Beispielen, wie sie ihre Arbeit an Schulbüchern im Spannungsverhältnis zwischen unterschiedlichen Ansprüchen, Zielen und Rahmenbedingungen beschreiben und welche Implikationen sie für die Wiedergabe differenter Perspektiven im Geschichtsschulbuch in dieser Konstellation ausmachen. Zudem zeigt der Beitrag, dass die Positionen der Bildungsmedienschaffenden mit dem Stand der geschichtsdidaktischen Debatte in hohem Maße korrespondieren und dass ihre Orientierung an didaktischen Prinzipien wie dem der Multiperspektivität dazu beiträgt, Bildungsmedien für den Geschichtsunterricht hin zu mehr Pluralität zu verschieben.

Die Formulierung „(Multi-)Perspektivität" im Titel dieses Beitrags deutet bereits darauf hin, dass hier neben dem geschichtsdidaktischen Prinzip auch Perspektivität in einem allgemeineren Verständnis in den Blick genommen wird. Insbesondere geht es um die auktoriale Perspektivität der Bildungsmedienschaffenden und Aushandlungen um deren Sichtbarmachung im Schulbuch. Indem der Beitrag methodisch die Interviewten sprechen lässt, und gleichzeitig Spannungen in und zwischen ihren Aussagen aufzuzeigen versucht, werden schließlich die Perspektiven der Interviewten nicht nur wiedergegeben, sondern ihrerseits perspektiviert.

Die Materialgrundlage hierfür besteht aus leitfadengestützten Interviews mit 17 Akteurinnen und Akteuren der Bildungsmedienproduktion aus den Verlagen Cornelsen, Ernst Klett, C.C. Buchner sowie der Westermann Gruppe, die zwischen 2018 und 2019 geführt worden sind.[11] Die Gespräche konzentrierten sich

---

vised, revised – and revised again", in: *Journal of American History* 91, 4 (2005), 1383–1390; Peter Gautschi, „Geschichtslehrmittel. Wie sie entwickelt werden und was von ihnen erwartet wird", in: Lucien Criblez, Peter Gautschi, Pia Hirt Monico, Helmut Messner (Hg.), *Lehrpläne und Bildungsstandards. Was Schülerinnen und Schüler lernen sollen*, Bern: h.e.p., 2006, 117–148; Michael Sauer, „Schulgeschichtsbücher. Herstellung, Konzepte, Unterrichtseinsatz (Stichworte zur Geschichtsdidaktik)", in: *Geschichte in Wissenschaft und Unterricht* 67, 9–10 (2016), 588–603.

11 Die Interviews sind im Rahmen des vom Bundesministerium für Bildung und Forschung geförderten Verbundprojekts „Geschichten in Bewegung. Erinnerungspraktiken, Geschichtskulturen und historisches Lernen in der deutschen Migrationsgesellschaft" (Laufzeit: 2018–2021) geführt worden und sind mit unterschiedlichen theoretischen Rahmungen, Forschungsfragen und methodischen Zugriffen in der Publikation von Viola B. Georgi, Martin Lücke, Johannes Meyer-Hamme und Riem Spielhaus (Hg.), *Geschichten im Wandel. Neue Perspektiven für die Erinnerungskultur in der Migrationsgesellschaft*, Bielefeld: transcript, 2022 (vor allem im Beitrag von Christine Chiriac und Riem Spielhaus, „Geschichtskultureller Wandel, Migrationsgesellschaft und historisches Lernen aus der Perspektive von Akteur:innen der Bildungsmedienproduktion", 227–278), bzw. in der Dissertation von Christine Chiriac bearbeitet worden: *„Das eine tun und das andere nicht lassen'. Produzent:innen von Bildungsmedien für den Geschichtsunterricht im Spannungsfeld von gesellschaftlicher Plurali-*

thematisch auf den geschichtskulturellen Wandel in der deutschen Migrationsgesellschaft und die Entwicklung pädagogischer Angebote der historischen Bildung in diesem Kontext. Befragt wurden sechs freie Autorinnen und Autoren,
drei Herausgeber, vier Redakteurinnen und Redakteure, ein Redaktionsleiter,
ein Abteilungsleiter ohne redaktionelle Zuständigkeit (allerdings mit Arbeits-
erfahrung als Redakteur) sowie zwei Produzenten von ausschließlich digitalen
Bildungsmedien. Der vorliegende Beitrag sortiert, verdichtet und kommentiert
insbesondere die Antworten der Interviewten auf die Fragen: „Das Prinzip der
Multiperspektivität ist Teil der meisten Curricula für das Fach Geschichte – Was
verstehen Sie darunter?" und „Wie setzen Sie dieses Prinzip um?".

Was verstehen Interviewte unter Multiperspektivität?

Die Schulbuchproduzentinnen und -produzenten betonen quer durch das Material die Bedeutsamkeit des Multiperspektivitätsprinzips für den Geschichtsunterricht sowie allgemein die Wichtigkeit eines konstruktiven Umgangs mit
Perspektivität für das Zusammenleben in einer sich pluralisierenden, demokratischen Gesellschaft. Dass jeder Betrachtungsgegenstand in Geschichte und
Gegenwart aus unterschiedlichen Blickwinkeln beobachtet werden kann, ist laut
den Interviewten das „Wichtigste, was ein Schüler im Geschichtsunterricht lernen muss" (1: 94).[12] Das didaktische Prinzip sei „eine wirklich wichtige Forderung" (10: 70), denn „nur" dieses ermögliche „das freie Denken für die Schülerinnen und Schüler" (14: 123). Die Umsetzung von Multiperspektivität befähige
Lernende, „unterschiedliche Blickwinkel einzunehmen, mündige Bürger zu sein,
an Diskussionen im demokratischen Prozess teilzuhaben" (16: 87) und sei darüber hinaus „einer heute globaleren Sichtweise" (10: 86) angemessen. Multiperspektivische Bildungsmedien hätten sich in den vergangenen Jahren immer
stärker durchgesetzt (12: 115), multiperspektivisch zu arbeiten gehöre „zum Job"
(14: 121) jedes Redakteurs und jeder Autorin, sei mittlerweile „selbstverständlich" (3: 188) und „grundsätzlich Standard" (15: 107; ähnlich 14: 37).
    Wenn Interviewte Multiperspektivität definieren, sprechen sie regelmäßig von
allen drei Ebenen, die in klassischen Definitionen aus der deutschsprachigen

---

sierung und nationaler Schließung, Göttingen: Universitätsverlag, 2024. Der vorliegende
Beitrag stellt eine thematisch neu fokussierte Zusammenfassung dar und beruht insbesondere auf letzterer Arbeit. Für Anregungen für den vorliegenden Artikel gilt mein Dank
insbesondere Prof. Dr. Riem Spielhaus und Prof. Dr. Johannes Meyer-Hamme.
12 Die Transkripte wurden in chronologischer Reihenfolge der Interviewdurchführung num-
    meriert, anonymisiert und archiviert. Die Zahl nach dem Doppelpunkt bezieht sich auf die
    Zeile im Transkript. Bei 13a und 13b handelt es sich um ein Doppelinterview.

Geschichtsdidaktik vorkommen.[13] Sie sprechen von Multiperspektivität auf Ebene der Quellen (exemplarisch 2: 161) als „eigentlich[e] [...] Spielwiese" (7: 87) des Prinzips im Schulbuch. Kontroversität kommt zur Sprache, wenn Interviewte über unterschiedliche „Sichtweisen" von Wissenschaftlerinnen und Wissenschaftlern auf Geschichte, über eine Vielfalt von „Deutungen" und „Interpretationen" (1: 96) sprechen, die in Bildungsmedien möglichst wiedergegeben werden sollen. In den meisten Interviews wird jedoch hervorgehoben, dass das Ziel von Multiperspektivität letztendlich darin liege, dass Schülerinnen und Schüler „ihr Urteil selbst bilden"(14: 121), eine „eigene Meinung" (2: 111) entwickeln, eine persönliche „Perspektive [...] miteinbeziehen" (4: 228) und sich ein „eigenes Bild [...] machen" (16: 89), womit die dritte Ebene in Bergmanns und von Borries' Definition, Pluralität auf der Ebene der Lernenden, in den Äußerungen der Interviewten prominent vorhanden ist.[14] Doch inwiefern und wie kann ein Schulbuch laut den Interviewten die Lernenden zu Pluralität anregen?

---

13 Die drei Ebenen sind Multiperspektivität, Kontroversität und Pluralität, vgl. Bergmann, *Multiperspektivität*; ders., *Personalisierung im Geschichtsunterricht - Erziehung zu Demokratie?*, Stuttgart: Klett, 2. Aufl., 1977; Bodo von Borries, „Geschichte lernen, mit heutigen Schulbüchern? Konzeptionen von Geschichtsbüchern für die Sekundarstufe I am Beispiel des Themas ‚Entdeckungen und Europäisierung der Erde in der frühen Neuzeit' (Anmerkungen eines Fachdidaktikers)", in: *Geschichte in Wissenschaft und Unterricht* 34 (1983), 558–584; ders., *Jugend und Geschichte. Ein europäischer Kulturvergleich aus deutscher Sicht*, Wiesbaden: VS Verlag für Sozialwissenschaften, 1999. Es gibt aber auch andere Definitionen, die unterschiedliche geografische Perspektiven (lokal, regional, national, global) oder verschiedene Arten von Geschichtsschreibung (z. B. wirtschaftliche und kulturelle Perspektiven) zu den Merkmalen von Multiperspektivität zählen, vgl. beispielsweise Stradling, *Multiperspectivity*; Peter Seixas, „A Modest Proposal for Change in Canadian History Education", in: *Teaching History* 137 (2009), 26–30; ders., „A Model of Historical Thinking", in: *Educational Philosophy and Theory* 49, 6 (2017), 593–605. Interessanterweise schreiben Wansink u. a., „Where Does Teaching Multiperspectivity in History Education Begin and End?", 496, dass eine Operationalisierung von Multiperspektivität bis dato fehle, und schlagen ein theoretisches Modell entlang von Temporalität vor, das sich mit der Definition Bergmanns vollständig deckt, was die Autorinnen und Autoren allerdings nicht zur Kenntnis zu nehmen scheinen.

14 Interessanterweise konstatieren auch andere empirische Untersuchungen in Schulen diese Priorisierung von Pluralität, z. B. Wansink u. a., „Where Does Teaching Multiperspectivity in History Education Begin and End?", 517. Im Vergleich dazu scheint die Ebene der Kontroversität die am wenigsten übliche Ebene zu sein, vgl. ebd.; Andreas Michler, „Arbeitsaufträge in den Schulbüchern. Anleitungen zum historischen Lernen über das Mittelalter? Eine vergleichende didaktische Fallanalyse aufgezeigt am Thema. Die Kreuzzüge", in: Martin Clauss und Manfred Seidenfuß (Hg.), *Das Bild des Mittelalters in europäischen Schulbüchern*, Berlin: LIT Verlag, 2007, 271–302, hier 299. Dieses Ungleichgewicht bestätigt sich im hier analysierten Interviewmaterial.

Wie werden (multiperspektivische) Schulbücher hergestellt?

Wollte man bisherige Erkenntnisse der Forschung zu Bildungsmedienproduktion möglichst knapp zusammenfassen, so müsste man festhalten, dass das professionelle Handeln der Produzentinnen und Produzenten durch unterschiedliche bis konträre Anforderungen, Rahmenbedingungen, Ziele und Zwänge geprägt ist. Dazu gehören staatliche Auflagen, Wirtschaftlichkeit, der fachwissenschaftliche und fachdidaktische Forschungsstand, Sensibilitäten und Erwartungen in der Gesellschaft.[15] Auch die Umsetzung von Multiperspektivität ist davon betroffen, wie im Folgenden in Bezug auf Platzmangel im gedruckten Schulbuch, fehlende Quellen, die (Un-)Verständlichkeit komplexer Inhalte sowie die (versteckte) Perspektivität von Verfassertexten gezeigt werden wird.

Platzmangel im gedruckten Schulbuch

Es gibt so gut wie keine Studien zu Bildungsmedienproduktion, die nicht konstatieren, dass der zur Verfügung stehende Platz im gedruckten Schulbuch streng limitiert ist und dies die inhaltliche Ausgestaltung stark beeinflusst: Inhalte zu verändern sei bei gleichbleibendem Kapitelumfang einfach – jede Erweiterung zwinge jedoch an anderer Stelle zu einer Kürzung oder Streichung,[16] was ein „zero-sum game"[17] darstelle. Diese Konstellation gilt als mitverantwortlich dafür, dass Bildungsmedien zur Reproduktion von Bewährtem tendieren[18] und Multiperspektivität in Schulbüchern stets exemplarisch bleibt.[19]

In den Interviews argumentieren die Produzentinnen und Produzenten ähnlich: „Wenn man einen Aspekt mit zwei oder drei Quellen [illustrieren], also Multiperspektivität realisieren will", so ein Herausgeber, „muss anderes unter den Tisch fallen" (3: 188). Ein weiterer Interviewter spitzt dies wirtschaftlich-pragmatisch zu: Schulbücher dürfen insgesamt nicht „zu dick" werden, denn „dann kaufen die Kollegen [Lehrkräfte] sie nicht, und den Schülern sind sie zu schwer" (14: 125). Es ist auffällig, aber vor dem Hintergrund der erwähnten Rahmenbedingungen nicht verwunderlich, dass etwa die Hälfte der interviewten Bildungsmedienschaffenden zwar von „Multiperspektivität" sprechen, das

---

15 Der Forschungsstand hierzu wird ausführlich diskutiert in Chiriac, ‚Das eine tun und das andere nicht lassen', 95–116.

16 Vgl. Norton, „Reflections of a longtime textbook author", 1387–1388.

17 David D. Perlmutter, „Manufacturing visions of society and history in textbooks", in: Journal of Communication 47, 3 (1997), 68–81, hier 77.

18 Vgl. Laura Elizabeth Pinto, „Textbook publishing, textbooks, and democracy", in: Journal of thought 42, 1 (2007), 99–121, hier 114.

19 Vgl. Sauer, „Schulgeschichtsbücher", 594.

Prinzip aber vielmehr als „Doppelperspektivität" illustrieren.[20] Sie sprechen davon, „zwei Perspektiven [zu] vergl[e]ichen" (13a: 110), „immer beide Perspektiven [zu] zeigen und nicht nur eine" (14: 121), oder „die gleiche Geschichte zweimal [zu] erzähle[n]" (9: 150). In ausschließlich digitalen Bildungsmedien hingegen scheint es diese Einengung zunächst nicht zu geben. „[D]adurch dass ich nicht an diese Seitenanzahlen [...] gebunden bin", so ein Produzent digitaler Bildungsmedien, „habe ich die Freiheit, [...] zusätzliche Quellen [...] zur Verfügung zu stellen" (11: 83; ähnlich 12: 37). Was hier als „Freiheit" des Digitalen beschrieben wird, verschiebt das Nullsummenspiel allerdings in den Unterricht, denn multiperspektivische Kapitel können einem Redakteur zufolge bei „ein, zwei Stunden Geschichtsunterricht" ohnehin „gar nicht in diesem Umfang" (10: 70) behandelt werden.

Doch nicht nur aus pragmatischen Gründen ist Multiperspektivität den Produzentinnen und Produzenten zufolge lediglich „exemplarisch" (10: 70) zu realisieren, sondern auch didaktisch bedingt. Die diesbezüglichen Äußerungen mancher Interviewter spiegeln geschichtsdidaktische Argumente wie jene von Klaus Bergmann wider, der gerade den *beispiel*haften didaktischen Wert von Multiperspektivität betont.[21] Das Prinzip sei nicht überall geeignet, sondern „da, wo es [...] um wesentliche Entscheidungsfragen ethisch-politischer Art geht".[22] Schülerinnen und Schüler sollen durch Multiperspektivität nicht *mehr* Lernstoff bewältigen (müssen), sondern „in den Stand gesetzt werden, sich in andere Perspektiven [...] hineindenken zu können."[23] Darüber hinaus berge zu viel unreflektierte Multiperspektivität die Gefahr eines Relativismus[24] (bzw. einer Verunsicherung[25]). Ähnlich argumentieren im Material ein Redakteur und ein Abteilungsleiter, dass kein didaktisches Prinzip – auch nicht Multiperspektivität – „verabsolutiert werden sollte" (7: 90), denn für Lernende sei zu viel davon „ermüdend" (ebd.) und kontraproduktiv, wenn sie „dem Unterricht auf die Schliche kommen und sagen, ‚jetzt schon wieder [Multiperspektivität]?'" (ebd.; ähnlich 16: 87).

---

20 Ähnlich verhalten sich diesbezüglich Lehrkräfte, s. Viola B. Georgi, Lena Kahle, Sina Isabel Freund und Agata Wiezorek, „Perspektiven von Lehrkräften. Migrationsgesellschaft, geschichtskultureller Wandel und historisches Lernen", in: Georgi u. a., *Geschichten im Wandel*, 65–127, hier 90.

21 Dieser Gedanke, dass keine ‚Vollständigkeit' angestrebt werden könne und solle, ist aber älter, vgl. z. B. Bötel und Ensthaler, „Ein neuer Ansatz der Lehrbuchgestaltung", 128.

22 Bergmann, *Multiperspektivität*, 54.

23 Ebd., 66.

24 Ebd., 62.

25 Man solle durch „zu viel" Multiperspektivität den Lernenden „den Halt eines sicheren, positiven Wissens" nicht nehmen, hieß es noch in der Anfangszeit der Multiperspektivität. Vgl. Joachim Rohlfes, „Review of: Problemorientierter Geschichtsunterricht. Schulbuchkritik und Schulbuchrevision, dargestellt am Beispiel der römischen Republik, by B. von Borries", in: *Internationale Schulbuchforschung* 2, 3 (1980), 77–79, hier 78.

Prekäre Quellenlage

Zu den Rahmenbedingungen der Produktion, die sich laut den Interviewten unmittelbar und einschränkend auf die Umsetzung von Multiperspektivität auswirken, gehört die prekäre Quellenlage in Bezug auf bestimmte Epochen oder Akteure der Geschichte. Da in der Vergangenheit manche Gruppen keine schriftlichen Quellen hinterlassen konnten, ist es für Produzentinnen und Produzenten unmöglich, die „unterschiedlichen Perspektiven [...] mit einem authentischen Quellenzitat einer beteiligten oder Anteil nehmenden Person [zu] belegen" (2: 163; ähnlich 3: 188) bzw. Multiperspektivität auf Ebene der Quellen durchgängig zu realisieren.

Um das Fehlen von Quellen auszugleichen, kommen in Verlagen mitunter Methoden zum Einsatz, die ins Fiktionale greifen. Einige Interviewte sprechen davon, die Lernenden zur Konstruktion (fiktiver) Perspektiven zu animieren, die jenen „stummen Gruppen" der Geschichte eine Stimme verleihen. Gleichzeitig kritisieren die Interviewten diese methodische Lösung, da sie „ahistorisch" (8: 91) und deshalb fragwürdig sei (13b: 101; ähnlich 13a: 114). Auch hier spiegeln sich Argumente aus der geschichtsdidaktischen Debatte wider. Martin Lücke schreibt etwa davon, dass Perspektivenübernahmen didaktisch berechtigte methodische Werkzeuge darstellen und gleichzeitig zu Trugschlüssen führen können.[26] Besonders problematisch sei es, jene Menschen, die keine schriftlichen Zeugnisse hinterlassen haben, fiktiv zum Sprechen zu bringen, da dies „das Prinzip der empirischen Triftigkeit historischen Erzählens"[27] verletze. Produktiver sei es, Lernende für fehlende Stimmen (und die Gründe ihres Fehlens) zu sensibilisieren.

Gerade von Anstrengungen in diese Richtung berichten Produzentinnen und Produzenten im Interviewmaterial: Sie „versuchen"[28] im Verfassertext (8: 87) und anderen Formaten wie „Kastentext[en]" (15: 111) auf fehlende Perspektiven und „unklare Forschungsstände" (16: 87) aufmerksam zu machen. Auch streben sie an, zu zeigen, dass „wir [...] nur Wissen über [stumme Gruppen] von den sogenannten Siegern der Geschichte" (10: 86) besitzen. Sie stellen authentischen Zitaten „Perspektiven von heute" (4: 229) gegenüber, die für die Situation der „Benachteiligten der Geschichte" (2: 162) sensibilisieren (3: 198). Allerdings sei dies, wie ein Redakteur bilanziert, „eher die Ausnahme" (15: 111) und gelinge selten.

---

26 Vgl. Lücke, „Multiperspektivität, Kontroversität, Pluralität", 287.

27 Ebd., 288.

28 Für eine ausführliche Analyse der Verwendung dieses Verbs s. Chiriac, *Das eine tun und das andere nicht lassen'*, 235–237.

Eine gängigere methodische Lösung, um trotz mangelnder authentischer Quellen Pluralität bei Lernenden anzuregen, sind perspektivierende Arbeitsaufträge. Ein Herausgeber sagt:

> Das machen wir sehr viel [...]: „Formuliere eine Gegenthese dazu oder schreibe eine Rede, die sich gegen diese Rede wendet." Also Schülerinnen und Schüler werden animiert, Gegenpositionen einzunehmen, die sie dann ableiten müssen aus dem was dasteht, ohne dass eine entsprechende Quelle existiert. (3: 188)

Perspektivierende Aufgabenstellungen im Schulbuch betrachtet eine Autorin auch explizit als Möglichkeit, mit Mitteln des Schulbuchs *den Unterricht* zu steuern: Multiperspektivität in einem Bildungsmedium „alleine über die Quellenvielfalt" herzustellen berge die Gefahr, dass man „eine multiperspektivische Quellenauswahl [anbietet], die dann aber nicht als solche genutzt wird" (5: 83). Arbeitsaufträge, die zu pluralen (Gegen-)Erzählungen einladen, seien hier zielführender.

(Un-)Verständlichkeit komplexer Inhalte

Etwa ein Drittel der Interviewten äußert die Vermutung bzw. Sorge, dass Schülerinnen und Schüler die inhaltlichen „Reibungen" und somit die Unterschiedlichkeit der im Schulbuch zitierten Quellen möglicherweise nicht erkennen können. Auffällig ist, dass diese Sorge *ausschließlich* in jenen Interviews zur Sprache kommt, die sich auf nichtgymnasiale Schulformen beziehen (2: 163; 13a: 100; 13b: 103; 15: 107; 16: 87), während die Interviewten, die Bildungsmedien für das Gymnasium herstellen, keine Aussagen dazu treffen.[29]

Es sind auch hier fiktionale Elemente, die zu Hilfe genommen und gleichzeitig kritisch reflektiert werden. Ein beliebtes methodisches Mittel sind den Interviewten zufolge Sprechblasen, von denen erneut nur in jenen Gesprächen die Rede ist, die sich auf nichtgymnasiale Schulformen beziehen. Wie ein Redaktionsleiter erklärt, stehen sich dabei im Schulbuch „gezeichnete Figuren" (2: 163) gegenüber, die „eine Sprechblase [bekommen] und diskutieren" (ebd.). Sprechblasen werden verwendet, um die unterschiedlichen Perspektiven von Beteiligten knapp wiederzugeben, aber auch, um wissenschaftliche Positionen „pointiert" (16: 87) nachvollziehbar zu machen bzw. „[e]ine Forschungskontroverse in schülergerechter Sprache [...] zusammenzufassen" (15: 107). Bemerkenswerterweise betrachten Produzentinnen und Produzenten dies gleichzeitig als methodisch hilfreich, um Perspektivität verständlich zu vermitteln, und als fach-

---

29 Die Sorge um die Verständlichkeit komplexer Inhalte ist nicht neu, vgl. Bötel und Ensthaler, „Ein neuer Ansatz der Lehrbuchgestaltung", 108. Allerdings beziehen sich diese Autoren auf die Mittelstufe allgemein, nicht explizit auf nichtgymnasiale Schulformen.

wissenschaftlich inkorrekt, denn „da legt man den verschiedenen Personen Wörter in den Mund, die die wahrscheinlich nie gedacht und gesagt hätten" (13b: 97), was „ein Problem [ist]" (13a: 98). Deshalb sollten fiktive Redebeiträge einem Redaktionsleiter zufolge in Schulbüchern entsprechend gekennzeichnet werden und „nicht so tun, als wären sie authentisch" (2: 163).

Der Aspekt der Nachvollziehbarkeit von Multiperspektivität wird in den Interviews auch in einem anderen Zusammenhang erwähnt, diesmal schulformübergreifend: Damit Schülerinnen und Schüler die Quellen inhaltlich verstehen können, aber auch damit sie in die Lage versetzt werden, sich in die Perspektiven historischer Figuren hineinzudenken, sind laut den Interviewten Kontext- und Basiskenntnisse notwendig. Lernende brauchen „natürlich entsprechendes Vorwissen" (13a:105), „Grundwissen" (14: 137), „Kontext[wissen]" (3: 211) und „ein Gerüst [...], eine Vorstellung, wann was war" (5: 31). Dass dieses in der Geschichtsdidaktik als „Hintergrundnarration" bezeichnete Wissen selbst eine Narration und somit nur *eine* von mehreren Möglichkeiten darstellt, führt laut Martin Lücke zu einem schwer zu lösenden Dilemma:

> Erhalten die Schülerinnen und Schüler zu wenige und narrativ unverbundene Daten, Fakten und Ereignisse zu einem bestimmten Zusammenhang, sind sie nicht in der Lage, multiperspektivische Quellen zu verstehen und kritisch zu interpretieren. Stellt man ihnen stattdessen eine üppige, empirisch gesättigte Hintergrundnarration zur Verfügung, so ist ein solcher Text bereits ein entschieden perspektivisches Konstrukt.[30]

Idealerweise sollte deshalb die Einführung der Lernenden in anerkannte geschichtskulturelle Deutungen stets mit der Reflexion bzw. Dekonstruktion derselben einhergehen.[31] Allerdings ist dies in Schulbüchern, die ein vornehmlich statisches Medium darstellen, ein hoher Anspruch. Dass der Verfassertext sich durchgängig selbst relativiert, ist unwahrscheinlich.[32] Die auktoriale Selbstreflexion steht naturgemäß in einem permanenten Spannungsverhältnis mit der kohärenten Erzähllinie samt Basisinformationen.[33] Es wäre hier also abschließend zu fragen, wie sich die Bildungsmedienschaffenden zur Perspektivität ihrer eigenen Texte positionieren.

---

30 Lücke, „Multiperspektivität, Kontroversität, Pluralität", 287.
31 Vgl. Johannes Meyer-Hamme, „Was heißt historisches Lernen? Eine Begriffsbestimmung im Spannungsfeld gesellschaftlicher Anforderungen, subjektiver Bedeutungszuschreibungen und Kompetenzen historischen Denkens", in: Thomas Sandkühler u. a. (Hg.), *Geschichtsunterricht im 21. Jahrhundert. Eine geschichtsdidaktische Standortbestimmung*, Göttingen: V&R unipress, 2018, 75–92, hier 83.
32 Vgl. Sauer, „Schulgeschichtsbücher", 593.
33 Vgl. Brinkley, „The challenges", 1394.

(In-)Transparente Perspektiven

Dazu gibt es im Material einerseits Aussagen, die die Subjektivität (mitunter Voreingenommenheit) von Schulbuchverfasserinnen und -verfassern proble-matisieren. Ein professioneller Umgang mit der eigenen Situiertheit erfordert laut den Interviewten eben die Anwendung des Multiperspektivitätsprinzips auch in Bezug auf die eigene Arbeit. Ein Redaktionsleiter spricht von Themen, zu denen sich nicht nur die Öffentlichkeit, sondern auch die Autorinnen und Autoren in den Teams konträr positionieren, und betont dabei, dass ein streng multiperspektivischer Zugriff im Schulbuch sicherstelle, dass Pluralität bei den Lernenden ermöglicht werde:

> Fragen des Nahostkonflikts sind [...] sehr von persönlichen Überzeugungen getragen [...] und ob einer jetzt eher einer proisraelischen oder eher einer propalästinensischen Sicht anhängt, das ist sehr stark von subjektiven Zugriffen abhängig. Und dann geht es [im Team] immer wieder darum, eine ausgewogene Darstellung zu finden, die gegensätzliche Positionen, also alle Seiten, zu Wort kommen lässt [...], in einer Weise, wo sich die Schüler dann eine eigene Meinung dazu bilden können. (2: 111)

Ähnlich sagt ein Schulbuchautor, dass Multiperspektivität im Schulbuch auch deshalb „leidet [...], weil es Autoren gibt, die [...] schlicht nicht sehen, dass sie einseitig sind" (14: 123), weshalb es umso wichtiger sei, im Team etwaigen „Einseitigkeiten entgegenzutreten" (ebd.: 121). Als Verfasserin und Verfasser von Schulbüchern müsse man lernen, zwischen der eigenen Überzeugung und den im Schulbuch wiederzugebenden Perspektiven zu unterscheiden: Denn „auch wenn ich bestimmte Positionen nicht teile, muss ich sie [ins Schulbuch] mit hinein bringen" (ebd.: 123).

Andererseits gibt es aber auch vereinzelt Aussagen in den Interviews, die auf die Aushandlung und Festlegung *einer* Ausrichtung der Hintergrundnarration im Team verweisen, wobei diese Aushandlung und Festlegung für die Adressatinnen und Adressaten des Schulbuchs intransparent bleibt. Eine Redakteurin erwähnt Situationen, in denen sich in ihrem Team „unterschiedliche politische Haltungen" (4: 201) gezeigt hätten. Bei der gemeinsamen Besprechung von Kapitelentwürfen zur Geschichte der Sowjetunion habe man im Team diskutiert: „Gibt's da auch Aspekte, die man positiv darstellt? Oder wird gleich alles ja so unter diesem stalinistisch/ (lacht)" (ebd.). Die knappe Aussage der Redakteurin, die Unterbrechung und das Lachen täuschen nicht darüber hinweg, dass hier eben *eine* Ausrichtung des Ganzen ausgehandelt und festgelegt wird.

Ähnlich berichtet eine Schulbuchautorin darüber, dass es in Zusammenhang mit der „Bewertung der Russischen Revolution [...] einmal eine große Auseinandersetzung" (5: 69) im Team gegeben habe. Ein Autor habe „sehr, sehr kritisch, sehr negativ über die Russische Revolution geschrieben", ein anderer sei allerdings der Meinung gewesen, dass Ersterer die Bedeutung der Revolution „aus Westsicht vernichten" würde (ebd.). Auf die Frage der Interviewerin, wie diese Situation im Schulbuch gelöst worden sei, antwortet die Autorin nicht etwa, dass Multiperspektivität als Lösungsrezept im Team eingesetzt worden sei, sondern sagt schlicht: „Es ist irgendwie neutralisiert worden." (ebd.: 71). Dies kann dahingehend interpretiert werden, dass eine moderate(re) Gesamtausrichtung gewählt wurde, die das „sehr, sehr kritisch, sehr negativ" Dargestellte abmilderte. Die Interviewte selbst schätzt dies als „richtig" ein, denn man könne die Russische Revolution nicht ausschließlich als „Katastrophe" darstellen, wenn man im selben Schulbuch bei dem Thema Nationalsozialismus zeige, dass es „auch gute Deutsche" gab; dies sei „nicht gerechtfertigt von der Gewichtung her, [...] wenn man das so nebeneinander hält" (ebd.).

Wie aus den zuletzt zitierten Abschnitten hervorgeht, bleiben derartige Aushandlungen den Leserinnen und Lesern allerdings verborgen. In diesem Zusammenhang konstatiert die bisherige Forschung zu Bildungsmedienproduktion, dass Produzentinnen und Produzenten allgemein sowohl in ihren Schulbüchern als auch in der wissenschaftlichen Reflexion darüber häufig unsichtbar bleiben. Es finde ein diskursives „„invisibling' of textbook authors"[34] statt und Bildungsmedienschaffende fungierten „as a sort of bibliographic supplement to the textbook"[35] oder als „unknown entity [...], which is [...] authorised by society".[36] Diese unbekannte Instanz äußere sich üblicherweise in einer spezifischen Schulbuchsprache („textbookese"[37]) mit einer „allwissenden", distanzierten Stimme und gebe keinerlei Hinweis auf die eigene Situiertheit.

Gleichzeitig gibt es empirische Erkenntnisse darüber, dass ein sichtbareres Auftreten der Autorin oder des Autors zu einer engagierteren Auseinandersetzung der Lernenden mit den Inhalten, wenn nicht zu mehr Pluralität führt.[38] In diesem Sinne fordert die Geschichtsdidaktik (schon länger), Hintergrundnarrationen als „Kernbereich narrativer Kompetenz"[39] zu verstehen. Eine transparentere Verfasserposition würde dabei „die Standpunktgebundenheit des Textes

---

34 Marcus Otto, „Textbook authors, authorship, and author function", in: Eckhardt Fuchs und Annekatrin Bock (Hg.), *The Palgrave handbook of textbook studies*, London: Palgrave Macmillan, 2018, 95–103, hier 96.

35 Ebd.

36 Steffen Sammler, Felicitas Macgilchrist, Lars Müller und Marcus Otto, „Textbook production in a hybrid age. Contemporary and historical perspectives on producing textbooks and digital educational media", in: *Eckert. Dossiers* 6 (2016), 6.

37 Richard J. Paxton, „The Influence of Author Visibility on High School Students. Solving a Historical Problem", in: *Cognition and Instruction* 20, 2 (2002), 197–248, hier 198.

38 Vgl. ebd. 236–237. Siehe auch Albert Logtenberg, Carla van Boxtel und Bernadette van Hout-Wolters, „Stimulating situational interest and student questioning through three types of historical introductory texts", in: *European Journal of Psychology of Education* 26, 1 (2011), 179–198.

39 Lücke, „Multiperspektivität, Kontroversität, Pluralität", 287.

nicht aufheben, aber sie kann die versteckten in offengelegte Vorannahmen verwandeln".[40] Eine derartige Narration müsse „explizit sichtbar machen, welcher perspektivischen Deutungen der Vergangenheit sie sich bedient, und zugleich ausweisen, welche Elemente historischen Wissens […] als unstrittig gelten können."[41]

In den Interviews zeichnet sich diesbezüglich eine Entwicklung ab, die am prominentesten in den Gesprächen mit den zwei Produzenten digitaler Bildungsmedien zur Sprache kommt. Sie berichten ausführlich über eine von ihnen entwickelte Methode, die sie als „Konstruktionstransparenz" (12: 123) bezeichnen, und bei der die Gestaltungsprozesse des Bildungsmediums selbst sichtbar gemacht und reflektiert werden. Zu Beginn der (digitalen) Schulbuchkapitel stehen jeweils Texte und/oder Videos, die auf den Konstruktcharakter ebendieser Kapitel aufmerksam machen (11: 84). Dabei tritt der Autor oder die Autorin des Schulbuchs in einen „Dialog" (ebd.) mit den Lernenden und berichtet über die eigenen Präferenzen, aber auch die Verankerung des Themas im Curriculum und die Relevanz der Inhalte für das Leben der Lernenden. Das Verdienst dieser Methode sehen die Produzenten darin, dass sie die Konstruktionsprozesse in der Bildungsmedienproduktion offenlegt und Schulbücher nicht (mehr) „als göttliche Wahrheit vom Himmel gefallen" (ebd.) erscheinen lässt.

Auch andere Interviewte, die gedruckte Schulbücher produzieren, äußern sich zu diesem Thema. Ein Herausgeber verwendet interessanterweise dieselbe Formulierung, dass Verfassertexte „nicht vom Himmel fallen" (3: 181), weshalb ihr Zustandekommen sichtbarer gemacht werden müsse. Ein Schulbuchautor findet es „sehr gut", wie die Verfasserinnen und Verfasser des digitalen Bildungsmediums über sich selbst und ihre Arbeitsweise berichten, und wünscht sich, dass diese Transparenz zunehmend auch in gedruckten Schulbüchern realisiert wird (6: 118). Weitere Interviewte finden, dass Bildungsmedienschaffende noch deutlicher zeigen sollten „warum man was wie macht" (1: 114), sie sollten „signalisieren […], ‚das ist ein Verfassertext, der […] im Grunde auch eine Form von Material ist'" (10: 92) und „die eigenen Deutungen hinterfragen" (16: 87).

Diese Ausführungen der Interviewten legen den Schluss nahe, dass sich insgesamt ein Wandel in Bezug auf die Transparenz auktorialer Perspektivität im Schulbuch abzeichnet. Die übliche „Unsichtbarkeit" geht im Sinne von Multiperspektivität und Reflexion zurück. Was nichtsdestotrotz bleibt, ist das Entstehen von Schulbüchern im Rahmen eines permanenten Aushandlungsprozesses zwischen pragmatischen und didaktischen Ansprüchen.

---

40 Fritzsche, „Multiperspektivität, eine Strategie gegen Dogmatismus und Vorurteile", 59.
41 Ebd.

Fazit

Der vorliegende Beitrag hat sich mit der Frage auseinandergesetzt, wie 17 interviewte Produzentinnen und Produzenten von Bildungsmedien für den Geschichtsunterricht in Deutschland über Multiperspektivität und deren Umsetzung sprechen. Insgesamt wird Multiperspektivität als didaktischer Konsens auch in der Bildungsmedienproduktion beschrieben, wobei die Ebene der Pluralität (bei den Lernenden) als oberstes Ziel ausgemacht wird.

Der Beitrag hat Aussagen der Interviewten in Bezug auf vier Aspekte zusammengefasst, die die Herstellung multiperspektivischer Bildungsmedien prägen. Dies sind der limitierte Platz im gedruckten Schulbuch, die prekäre Quellenlage, die Nachvollziehbarkeit von Multiperspektivität für Lernende und die (In-)Transparenz der Verfassertexte in den Bildungsmedien. Dabei lässt sich eine hohe Konvergenz zwischen dem Stand der fachdidaktischen Debatte und den Äußerungen der Interviewten feststellen, bei gleichzeitiger stetiger Hervorhebung von wirtschaftlich-pragmatisch bedingten Einschränkungen im Verlagsalltag. Dies äußert sich beispielsweise darin, dass fiktionale Elemente im Schulbuch gleichzeitig produktionspragmatisch als hilfreich geschätzt und fachlich als ahistorisch kritisiert werden.

Insgesamt liegt der Schluss nahe, dass Multiperspektivität in der Bildungsmedienproduktion in einem Spannungsfeld von didaktischen Ansprüchen und konkreter Praktikabilität vielfältig ausgehandelt wird. Dabei lässt die Orientierung an didaktischen Standards Interviewte laut eigener Aussage nach methodischen Lösungen streben, die beispielsweise für existierende Leerstellen und stumme Gruppen sensibilisieren, den exemplarischen Wert von Multiperspektivität zur Geltung kommen lassen oder die eigenen Texte als eine Form von Material transparent machen. Schließlich zeichnet sich in den Interviews eine Entwicklung hin zu einer stärkeren Sichtbarmachung der Schulbuchautorinnen und -autoren in den Bildungsmedien ab, kurzum: eine Entwicklung hin zu mehr Multiperspektivität.

Literaturverzeichnis

Bergmann, Klaus. *Personalisierung im Geschichtsunterricht – Erziehung zu Demokratie?*, 2. Aufl., Stuttgart: Klett, 1977.

Bergmann, Klaus. *Multiperspektivität. Geschichte selber denken*, Schwalbach/Ts.: Wochenschau, 2000.

Borries, Bodo von. *Jugend und Geschichte. Ein europäischer Kulturvergleich aus deutscher Sicht*, Wiesbaden: VS Verlag für Sozialwissenschaften, 1999.

Ders. „Geschichte lernen, mit heutigen Schulbüchern? Konzeptionen von Geschichtsbüchern für die Sekundarstufe I am Beispiel des Themas ‚Entdeckungen und Europäisierung der Erde in der frühen Neuzeit' (Anmerkungen eines Fachdidaktikers)", in: *Geschichte in Wissenschaft und Unterricht* 34 (1983), 558–584.

Ders. *Problemorientierter Geschichtsunterricht. Schulbuchkritik und Schulbuchrevision, dargestellt am Beispiel der römischen Republik (Anmerkungen und Argumente)*, Stuttgart: Klett, 1980.

Bötel, Hans-Joachim und Peter Ensthaler. „Ein neuer Ansatz der Lehrbuchgestaltung: H. D. Schmid, Fragen an die Geschichte", in: *Internationales Jahrbuch für Geschichts- und Geographie-Unterricht* 17 (1976), 102–131.

Brinkley, Alan. „The challenges and rewards of textbook writing. An interview", in: *Journal of American History* 91, 4 (2005), 1392–1397, https://academic.oup.com/jah/article/91/4/1391/710158, zuletzt geprüft am 20. März 2023.

Chiriac, Christine. ‚*Das eine tun und das andere nicht lassen'. Produzent:innen von Bildungsmedien für den Geschichtsunterricht im Spannungsfeld von gesellschaftlicher Pluralisierung und nationaler Schließung*, Göttingen: Universitätsverlag, 2024.

Chiriac, Christine und Riem Spielhaus. „Geschichtskultureller Wandel, Migrationsgesellschaft und historisches Lernen aus der Perspektive von Akteur:innen der Bildungsmedienproduktion", in: *Geschichten im Wandel. Neue Perspektiven für die Erinnerungskultur in der Migrationsgesellschaft*, Viola B. Georgi u. a. (Hg.), Bielefeld: transcript, 2022, 227–278.

Council of Europe. „Recommendation CM/Rec(2011)6 of the Committee of Ministers to member states on intercultural dialogue and the image of the other in history teaching", verabschiedet vom Ministerkomitee am 6. Juli 2011 beim 1118. Treffen der Ministerdelegierten, https://search.coe.int/cm/Pages/result_details.aspx?ObjectId=09000016805cc8e1, zuletzt geprüft am 20. März 2023.

Fritzsche, Karl-Peter. „Multiperspektivität, eine Strategie gegen Dogmatismus und Vorurteile", in: *Germany: its representation in textbooks for teaching German in Great Britain*, Michael Byram (Hg.), Frankfurt am Main: Diesterweg, 1993, 55–61.

Gautschi, Peter. „Geschichtslehrmittel. Wie sie entwickelt werden und was von ihnen erwartet wird", in: *Lehrpläne und Bildungsstandards. Was Schülerinnen und Schüler lernen sollen*, Lucien Criblez, Peter Gautschi, Pia Hirt Monico und Helmut Messner (Hg.), Bern: h.e.p., 2006, 117–148.

Georgi, Viola B., Martin Lücke, Johannes Meyer-Hamme und Riem Spielhaus. *Geschichten im Wandel. Neue Perspektiven für die Erinnerungskultur in der Migrationsgesellschaft*, Bielefeld: transcript, 2022.

Georgi, Viola B., Lena Kahle, Sina Isabel Freund und Agata Wiezorek. „Perspektiven von Lehrkräften. Migrationsgesellschaft, geschichtskultureller Wandel und historisches Lernen", in: *Geschichten im Wandel. Neue Perspektiven für die Erinnerungskultur in der Migrationsgesellschaft*, Viola B. Georgi u. a. (Hg.), Bielefeld: transcript, 2022, 65–127.

Kropman, Marc, Clara van Boxtel und Jannet van Drie. „Narratives and Multiperspectivity in Dutch Secondary School History Textbooks", in: *Journal of Educational Media, Memory, and Society* 12, 1 (2020), 1–23.

Krüger, Kai. „Textbook representations of the economy of East and West Germany at the time of the golden Age", in: *Journal of Educational Media, Memory, and Society* 12, 2 (2020), 105–131.

Logtenberg, Albert, Carla van Boxtel und Bernadette van Hout-Wolters. „Stimulating situational interest and student questioning through three types of historical introductory texts", in: *European Journal of Psychology of Education* 26, 1 (2011), 179–198.

Lücke, Martin. „Multiperspektivität, Kontroversität, Pluralität", in: *Handbuch Praxis des Geschichtsunterrichts*, Martin Lücke und Michele Barricelli (Hg.), Schwalbach/Ts.: Wochenschau, 2012, 281–288.

Martin, Bridget. „Integrating Multiperspectivity in the History Classroom", in: *Council of Europe Portal*, Newsroom, 2022, https://www.coe.int/en/web/observatory-history-tea ching/-/integrating-multiperspectivity-in-the-history-classroom, zuletzt geprüft am 20. März 2023.

Meyer-Hamme, Johannes. „Was heißt historisches Lernen? Eine Begriffsbestimmung im Spannungsfeld gesellschaftlicher Anforderungen, subjektiver Bedeutungszuschreibungen und Kompetenzen historischen Denkens", in: *Geschichtsunterricht im 21. Jahrhundert. Eine geschichtsdidaktische Standortbestimmung*, Thomas Sandkühler u. a. (Hg.), Göttingen: V&R unipress, 2018, 75–92.

Michler, Andreas. „Arbeitsaufträge in den Schulbüchern. Anleitungen zum historischen Lernen über das Mittelalter? Eine vergleichende didaktische Fallanalyse aufgezeigt am Thema. Die Kreuzzüge", in: *Das Bild des Mittelalters in europäischen Schulbüchern*, Martin Clauss und Manfred Seidenfuß (Hg.), Berlin: LIT Verlag, 2007, 271–302.

Mittnik, Philipp. „Nationalsozialismus in deutschen, österreichischen und englischen Lehrwerken der Sekundarstufe I (1980–2017)", in: *Journal of Educational Media, Memory, and Society* 10, 2 (2018), 86–108.

Norton, Mary Beth. „Reflections of a longtime textbook author. Or, history revised, revised – and revised again", in: *Journal of American History* 91, 4 (2005), 1383–1390.

Otto, Marcus. „Textbook authors, authorship, and author function", in: *The Palgrave handbook of textbook studies*, Eckhardt Fuchs und Annekatrin Bock (Hg.), London: Palgrave Macmillan, 2018, 95–103.

Paxton, Richard J. „The Influence of Author Visibility on High School Students. Solving a Historical Problem", in: *Cognition and Instruction* 20, 2 (2002), 197–248.

Perlmutter, David D. „Manufacturing visions of society and history in textbooks", in: *Journal of Communication* 47, 3 (1997), 68–81.

Pinto, Laura Elizabeth. „Textbook publishing, textbooks, and democracy", in: *Journal of thought* 42, 1 (2007), 99–121.

Rohlfes, Joachim. „Review of: Problemorientierter Geschichtsunterricht. Schulbuchkritik und Schulbuchrevision, dargestellt am Beispiel der römischen Republik, by B. von Borries", in: *Internationale Schulbuchforschung* 2, 3 (1980), 77–79.

Sammler, Steffen, Felicitas Macgilchrist, Lars Müller und Marcus Otto. „Textbook production in a hybrid age. Contemporary and historical perspectives on producing textbooks and digital educational media", in: *Eckert. Dossiers* 6 (2016), https://reposito ry.gei.de/handle/11428/211, zuletzt geprüft am 20. März 2023.

Sauer, Michael. „Schulgeschichtsbücher. Herstellung, Konzepte, Unterrichtseinsatz (Stichworte zur Geschichtsdidaktik)", in: *Geschichte in Wissenschaft und Unterricht* 67, 9–10 (2016), 588–603.

Seixas, Peter. „A Model of Historical Thinking", in: *Educational Philosophy and Theory* 49, 6 (2017), 593–605.

Steiner-Khamsi, Gita. „Minority-Inclusive History Curricula in Secondary Schools: Adopting Methods of Comparison and Multiperspectivity", in: *European Journal of Intercultural Studies* 7, 1 (1996), 29–43.

Stradling, Robert. *Multiperspectivity in history teaching: a guide for teachers*, Straßburg: Council of Europe, 2003, https://rm.coe.int/1680493c9e, zuletzt geprüft am 20. März 2023.

Verband Bildungsmedien e.V. *Bildungswelten. Bildungsmedien und Bildungsmedienverlage in Deutschland*, 2022, https://bildungswelten.info/images/downloads_/Bildungsw elten-Broschuere.pdf, zuletzt geprüft am 20. März 2023.

Wansink, Bjorn, Sanne Akkerman, Itzél Zuiker und Theo Wubbels. „Where Does Teaching Multiperspectivity in History Education Begin and End? An Analysis of the Uses of Temporality", in: *Theory & Research in Social Education* 46, 4 (2018), 495–527.

Doing Difference/Doing Normality: Repräsentationen des
Eigenen/Anderen in unterschiedlichen Schulfächern

Daniel Schumann

Über-/Setzungen von Vielfalt. Perspektiven einer Soziologie politischer Bildungsmedien

Einleitung[1]

Bildungsmedien bilden die Wirklichkeit jenseits des pädagogischen Feldes nicht ab, sondern stellen diese in der Konstruktion ihrer Lerngegenstände erst auf spezifische Weise her. In diesem Zuge sind Bildungsmedien auch entscheidend an der Konstruktion von Vorstellungen über Differenz und Normalität beteiligt. Die Bildungsmedienforschung hat Othering-Konstruktionen bereits in einer Vielzahl von Studien herausgearbeitet, jedoch wurde die spezifische Fachlichkeit der schulischen politischen Bildung dabei bislang noch wenig berücksichtigt. Der vorliegende Artikel reagiert auf dieses Desiderat und versteht sich als theoretisch orientierter Beitrag zu einer Soziologie politischer Bildungsmedien, die sich für Über-/Setzungsprozesse von (Perspektiven-)Vielfalt interessiert und insofern auch als Translationswissenschaft aufgefasst werden kann. Politische Bildungsmedien werden dabei möglichst offen als jegliche analogen wie digitalen Lehr- und Lernmaterialien definiert, die zur Unterstützung politischen Lernens erstellt oder genutzt werden.

In dieser Absicht wird ein wissenssoziologisch-konstruktivistischer Rahmen vorgestellt, mit dem Prozesse der Setzung und Übersetzung von Vielfalt *in* und *durch* Bildungsmedien theoretisch gefasst werden können. Diese Rahmung ist hinreichend offen, um zu untersuchen, wie sich die spezifische Fachlichkeit des Politikunterrichts in politischen Bildungsmedien niederschlägt und Diskurse über Vielfalt potenziell transformiert, setzt Kategorien der Praxis politischer Bildung jedoch nicht als Analysekategorien voraus. Der Beitrag ist insofern auch als Einladung zu verstehen, die spezifische Fachlichkeit des Politikunterrichts in

1 Dieser Beitrag ist ein Ergebnis des Projekts „Schlözer Programm Lehrerbildung" (SPL) an der Georg-August-Universität Göttingen. Dieses wurde im Rahmen der gemeinsamen „Qualitätsoffensive Lehrerbildung" von Bund und Ländern mit Mitteln des Bundesministeriums für Bildung und Forschung unter dem Förderkennzeichen 01JA1617 gefördert.

der wissenssoziologischen Bildungsmedienforschung stärker als bislang zu berücksichtigen.

Ich nehme dabei zunächst eine begriffliche Klärung von Vielfalt bzw. Diversität vor und expliziere anschließend mein (diskurs-)theoretisches Verständnis von Bildungsmedien. Daraufhin stelle ich eine Analyseheuristik vor, mit der die Grammatik der Übersetzung von Vielfaltsdiskursen in politischen Bildungsmedien systematisch untersucht werden kann und skizziere ihren Einsatz exemplarisch anhand von ausgewählten Ergebnissen eines Promotionsprojekts zu Darstellungen von Integration in Politikschulbüchern. Abschließend werden weitere Anschlussfragen und Einsätze einer Soziologie politischer Bildungsmedien skizziert.

Vielfalt als Effekt dispositiver Praktiken

In der sozialwissenschaftlichen Diversitätsforschung koexistieren unterschiedliche Verständnisse von Vielfalt bzw. Diversität. Neben Fragen danach, welche Dimensionen bzw. Differenzlinien eigentlich als Bestandteil von Diversität wahrgenommen werden und inwiefern manche dieser Differenzlinien wirkmächtiger oder relevanter sind als andere, unterscheiden sich die begrifflichen Bestimmungen unter anderem im Hinblick auf den ontologischen Status, den sie Vielfalt zuschreiben. Andrea D. Bührmann unterscheidet hierbei drei Diversitätsverständnisse, die ich am Beispiel der Diversitätsdimension Migration exemplarisch verdeutliche.[2]

– Im *positivistischen Diversitätsverständnis* werden Diversität und ihre Ausprägungen als gegebenes Datum verstanden und der Fokus auf diskriminierte Personen gelegt. Um etwa Ungleichheiten statistisch greifen zu können, orientiert sich dieses Verständnis an nicht weiter hinterfragten Kategorisierungen (z. B. Personen mit Migrationshintergrund), deren tatsächliches ontologisches Vorhandensein angenommen wird – und, aus einer konstruktivistischen Perspektive gedacht, essentialisiert wird. Gerade dieses Diversitätsverständnis ist auch im pädagogischen und politikdidaktischen Heterogenitätsdiskurs weit verbreitet.

– Das sich davon absetzende *kritische Diversitätsverständnis* fasst Diversität hingegen als Ergebnis sozialer Praktiken und Prozesse, die relational zwischen privilegierten und diskriminierten Personen verlaufen. Auf diese Weise gerät beispielsweise in den Blick, wann und mit welchen Folgen Unterscheidungen

---

2 Vgl. Andrea D. Bührmann, *Reflexive Diversitätsforschung. Eine Einführung anhand eines Fallbeispiels*, Opladen, Toronto: Verlag Barbara Budrich, 2020, 33–52.

zwischen Menschen „mit" und (meist unausgesprochen) „ohne Migrationshintergrund" hergestellt werden.

– Im *reflexiven Diversitätsverständnis* wird Diversität demgegenüber als sowohl
gegeben *und* gemacht verstanden: Diversität wird „zunächst in einem Zu-
sammenspiel unterschiedlicher Praktiken und Elemente hervorgebracht. Allerdings haben diese Konstruktionsprozesse wirkliche, da wirksame Folgen.
Sie können sich – müssen dies freilich nicht – auf die eine oder andere Art
materialisieren."[3]

Mit diesen divergierenden Diversitätsverständnissen korrespondieren unterschiedliche Forschungsperspektiven und -methodologien. Ich werde im Folgenden argumentieren, dass eine Soziologie politischer Bildungsmedien davon
profitieren würde, an das Forschungsprogramm der reflexiven Diversitätsforschung anzuschließen. Dieses zielt darauf ab, „zu erforschen, ob – und wenn ja,
was – zu einem bestimmten historisch-konkreten (Zeit-)Punkt inmitten viel-
schichtiger und vielfältiger Ereignisse (als) Diversität problematisiert wird und
über welche Praktiken diese Vorstellungen über das Phänomen Diversität sich
formieren bzw. transformieren."[4] Dazu schließt die reflexive Diversitätsforschung unter anderem an Michel Foucaults Diskurs- und Dispositivbegriff an,
der auch die Bildungsmedienforschung inspiriert hat.[5]

Eine auf einem reflexiv-konstruktivistischen Diversitätsverständnis grün-
dende Soziologie politischer Bildungsmedien nimmt dabei insbesondere zwei
Weichenstellungen vor: Zum einen beschränkt sie sich nicht darauf, Politikschulbücher und Unterrichtsmaterialien daraufhin zu befragen, ob sie (Per-
spektiven-)Vielfalt angemessen *abbilden*, sondern richtet den Fokus darauf, wie
sie selbst Vielfalt *herstellen*. Differenzordnungen sind zunächst als Wissensordnungen aufzufassen. Entsprechend gilt es, jene Praktiken zu untersuchen, mit
denen in und mit politischen Bildungsmedien „Differenzwissen"[6] bzw. „Unter-

---

3 Ebd., 12.
4 Ebd., 25.
5 Siehe etwa Thomas Höhne, *Schulbuchwissen. Umrisse einer Wissens- und Medientheorie des
   Schulbuches*, Frankfurt am Main: Fachbereich Erziehungswissenschaften der Johann Wolfgang Goethe-Universität, 2003; Carsten Heinze, „On the Pedagogization of Knowledge Orders.
   Discourse-Analytical Approaches and Innovation-Theoretical Perspectives", in: Petr Knecht et
   al. (Hg.), *Methodologie und Methoden der Schulbuch- und Lehrmittelforschung*, Bad Heilbrunn: Klinkhardt, 2014, 74–84.
6 Maureen Maisha Auma, „Fehlende, versteckte, vorhandene Heterogenität. Diversität in Bildungsmaterialien in Ost- und Westdeutschland", in: Melanie Zloch et al. (Hg.), *Wissen in
   Bewegung. Migration und Globale Verflechtungen in der Geschichte Deutschlands seit 1945*,
   Berlin u. a.: De Gruyter, 2018, 169–196.

scheidungswissen"[7] konstruiert und legitimiert wird. Für den Forschungszu-
sammenhang, auf den ich in diesem Beitrag exemplarisch Bezug nehme, konnte
dabei auch auf Arbeiten der reflexiven Migrationsforschung zurückgegriffen
werden, in denen migrationsbezogene Unterscheidungspraktiken und ihre Folgen im wissenschaftlichen und politischen Feld bereits intensiv erforscht wurden.[8] Zum anderen wird mit der reflexiven Diversitätsforschung anerkannt, dass
eine Erforschung von bildungsmedialen Praktiken der Problematisierung und
Perspektivierung von Vielfalt immer schon selbst aus einer situierten Perspektive
erfolgt, die den zu erforschenden Gegenstand mit konstituiert. Die darin ein-
fließenden Vorannahmen gilt es zu reflektieren, anstatt sie zu naturalisieren.

Politische Bildungsmedien und die transformierende Übersetzung von Diskursen

Bildungsmedien als machtvolle Aktanten zu verstehen, die maßgeblich an der
Konstitution von Wissensordnungen über Vielfalt beteiligt sind, bedeutet jedoch
nicht, ihre kontextuelle Einbettung außer Acht zu lassen. Aus einer diskurstheoretischen Perspektive können Bildungsmedien zugleich als Produzentinnen
und als Produkte von Diskursen aufgefasst werden.[9] Entsprechend wichtig ist es,
sowohl den jeweiligen Kontext einzubeziehen, in dem Sag-, Denk und Mach-
barkeiten *in* Bildungsmedien vorstrukturiert werden, als auch die (fach-)spezi-
fischen Logiken der Wissenszirkulation, durch die das Unterrichtsgeschehen
durch Bildungsmedien potenziell vorstrukturiert wird.[10] Die spezifische „Fachlichkeit"[11] von Bildungsmedien – etwa von Politikschulbüchern – ist selbst ein
Ergebnis dessen, wie sich der dispositive Kontext (etwa Lehrpläne, KMK-Richt-
linien, fachdidaktische Standards) in das Medium einschreibt.

---

7 Kenneth Horvath, *Klassifikationen zwischen Politik und Ungleichheit. Pädagogisches Unterscheidungswissen in migrationsgesellschaftlichen Kontexten*, Luzern: Fakultät für Kultur-
   und Sozialwissenschaften der Universität Luzern, 2021.
8 Vgl. Janine Dahinden, „A plea for the ‚de-migranticization' of research on migration and
   integration", in: *Ethnic and racial studies* 39, 13 (2016), 2207–2225; Anna Amelina, „After the
   reflexive turn in migration studies: Towards the doing migration approach", in: *Population,
   Space and Place* (2021), 1–11.
9 Höhne, *Schulbuchwissen*; Daniel Schumann, „Koloniale Wege in die moderne Welt – Zur
   Vergegenwärtigung der Eroberung Amerikas in aktuellen deutschen und mexikanischen
   Geschichtsschulbüchern", *Eckert. Beiträge* 3 (2016).
10 Heinze, „Pedagogization of Knowledge Orders", 75.
11 Sabine Reh und Irene Pieper, „Die Fachlichkeit des Schulfaches. Überlegungen zum
   Deutschunterricht und seiner Geschichte zwischen Disziplinen und allgemeinen Bildungsansprüchen", in: Matthias Martens et al. (Hg.), *Konstruktionen von Fachlichkeit*, Bad Heilbrunn: Klinkhardt, 2018, 21–41.

Im Anschluss an den wissenssoziologischen Strang[12] der Bildungsmedienforschung definiere ich Bildungsmedien im Folgenden als interdiskursive Beobachtungsmedien zweiter Ordnung,[13] die Diskurse jenseits des pädagogischen Feldes in das pädagogische Feld übersetzen und sie dabei eigenlogisch transformieren. Als „interdiskursive Kombinat[e]"[14] beziehen sie sich sowohl auf Spezialdiskurse (insbesondere die jeweiligen wissenschaftlichen Bezugsdisziplinen eines Schulfachs), andere Interdiskurse (etwa auf journalistische Wissensformen) sowie auf Elementardiskurse, indem sie alltägliche Themen und Ereignisse aus der antizipierten Lebenswelt der Schülerinnen und Schüler aufgreifen. Wie Thomas Höhne in seiner Wissens- und Medientheorie des Schulbuchs argumentiert, geht dabei mit jeder Übersetzung von Diskursen eine Transformation des Übersetzten einher:

> Vielmehr durchläuft der Gegenstand einen Transformationsprozess und wird spezifisch (re)konstruiert. Diese (Re-) Konstruktionen in Form von Texten, Bildern und Graphiken schließen zum einen an vorgängige Konstruktionen und Diskurse an und strukturieren zum anderen Praxisformen (z. B. Unterricht) potentiell, symbolisch-diskursiv vor.[15]

Welche Rolle spielt nun die spezifische Fachlichkeit des Politikunterrichts in der Übersetzung und Transformation bildungsmedialen Wissens über Vielfalt? Inwiefern übersetzen und transformieren politische Bildungsmedien Vielfaltsdiskurse *anders* als Bildungsmedien anderer Fächer? Ich gehe davon aus, dass die Frage der Fachspezifik im Detail jeweils empirisch zu klären ist; jedoch macht die institutionell-kontextuelle Einbettung politischer Bildungsmedien manche Transformationen wahrscheinlicher als andere. Politische Bildungsmedien – so meine These – sind in einem Dispositiv der schulischen politischen Bildung situiert. Dispositive reagieren auf spezifische Notlagen und können als Interventionsfelder verstanden werden, die aus diskursiven und nicht-diskursiven Praktiken bestehen.[16] Das Dispositiv der politischen Bildung reagiert auf den Notstand, dass Demokratie brüchig wird, wenn sie nicht die breite Partizipation vieler sicherstellt; Demokratie ist, so Oskar Negts bekanntes Diktum, die einzige staatlich verfasste Gesellschaftsordnung, die immer wieder neu gelernt werden

---

12 Eckhardt Fuchs, Inga Niehaus und Almut Stoletzki, *Das Schulbuch in der Forschung*, Göttingen: V&R unipress, 2014, 10.

13 Vgl. Höhne, *Schulbuchwissen*, 67.

14 Jürgen Link, „Diskurs, Interdiskurs, Kollektivsymbolik. Am Beispiel der aktuellen Krise der Normalität", in: *Zeitschrift für Diskursforschung* 1 (2013), 7–23, hier 17.

15 Höhne, *Schulbuchwissen*, 146.

16 Vgl. insbesondere Michel Foucault, *Dispositive der Macht*, Berlin: Merve Verlag, 1978.

muss.[17] Das Dispositiv politischer Bildung bietet eine institutionalisierte Antwort auf diesen Notstand, in dem es Demokratie-stabilisierende Zielvorstellungen und Verhaltensstandards zur Formierung politisch mündiger, demokratischer Subjekte hervorbringt. Diese Standards erscheinen Bildungsmedienschaffenden als fachliche „Inszenierungsnorm[en]".[18] Diese Normen müssen tendenziell befolgt werden, um Legitimität der eigenen Darstellung beanspruchen zu können, und können sich insofern strukturierend und transformierend auf bildungsmediale Diskurse auswirken.

Dabei lassen sich zwei Ebenen der Strukturierung differenzieren: Auf der *Ebene der Ziele* geht mit dem Dispositiv der politischen Bildung eine zentrale Anrufungsfigur einher, nämlich die des politisch mündigen Subjekts, welches über das Vermögen verfügen soll, „sich an politischen Fragen und Problemstellungen interessiert zu zeigen und sich zu diesen als urteils- und handlungsfähig und auch -willig zu erweisen."[19] Politische Bildungsmedien können insofern als Regierungstechnologien verstanden werden, die ihre Adressatinnen und Adressaten zur Mündigkeit und demokratischen Partizipation aktivieren sollen.

Zweitens geht mit dem Dispositiv der politischen Bildung eine Vorstrukturierung auf der *Ebene der Inszenierung des Gegenstands* einher. Von besonderer Relevanz ist hier der Beutelsbacher Konsens, der als „pädagogischer Professionsstandard der politischen Bildung"[20] gilt. Der Beutelsbacher Konsens formuliert drei normative Prinzipien:

- *Überwältigungs- und Indoktrinationsverbot:* „Lernende dürfen nicht im Sinne einer erwünschten Meinung ‚überrumpelt‘ und an einer selbständigen Urteilsbildung gehindert werden."[21]

17 Oskar Negt, „Gesellschaftspolitische Herausforderungen für Demokratiebildung", in: Steve Kenner und Dirk Lange (Hg.), *Citizenship Education. Konzepte, Anregungen und Ideen zur Demokratiebildung*, Frankfurt am Main: Wochenschau Verlag, 2018, 21–25, hier 21.

18 David Jahr und Farina Nagel, „Politikdidaktische Forschung mit der Dokumentarischen Methode. Zum Spannungsverhältnis differenter Perspektiven und zu ihren forschungspraktischen Herausforderungen", in: Maja S. Maier et al. (Hg.), *Qualitative Bildungsforschung*, Wiesbaden: Springer VS, 2018, 191–210, hier 195.

19 Thomas Goll, „Mündige Bürger/-innen als Ziel der Politikdidaktik", in: Georg Weißeno und Béatrice Ziegler (Hg.), *Handbuch Geschichts- und Politikdidaktik*, Wiesbaden: Springer Reference, 2021, 2. Über diesen Konsens hinaus gibt es jedoch im Feld der politischen Bildung Kontroversen um die konkrete Ausgestaltung und Reichweite dieser Subjektvorgabe. Vgl. hierzu insbesondere die Ausführungen zu den Bürgerleitbildern bei Joachim Detjen, *Politische Bildung. Geschichte und Gegenwart in Deutschland*, München: Oldenbourg, 2013, 215–225.

20 Tilman Grammes, „Ein pädagogischer Professionsstandard der politischen Bildung. Fachdidaktisches Denken mit dem Beutelsbacher Konsens", in: Benedikt Widmaier und Peter Zorn (Hg.), *Brauchen wir den Beutelsbacher Konsens? Eine Debatte der politischen Bildung*, Bonn: Bundeszentrale für politische Bildung, 2016, 155–165.

21 Monika Oberle, „Beutelsbacher Konsens", in: Sabine Achour et al. (Hg.), *Wörterbuch Politikunterricht*, Schwalbach/Ts.: Wochenschau Verlag, 2020, 30.

- *Kontroversitätsgebot:* „[W]as in Wissenschaft und Politik kontrovers ist, muss auch im Unterricht als kontrovers erscheinen."[22]
- *Schüler*innenorientierung* als „Ziel, Schüler*innen zur Analyse der politischen Situation und ihrer eigenen Interessen sowie zur politischen Einflussnahme zu befähigen."[23]

Didaktische Prinzipien bilden Leitplanken für eine „didaktische Transformation"[24] der Wirklichkeit und dienen der Regulation der Auswahl, Strukturierung und Aufbereitung von Lerngegenständen. Die Frage, wie sich diese Prinzipien auf die Übersetzung von Diskursen in Bildungsmedien auswirken, wurde in der wissenssoziologischen Schulbuchforschung jedoch noch zu wenig berücksichtigt – möglicherweise deshalb, weil diese insbesondere an der Analyse „offiziellen Wissens"[25] interessiert ist. Beim Wissen *politischer* Bildungsmedien handelt es sich jedoch um eines, das in Deutschland offiziell dazu angehalten ist, kontrovers zu sein. Die sich daraus ergebende Spannung sollte eine Soziologie politischer Bildungsmedien berücksichtigen.

Einer Soziologie politischer Bildungsmedien kommt die Aufgabe zu, Übersetzungs- und Transformationsprozesse bildungsmedialen Wissens unter Berücksichtigung seiner Einbettung in institutionelle und fachliche Kontexte zu untersuchen. Bezogen auf den Forschungsgegenstand Vielfalt: Wenn Bildungsmedien Beobachtungsmedien zweiter Ordnung sind, so sollte die Soziologie auf der Beobachtungsebene dritter Ordnung beobachten, *wie* und mit welchen Effekten Bildungsmedien Vielfaltsdiskurse beobachten. Dazu kann an diskurs- und dispositivanalytische Ansätze der Bildungsmedienforschung und der Diversitätsforschung angeschlossen werden, mit denen Bildungsmedien theoretisch etwa an der Schnittstelle zweier Dispositive – der Diversität und der politischen Bildung – verortet werden können. Ihre „Verschachtelungen"[26] gilt es entsprechend herauszuarbeiten. Im Folgenden illustriere ich diese Forschungsperspektive am Beispiel eines empirischen Forschungsprojekts, das am Beispiel *eines* spezifischen politischen Bildungsmediums (Politikschulbücher), *einer* Analyseart (einer produktorientierten Schulbuchanalyse) und *einer* Diversitätsdimension (migrationsbezogene Vielfalt) auf einige der hier erwähnten Fragen antwortete. Dazu führe ich kurz in das Forschungsprojekt ein und stelle daraufhin eine am empirischen Material gewonnene Analyseheuristik vor, die das Ziel hat, weitere Forschung anzuregen.

---

22 Ebd.
23 Ebd.
24 Detjen, *Politische Bildung*, 319.
25 Michael W. Apple, „The Politics of Official Knowledge: Does a National Curriculum Make Sense?", in: *Teachers College Record* 95, 2 (1993), 222–241.
26 Bührmann, *Reflexive Diversitätsforschung*, 30.

Elemente einer Soziologie politischer Bildungsmedien – am Beispiel von Integrationsdarstellungen in Politikschulbüchern

Die im Folgenden vorgestellte Analyseheuristik und exemplarischen Forschungsergebnisse entstammen einem abgeschlossenen Promotionsprojekt zu Darstellungen von Migration und Integration in Schulbüchern des Politikunterrichts.[27] Die Forschungsfrage lautete, wie Schulbücher der postmigrantischen Gesellschaft (veröffentlicht zwischen 2002 und 2021) Integration zu einem Wissensobjekt machen und welche Differenz- und Normalitätsvorstellungen dabei aktualisiert werden. Die empirische Basis des Projekts bestand aus Politikschulbüchern der gymnasialen Sekundarstufe I der Bundesländer Baden-Württemberg, Brandenburg und Niedersachsen und bezog zudem ausgewählte Kontextmaterialien (Lehrpläne, bildungspolitische Richtlinien) mit ein. Mit diesem Sample sollten sowohl alte und neue Bundesländer betrachtet werden, die umfassendere bildungspolitische Vorgaben zu Diversität erlassen haben. Nach einer ersten Strukturanalyse konzentrierte sich die weitere Analyse auf 37 explizit zu Migration und Integration verfassten Schulbuchkapitel. Theoretisch knüpfte das Projekt, neben vorhandenen Schulbuchstudien zum Themenfeld,[28] an die wissenssoziologische Bildungsmedienforschung sowie die reflexive Diversitäts- und Migrationsforschung an und bezog politikdidaktische Konzepte als Sensibilisierung für den Forschungsgegenstand mit ein. Es wurde ein diskursanalytisches Mehrebenenmodell entwickelt, mit dem die Konstruktionsweisen des Wissensobjekts Integration und damit verbundenes Differenzwissen entlang dreier Dimensionen untersucht wurde. Die folgende Grafik stellt die Analysedimensionen dar, denen jeweils konkrete methodisch Schritte zugeordnet wurden.

Auf den verbleibenden Seiten dieses Beitrags führe ich in die drei Analysedimensionen ein, um deutlich zu machen, dass diese auch für die weitere Forschung zur bildungsmedialen Über-/Setzung von Vielfalt nützlich sein können. Diese Kategorien eignen sich deshalb als Elemente einer Soziologie politischer Bildungsmedien, weil sie spezifisch genug sind, um die Über-/Setzungslogik von Bildungsmedien greifbar zu machen, und zugleich abstrakt genug, um politische und (fach-)didaktische Erwartungen an das Übersetzte nicht zu reifizieren und für die Empirie offen zu bleiben.

---

27 Vgl. Daniel Schumann, *Epistemologien der Integration. Wissenspolitiken der postmigrantischen Gesellschaft am Beispiel von Schulbüchern*, Bielefeld: transcript, 2024 [im Erscheinen].

28 Siehe u. a. Beauftragte der Bundesregierung für Migration, Flüchtlinge und Integration (Hg.), *Schulbuchstudie Migration und Integration*, Berlin, 2015.

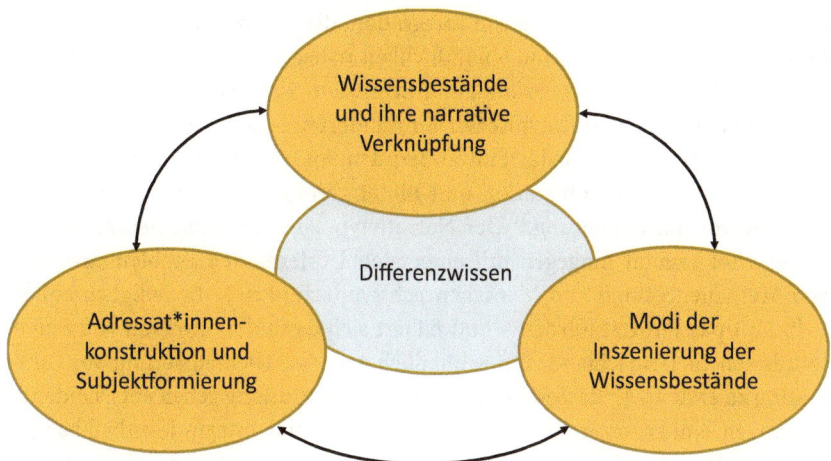

Abbildung 1: Heuristik zur Analyse der Über-/Setzung von Differenzwissen

Wissensbestände und ihre narrative Verknüpfung

Auf der ersten Analyseebene kommen die in Schulbüchern übersetzten Wissensbestände in den Blick: Welche Themen werden ausgewählt und wie werden sie zu einer Narration verknüpft, die durch den (Lern-)Gegenstand führt? Diese Analysedimension entspricht einem in der Bildungsmedienforschung klassischen Erkenntnisinteresse danach, ob ein bestimmter Diskurs in Schulbüchern (noch) reproduziert wird.[29] Eng verknüpft mit der Frage, welche Wissensbestände (nicht) vorkommen, ist jedoch auch die Frage danach, wie diese Wissensbestände in ein Makronarrativ gebracht werden. Narrative lenken den Blick und sind insofern machtvolle Strukturierungsinstanzen. Wenn ein Diskurs als „Fluß von Wissen durch die Zeit"[30] anzusehen ist, stellen Narrative Kanäle dar, die diese Flüsse auf bestimmte Weise lenken.

Im Falle der untersuchten Schulbuchkapitel zu Migration und Integration konnten – neben weiteren Residualkategorien – drei Narrativtypen herausgearbeitet werden, die zudem mit bestimmten Bundesländern und Zeiträumen korrespondieren. Der Narrativtyp *Von der Fremdenfeindlichkeit zur Integration* beginnt etwa mit einer Problematisierung von Fremdenfeindlichkeit, wendet sich dann dem Umgang mit Migrantinnen und Migranten in Deutschland zu und

---

29 Felicitas Macgilchrist, „Textbooks", in: John Flowerdew und John Richardson (Hg.), *Routledge Handbook of Critical Discourse Studies*, London: Routledge, 2018, 525–539, hier 528.

30 Margarete Jäger und Siegfried Jäger, *Deutungskämpfe. Theorie und Praxis Kritischer Diskursanalyse*, Wiesbaden: VS Verlag für Sozialwissenschaften, 2007, 15.

endet mit der Thematisierung von Integration, die implizit auch als Lösung der Problematisierung von Fremdenfeindlichkeit nahegelegt wird. Ein zweiter Narrativtyp, *Von der Einwanderung zur Integration*, vollzieht in der Anordnung seiner Inhalte einen prototypischen Einwanderungs- und Integrationsprozess nach und folgt dem Weg der Einwandernden vom Außen der nationalen Gesellschaft bis hin zur Integration und Einbürgerung – ein klassisches lineares Narrativ von Einwanderung.[31] Der Narrativtyp *Von den Menschenrechten zur Integration* beginnt hingegen mit einer global orientierten Problematisierung von Menschenrechten und Menschenrechtsverletzungen – die lediglich außerhalb Europas verortet werden – und nähert sich dann der Situation von Eingewanderten in Deutschland, um schließlich mit der Thematisierung von Integration zu enden. Mit der jeweiligen narrativen Anordnung gehen entscheidende Setzungen einher, die regulieren, wie Migration und Integration denkbar gemacht werden. Es wird eine Geschichte erzählt, die einen Anfang, ein Ende und eine Problem-Lösungs-Konstellation nahelegt, die mitunter implizit bleibt.

Modi der Inszenierung der Wissensbestände

Auf dieser zweiten Analyseebene kommt in den Blick, wie Wissensbestände in Bildungsmedien jeweils inszeniert werden. Diese Analysedimension knüpft an Studien an, die sich für die Frage danach interessieren, „how disciplinary discourse constructs particular ways of knowing as legible and legitimate."[32] Im Zentrum des Interesses stehen hier die „Repräsentationsweisen"[33] der jeweiligen Wissensordnung. Als Inszenierungsmodi von Wissen definiere ich die unterschiedlichen Formen der Strukturierung des Schulbuchdiskurses, mit denen Wissensbestände aus Bezugsquellen jenseits des pädagogischen Felds ins Schulbuchnarrativ inkorporiert und mit unterschiedlicher Glaubwürdigkeit ausgestattet werden. Die Inszenierungsmodi lassen sich zudem als Manifestationen des Versuchs der Schulbuchautorinnen und -autoren verstehen, (politik-) didaktische Prinzipien umzusetzen. Im Rahmen der Politikschulbuchanalyse konnten drei Modi differenziert werden, mit denen „Integration" und damit verbundenes Differenzwissen inszeniert wird: Objektivierung, Kontroversifizierung und Personalisierung.

---

31 Vgl. hierzu auch Adrian Favell, *The Integration Nation. Immigration and Colonial Power in Liberal Democracies*, Cambridge: Polity Press, 2022, 3.

32 Macgilchrist, „Textbooks", 528 f.

33 Joseph Vogl, „Poetologie des Wissens", in: Ralf Simon (Hg.), *Grundthemen der Literaturwissenschaft: Poetik und Poetizität*, Berlin, Boston: De Gruyter, 2018, 460–474, hier 462 f.

Objektivierung

Im Modus der Objektivierung wird eine Deutung von Wirklichkeit als objektives Faktum dargestellt und somit den übersetzten Wissensbeständen ein hohes Maß an Gültigkeit und Glaubwürdigkeit zugeschrieben. Empirisch zeigt sich der Modus der Objektivierung an einer Vielzahl unterschiedlicher Fragmente. Ihm rechne ich etwa zu: das affirmative Aufgreifen von Theorien, Modellen, Klassifikationen, Definitionen und Visualisierungen von Fachkonzepten; Geschichtsnarrative; Statistiken und Infografiken; die Beschreibung rechtlicher und politischer Maßnahmen und schließlich die im Kapitelverlauf vorkommenden auktorialen Texte der Schulbuchautorinnen und -autoren. Im Modus der Objektivierung spiegelt sich das Prinzip der Wissenschaftsorientierung. Die Kontingenz des Sozialen wird in diesem Modus radikal eingeschränkt, indem zum Beispiel die *eine* Definition, die *eine* Theorie angeboten wird, und Alternativen unsichtbar gemacht werden. Im Kontext des erwähnten Forschungsprojekts wird dies deutlich anhand der Frage, welche Fachkonzepte aus den Sozialwissenschaften und der Migrationsforschung eigentlich (wie) aufgegriffen werden: Weit verbreitet ist etwa das Modell der Push- und Pull-Faktoren, das in der Migrationsforschung schon sehr lange kontrovers diskutiert wird – das aber in den Schulbuchkapiteln meist als einzige Theorie zur Erklärung internationaler Migration herangezogen wird. Ein weiteres Beispiel sind Rassismustheorien: Im Untersuchungskorpus werden etwa lediglich Vorurteilstheorien rezipiert, nicht jedoch Theorien strukturellen Rassismus oder post- und dekoloniale Theoriezugänge, die Rassismus in globalen und historisch gewachsenen Zusammenhängen verorten.

Kontroversifizierung

Der Modus der Kontroversifizierung stellt auf den ersten Blick eine Art Gegenpol zur Objektivierung dar. Als Kontroversifizierung definiere ich jenen Inszenierungsmodus, durch den Wirklichkeit als umstritten oder (noch) nicht entschieden enaktiert wird. Dies kann sich sowohl auf Deutungen von Vergangenheit, Gegenwart und Zukunft wie auch auf Sollens-Vorstellungen von Wirklichkeit (Normativitäten) beziehen. Im Modus der Kontroversifizierung manifestieren sich die Spuren des Kontroversitätsprinzips des Beutelsbacher Konsens, etwa in Pro-Kontra-Darstellungen. Kontroversen – darauf hat Diana E. Hess bereits hingewiesen[34] – sind sozial konstruiert und Bildungsmedien insofern selbst als machtvolle Konstrukteure von Kontroversen aufzufassen. Im

---

34 Diana E. Hess, *Controversy in the Classroom. The Democratic Power of Discussion*, New York: Routledge, 2009, 114.

Modus der Kontroversifizierung wird die Kontingenz des Sozialen weitaus weniger eingeschränkt als im Modus der Objektivierung. Dennoch schränkt auch der Modus der Kontroversifizierung die Palette des Denkbaren ein: zum einen im Hinblick darauf, welche und wie viele Positionen eigentlich einbezogen werden, die eine Kontroverse konstituieren; und zum anderen im Hinblick auf den Problematisierungsrahmen bzw. die Perspektivierung, die einer Kontroverse zugrunde liegt.

Im Rahmen des Promotionsprojekts konnte herausgearbeitet werden, dass Integration nur im Hinblick auf die Frage kontroversifiziert wird, wann Integration als erreicht gilt bzw. wie weit Integration gehen müsse. Inwiefern Integration überhaupt ein erstrebenswertes politisch-analytisches Konzept ist, wird allerdings kaum problematisiert. Gezeigt werden konnte zudem, dass Kontroversen weitestgehend entlang nationalstaatlicher oder eurozentrischer Rahmungen konstruiert werden, teilweise auch basierend auf einer utilitaristischen Perspektive auf Migration. Kontroversen, die bewusst mit einem „didaktischen Nationalismus"[35] brechen – wie etwa Debatten um globale Bewegungsfreiheit –, kommen kaum vor.

Personalisierung

In diesem dritten Inszenierungsmodus wird Wirklichkeit über situiertes Erfahrungs- und Alltagswissen konstruiert, dem ein hohes Maß an Authentizität beigemessen wird. Diese Wissensbestände erheben zunächst nicht den Anspruch auf Verallgemeinerung, sondern stellen individuelle, lebensnahe Fallbeispiele zur Schau und „geben dem Thema ein Gesicht". Im Modus der Personalisierung spiegeln sich Aspekte des didaktischen Prinzips der Schülerorientierung wieder. Durch die – in der Gesamtschau auffällige – Repetitivität der exemplarischen Einzelschicksale geben personalisierende Passagen aber gleichwohl Einblicke dahingehend, welche typischen Vorbilder und Abgrenzungsfolien in Bildungsmedien konstruiert werden und welche Identifikations- oder Distinktionspotentiale nahegelegt werden.

In den von mir untersuchten Migrationskapiteln manifestierte sich dieser Inszenierungsmodus beispielsweise in Erfahrungsberichten von migrantisierten Jugendlichen oder im Aufgreifen von lebensnahen Reportagen über einzelne Migrantinnen und Migranten und ihre Familien. Im Modus der Personalisierung findet häufig eine kategoriale Vermischung von Migration und Islam statt, insofern die Figur eingewanderter Musliminnen und Muslime als hegemoniales

---

35 Reinhold Hedtke et al., *Kontroversität und Wissenschaftlichkeit in Materialien und Vorgaben für die sozioökonomische Bildung (KoWiMa)*, Düsseldorf: Forschungsinstitut für gesellschaftliche Weiterentwicklung e.V., 2019, 144.

Fallbeispiel inszeniert wird.[36] Zudem spielen Geschlechterkonstruktionen, mit denen die Zugehörigkeit bzw. Nicht-Zugehörigkeit von Migrierten zur liberalen deutschen Gesellschaft denkbar gemacht und legitimiert werden, eine zentrale Rolle.

Eine Fokussierung der Inszenierungsmodi bildungsmedialen Wissens macht deutlich, dass Differenzwissen in ganz unterschiedlicher Weise aktualisiert wird und insofern auch in seinen subtileren Reproduktionsmechanismen untersucht werden sollte. Relevant ist zudem, dass die drei identifizierten Inszenierungs-modi nicht isoliert voneinander zu betrachten sind, sondern verschachtelt sind und sowohl in einem konsonanten als auch einem dissonanten Verhältnis zu-einander stehen können. So können die Inszenierungsmodi einander durch-kreuzen (wenn etwa eine objektivierende Passage mit einer kontroversifizie-renden Passage zum selben Thema konfrontiert wird), sich aber auch gegenseitig verstärken (wenn etwa eine objektivierende Passage zusätzlich mit einer affir-mierenden, illustrierenden personalisierenden Passage exemplarisch veran-schaulicht und legitimiert wird). Im Rahmen des hier skizzierten Promotions-projekts konnte jedoch herausgearbeitet werden, dass Integration weitestgehend konsonant inszeniert wird – unter anderem wegen der nur sehr limitierten Kontroversifizierung von Integration, die das in objektivierenden Passagen vermittelte Wissen über Integration als analytisch wie politisch notwendiges Konzept nicht in Frage stellt. Differenzwissen entfaltet seine Legitimität beson-ders dann, wenn es auf den unterschiedlichen Inszenierungsebenen gestützt wird.

Konstruktion der Adressatinnen und Adressaten sowie Subjektformierung

Bildungsmedien beinhalten performatives, explizit auf Schüler und Schülerinnen zugeschnittenes Wissen.[37] Im Akt der adressatenbezogenen Zuschneidung von Wissen sind Bildungsmedien jedoch gezwungen, ihre Adressatinnen und Adressaten zuallererst zu imaginieren und zu konstruieren. Bildungsmedien rechnen mit bestimmten Nutzenden und ihren Lebenswelten, Bedürfnissen und sozialen Positionierungen. Aus einer diskurstheoretischen Perspektive sind Adressatinnen und Adressaten als raum-zeitlich veränderbare Effekte des Dis-kurses aufzufassen und als solche empirisch zu analysieren. Im Hinblick auf Vielfalt ist insbesondere herauszuarbeiten, welche sozialen Differenzierungen in

---

36 Riem Spielhaus, „Zwischen Migrantisierung von Muslimen und Islamisierung von Migran-ten", in: Naika Foroutan et al. (Hg.), *Postmigrantische Perspektiven: Ordnungssysteme, Re-präsentationen, Kritik*, Frankfurt am Main: Campus, 2018, 129–143.
37 Höhne, *Schulbuchwissen*, 83.

die Konstruktion der Adressatinnen und Adressaten von Bildungsmedien jeweils eingelassen sind.

Bildungsmedien entwerfen jedoch nicht nur Adressatinnen und Adressaten, sondern fabrizieren auch „kinds of people"[38], zu denen die Adressierten erst noch werden sollen: Sie bewegen ihre imaginierten Nutzerinnen und Nutzer insofern zur Erreichung bestimmter Reflexionen, Dispositionen und Handlungsweisen – dies wird etwa in Aufgabenstellungen von Schulbüchern ganz explizit. Die damit verbundenen Zurichtungen lassen sich begrifflich als Subjektformierungen fassen und analysieren. Diese

> enthalten Wissen darüber, wer der oder die einzelne im Verhältnis zu anderen sein soll, welche Praktiken (als normative Handlungsprogramme) sie oder er als Akteur(in) dabei zu verfolgen hat und welche Bewertungen der Effekte damit einherzugehen haben.[39]

Im Falle des Promotionsprojekts konnte auf der Ebene der Konstruktion von Adressatinnen und Adressaten an mehreren Stellen bestätigt werden, dass in Schulbuchkapiteln mitunter zwischen Migrierten und Nicht-Migrierten unterschieden wird und den differenzierten Gruppen mitunter auch verschiedene Aktivitäten zugeordnet werden.[40] In vielen Fällen wird jedoch auch ein „Wir" aktualisiert, das Migrierte implizit aus dem Kreis der Adressierten ausschließt. Auf der Ebene der Subjektformierung konnte Integration als hegemoniale Regierungsrationalität herausgearbeitet werden, wobei die jeweils Adressierten unterschiedlich angerufen werden: Jene, die als (noch) nicht integrierte Migrierte konstruiert werden, werden dazu angehalten, *integrierte Subjekte* zu werden. Jene, die als Nicht-Migrierte konstruiert werden und von der Notwendigkeit ausgenommen sind, sich zu integrieren – weil ihre Integration automatisch vorausgesetzt wird –, werden hingegen angerufen, als *integrierende Subjekte* bei der Integration der Anderen mit Rat und Tat zur Seite zu stehen. Aus der Rahmung, das Zielsubjekt der politischen Bildung (mündige demokratische Bürger und Bürgerinnen) mittels Integrationsaufforderungen erreichen zu wollen, ergeben sich freilich Paradoxien und Ausschlüsse, deren Erörterung jedoch außerhalb des Rahmens des vorliegenden Beitrags liegt.

---

38 Thomas Popkewitz, „The Sociology of Education and the History of the Present. Designing Agency/Fabricating Difference", in: ders. et al. (Hg.), *A Political Sociology of Educational Knowledge. Studies of Inclusion and Exclusion*, New York: Routledge, 2017, 244–258, hier 247.
39 Andrea D. Bührmann und Werner Schneider, „Mehr als nur diskursive Praxis? Konzeptionelle Grundlagen und methodische Aspekte der Dispositivanalyse", in: *Historical Social Research* 33, 1 (2008), 108–141, hier 125.
40 Vgl. für diese und die nachfolgende Beobachtung bereits Beauftragte der Bundesregierung, *Schulbuchstudie*, 41–44.

Fazit und Anschlüsse für die weitere Forschung

In diesem Beitrag wurden aufbauend auf Arbeiten der wissenssoziologischen Bildungsmedienforschung, der reflexiven Diversitäts- und Migrationsforschung und unter sensibilisierender Bezugnahme auf die Politikdidaktik theoretische (und methodisch operationalisierbare) Kategorien einer Soziologie politischer Bildungsmedien vorgestellt. Diese Forschungsperspektive interessiert sich für die bildungsmedialen Praktiken der Über-/Setzung und Transformation von Wissen über Vielfalt und ihre machtvollen Effekte im Feld der politischen Bildung. Die hier vorgestellte Heuristik führt dabei bestehende Ansätze der wissenssoziologischen Bildungsmedienforschung zusammen und macht sie für den empirischen Gegenstand fruchtbar, erweitert diese aber zugleich um eine Fokussierung der Inszenierungsmodi von Wissen, die in der Bildungsmedienforschung bislang noch nicht hinreichend berücksichtigt wurden. Der Ansatz interessiert sich dabei für die spezifische Fachlichkeit der politischen Bildung, insofern er danach fragt, wie sich etwa fachdidaktische Konzepte und Zielvorstellungen als Regierungstechnologien im Foucault'schen Sinne strukturierend und transformierend auf bildungsmediales Vielfaltswissen und die damit einhergehenden Subjetformierungen auswirken. (Fach-)Didaktische Kategorien werden hier insofern nicht als Kategorien der Analyse verstanden, sondern als mit zu analysierende Kategorien der Praxis.

Der Einsatz dieser Forschungsperspektive wurde anhand eines Forschungsprojekts zu Darstellungen von Integration in Politikschulbüchern exemplarisch ausgeführt. Die hier dargestellten Kategorien können aber auch darüber hinaus Forschungen zu Wissensordnungen der Vielfalt in und durch politische Bildungsmedien anleiten. Konkret möchte ich drei weitere Einsatzmöglichkeiten der Heuristik benennen.

Zum einen blieb das hier skizzierte Forschungsprojekt auf eine Vielfaltsdimension beschränkt. Freilich hat die Bildungsmedienforschung umfangreiche Forschungen zu anderen Vielfaltsdimensionen hervorgebracht, diese werden jedoch selten in einen Zusammenhang gebracht. Die hier skizzierte Analyseheuristik böte sich als Möglichkeit an, bestehende diversitätsbezogene Arbeiten der Bildungsmedienforschung im Sinne einer Meta-Analyse zu sortieren und auf ihre jeweiligen Foci und Leerstellen hin zu befragen. Sie regt zudem zu weiteren Forschungsarbeiten zur Frage an, wie und mit welchen Folgen andere Diversitätsdimensionen in politischen Bildungsmedien zum expliziten (Lern-)Gegenstand gemacht werden. Spannend wäre dabei, Gemeinsamkeiten wie auch Unterschiede der jeweiligen Differenzwissensordnungen in politischen Bildungsmedien herauszuarbeiten.

Zweitens sollten zukünftig auch politische Bildungsmedien jenseits des Politikschulbuchs stärker untersucht werden, insbesondere im Hinblick auf ihre

jeweiligen Über-/Setzungen von Vielfalt. Gerade digitale politische Bildungsmedien sowie diversitätsbezogene Unterrichtsmaterialien, die etwa von Nicht-
regierungsorganisationen, Stiftungen und Unternehmen herausgegeben werden,
wurden bislang noch recht wenig beforscht. Auch hier bietet die skizzierte
Analyseheuristik eine Möglichkeit, Ähnlichkeiten und Unterschiede der jeweiligen bildungsmedialen Konstruktionen von Vielfalt und ihren Dimensionen
herauszuarbeiten. Die Heuristik geht dabei nicht von einem grundsätzlichen
Unterschied etwa von digitalen oder analogen Bildungsmedien aus, sondern
operiert mit eher offenen Analysekategorien, bei denen ein solcher Unterschied
in der empirischen Analyse relevant werden kann, aber nicht muss. In diesem
Sinne kann die Heuristik – in angepasster Form – auch zur Analyse von Bildungsmedien weiterer Fächer genutzt werden, um herauszuarbeiten, wie in und
durch andere Fachlichkeiten Gewissheiten über Vielfalt übersetzt, transformiert
und plausibilisiert werden.

Während die Bildungsmedienforschung lange Zeit von produktorientierten
Studien dominiert war, wurden in den letzten Jahren auch die Produktions- und
Rezeptionskontexte von Bildungsmedien verstärkt untersucht. Nach wie vor
mangelt es jedoch auch bei diversitätsbezogenen Themen an prozessorientierten
Studien, die den Prozess der Übersetzung von Differenzwissen von der Produktion über die Manifestation in Bildungsmedien bis hin zur Rezeption von
Bildungsmedien zusammenhängend untersuchen. Dies ist nicht zuletzt auf die
hohe Komplexität zurückzuführen, die mit einem solchen Vorhaben verbunden
ist. Die hier skizzierten heuristischen Dimensionen bieten sich als übergreifende
Aufmerksamkeitsebenen – und damit als Mittel der Komplexitätsreduktion – für
alle Phasen einer prozessorientierten Studie und damit verbundene diskurs-
ethnografische Untersuchungsschritte an. So könnte untersucht werden, inwiefern bestimmte Aspekte von Vielfalt in Redaktionssitzungen von Bildungsmedienverlagen beispielsweise zunächst kontroversifiziert werden, dann jedoch als
Objektivitäten in Schulbücher eingehen und im Unterricht möglicherweise
wieder kontroversifiziert werden – oder eben nicht.

Literaturverzeichnis

Amelina, Anna. „After the reflexive turn in migration studies: Towards the doing migration
approach", in: *Population, Space and Place* (2021), 1–11.

Apple, Michael W. „The Politics of Official Knowledge: Does a National Curriculum Make
Sense?", in: *Teachers College Record* 95, 2 (1993), 222–241.

Auma, Maureen Maisha. „Fehlende, versteckte, vorhandene Heterogenität. Diversität in
Bildungsmaterialien in Ost- und Westdeutschland", in: *Wissen in Bewegung. Migration*

und Globale Verflechtungen in der Geschichte Deutschlands seit 1945, Melanie Zloch et al. (Hg.), Berlin u. a.: De Gruyter, 2018, 169–196.

Beauftragte der Bundesregierung für Migration, Flüchtlinge und Integration (Hg.). *Schulbuchstudie Migration und Integration*, Berlin, 2015.

Bührmann, Andrea D. *Reflexive Diversitätsforschung. Eine Einführung anhand eines Fallbeispiels*, Opladen, Toronto: Verlag Barbara Budrich, 2020.

Bührmann, Andrea D. und Werner Schneider. „Mehr als nur diskursive Praxis? Konzeptionelle Grundlagen und methodische Aspekte der Dispositivanalyse", in: *Historical Social Research* 33, 1 (2008), 108–141.

Dahinden, Janine. „A plea for the ‚de-migranticization' of research on migration and integration", in: *Ethnic and racial studies* 39, 13 (2016), 2207–2225.

Detjen, Joachim. *Politische Bildung. Geschichte und Gegenwart in Deutschland*, München: Oldenbourg, 2013.

Favell, Adrian. *The Integration Nation. Immigration and Colonial Power in Liberal Democracies*, Cambridge: Polity Press, 2022.

Foucault, Michel. *Dispositive der Macht*, Berlin: Merve Verlag, 1978.

Fuchs, Eckardt, Inga Niehaus und Almut Stoletzki. *Das Schulbuch in der Forschung*, Göttingen: V&R unipress, 2014.

Goll, Thomas. „Mündige Bürger/-innen als Ziel der Politikdidaktik", in: *Handbuch Geschichts- und Politikdidaktik*, Georg Weißeno und Béatrice Ziegler (Hg.), Wiesbaden: Springer Reference, 2021.

Grammes, Tilman. „Ein pädagogischer Professionsstandard der politischen Bildung. Fachdidaktisches Denken mit dem Beutelsbacher Konsens", in: *Brauchen wir den Beutelsbacher Konsens? Eine Debatte der politischen Bildung*, Benedikt Widmaier und Peter Zorn (Hg.), Bonn: Bundeszentrale für politische Bildung, 2016, 155–165.

Hedtke, Reinhold et al. *Kontroversität und Wissenschaftlichkeit in Materialien und Vorgaben für die sozioökonomische Bildung (KoWiMa)*, Düsseldorf: Forschungsinstitut für gesellschaftliche Weiterentwicklung e.V., 2019.

Heinze, Carsten. „On the Pedagogisation of Knowledge Orders. Discourse-Analytical Approaches and Innovation-Theoretical Perspectives", in: *Methodologie und Methoden der Schulbuch- und Lehrmittelforschung*, Petr Knecht et al. (Hg.), Bad Heilbrunn: Klinkhardt, 2014, 74–84.

Hess, Diana E. *Controversy in the Classroom. The Democratic Power of Discussion*, New York: Routledge, 2009.

Höhne, Thomas. *Schulbuchwissen. Umrisse einer Wissens- und Medientheorie des Schulbuches*, Frankfurt am Main: Fachbereich Erziehungswissenschaften der Johann Wolfgang Goethe-Universität, 2003.

Horvath, Kenneth. *Klassifikationen zwischen Politik und Ungleichheit. Pädagogisches Unterscheidungswissen in migrationsgesellschaftlichen Kontexten*, Luzern: Fakultät für Kultur- und Sozialwissenschaften der Universität Luzern, 2021.

Jahr, David und Farina Nagel. „Politikdidaktische Forschung mit der Dokumentarischen Methode. Zum Spannungsverhältnis differenter Perspektiven und zu ihren forschungspraktischen Herausforderungen", in: *Qualitative Bildungsforschung*, Maja S. Maier et al. (Hg.), Wiesbaden: Springer VS, 2018, 191–210.

Jäger, Margarete und Siegfried Jäger. *Deutungskämpfe. Theorie und Praxis Kritischer Diskursanalyse*, Wiesbaden: VS Verlag für Sozialwissenschaften, 2007.

Link, Jürgen. „Diskurs, Interdiskurs, Kollektivsymbolik. Am Beispiel der aktuellen Krise der Normalität", in: *Zeitschrift für Diskursforschung* 1 (2013), 7–23.

Macgilchrist, Felicitas. „Textbooks", in: *Routledge Handbook of Critical Discourse Studies*, John Flowerdew und John Richardson (Hg.), London: Routledge, 2018, 525–539.

Negt, Oskar. „Gesellschaftspolitische Herausforderungen für Demokratiebildung", in: *Citizenship Education. Konzepte, Anregungen und Ideen zur Demokratiebildung*, Steve Kenner und Dirk Lange (Hg.), Frankfurt am Main: Wochenschau Verlag, 2018, 21–25.

Oberle, Monika. „Beutelsbacher Konsens", in: *Wörterbuch Politikunterricht*, Sabine Achour et al. (Hg.), Schwalbach/Ts.: Wochenschau Verlag, 2020, 30–32.

Popkewitz, Thomas. „The Sociology of Education and the History of the Present. Designing Agency/Fabricating Difference", in: *A Political Sociology of Educational Knowledge. Studies of Inclusion and Exclusion*, ders. et al. (Hg.), New York: Routledge, 2017, 244–258.

Reh, Sabine und Irene Pieper. „Die Fachlichkeit des Schulfaches. Überlegungen zum Deutschunterricht und seiner Geschichte zwischen Disziplinen und allgemeinen Bildungsansprüchen", in: *Konstruktionen von Fachlichkeit*, Matthias Martens et al. (Hg.), Bad Heilbrunn: Klinkhardt, 2018, 21–41.

Schumann, Daniel. „Koloniale Wege in die moderne Welt – Zur Vergegenwärtigung der Eroberung Amerikas in aktuellen deutschen und mexikanischen Geschichtsschulbüchern", *Eckert. Beiträge* 3 (2016).

Ders. *Epistemologien der Integration. Wissenspolitiken der postmigrantischen Gesellschaft am Beispiel von Schulbüchern*, Bielefeld: transcript, 2024 [im Erscheinen].

Spielhaus, Riem. „Zwischen Migrantisierung von Muslimen und Islamisierung von Migranten", in: *Postmigrantische Perspektiven: Ordnungssysteme, Repräsentationen, Kritik*, Naika Foroutan et al. (Hg.), Frankfurt am Main: Campus, 2018, 129–143.

Vogl, Joseph. „Poetologie des Wissens", in: *Grundthemen der Literaturwissenschaft: Poetik und Poetizität*, Ralf Simon (Hg.), Berlin, Boston: De Gruyter, 2018, 460–474.

Philipp Hagemann

„Eine Ethik für alle Kulturen?" Zum Repräsentationsverhältnis eines „europäischen Wir" und „kulturell Anderer" in einem Schulbuchmaterial des Philosophieunterrichts

Einleitung

Eine Schulbuchaufgabe des Philosophieunterrichts löste im Februar 2022 eine sehr verschiedene Betroffenheit aus unter denjenigen, die die Aufgabe für ihre stereotypisierende und potentiell rassistische Bedeutungsproduktion kritisierten, und denjenigen, die sich der eigenen Wahrnehmung nach zu Unrecht Diskriminierungs- und Rassismusvorwürfen ausgesetzt sahen.[1] Die kontrovers diskutierte Aufgabe fordert Schülerinnen und Schüler dazu auf, die „Gültigkeit der moralischen Normen" eines Fallbeispiels zu erörtern, in dem „[e]in türkischer Familienvater in Deutschland [...] seine Tochter ohne deren Einverständnis mit dem Sohn seines verstorbenen Bruders" verheiratet, „um diesem eine Aufenthaltserlaubnis für Deutschland und somit eine Existenz zu sichern".[2] Nach einer öffentlichkeitswirksamen Kritik u. a. der Föderation Türkischer Elternvereine NRW äußerte sich das Schulministerium des Landes Nordrhein-Westfalen und bewertete die Schulbuchaufgabe als diskriminierend, sodass dem Verlag Cornelsen die Überarbeitung des Schulbuchs aufgetragen wurde. Diese Reaktion stieß bei einigen praktizierenden Fachdidaktikerinnen und Fachdidaktikern insofern auf Unverständnis, als dass „der Eindruck entstanden [sei], dass prekäre Sachverhalte grundsätzlich nicht mehr thematisiert werden" könnten und Lehrkräften des Philosophieunterrichts „die nötige Sensibilität bei

---

1 WDR aktuell, „Shitstorm wegen Schulaufgabe: So reagiert das NRW-Schulministerium | WDR Aktuelle Stunde", YouTube, https://www.youtube.com/watch?v=zigEzzQ6ztw, zuletzt geprüft am 12. Januar 2023; Dylan Cem Akalin, „Schulbuch-Autoren wehren sich. Lehrbeauftragte, die das umstrittene Philosophiebuch verfasst haben, weisen Rassismusvorwürfe zurück", in: *General-Anzeiger*, 16. Februar 2022, 6; WDR Radio, „Wie frei fühlen Sie sich in interkulturellen Konflikten?", Das philosophische Radio, https://www1.wdr.de/radio/wdr5/sendungen/philosophisches-radio/matthias-schulze-100.html, zuletzt geprüft am 12. Januar 2023; Peter Moser, „NORDRHEIN-WESTFALEN", in: *Information Philosophie* 2 (2022), 106f.
2 Lothar Aßmann, Reiner Bergmann, Roland W. Henke, Matthias Schulze und Eva-Maria Sewing, *Zugänge zur Philosophie. Einführungsphase*, Berlin: Cornelsen, 2015, 71.

der Bearbeitung derlei Thematik" abgesprochen werde.[3] Während auf der einen Seite das Potential stereotypisierender Verallgemeinerung der entsprechenden Aufgabe in der Kritik stand, wurde auf der anderen Seite vor der Einschränkung freier Diskussionen über gesellschaftlich relevante Sachverhalte wie z. B. Zwangsverheiratung im Philosophie- und Ethikunterricht gewarnt. Derweil ist bei der Überarbeitung des Schulbuchs durch den Verlag keine Streichung oder andere Kontextualisierung der Aufgabe beabsichtigt, sondern eine Umformulierung des Fallbeispiels, durch die sich der kontroverse Gehalt der Aufgabe aber nicht im Wesentlichen verändert.[4]

Enthalten ist die Aufgabe in dem Schulbuch *Zugänge zur Philosophie* in einem Kapitel mit dem Titel „Eine Ethik für alle Kulturen?".[5] Wie der Titel des Kapitels andeutet, sieht die didaktische Konzeption die Diskussion der Frage vor, ob ethische Normen für *alle* „Kulturen" gelten und ob auf dieser Grundlage die Praxen „anderer Kulturen" beurteilt werden dürfen bzw. müssen. Diese als Universalismus bezeichnete Position wird der Position des Kulturrelativismus gegenübergestellt, nach der „jede Kultur ihre eigenen und für sie gültigen Normen hat".[6] Der didaktische Sinn des Materials ist folglich, dass Schülerinnen und Schüler zum Zweck der Ausbildung philosophischer Kompetenzen erörtern, ob ethische Normen kulturenübergreifend gelten sollten. Das Fallbeispiel zur Zwangsverheiratung steht im Unterrichtskapitel in einer Reihe von Beispielen, die als Ausdruck einer bestimmten, kulturellen Lebensform dargestellt werden und demnach als Prüfstein für die Frage gelten, ob ein ethischer Relativismus vertretbar ist.

Der vorliegende Beitrag stellt die Frage, wie und in welcher Form in dem Schulbuchkapitel durch die spezifische Problemorientierung und durch die Darstellung und Selektion von natio-ethno-kulturell kodierten Fallbeispielen ein „Wissen" über die sozialen Gruppen hergestellt wird, die als kulturell verschieden konzipiert werden. Mit dem aus der Migrationspädagogik stammenden Analysebegriff „natio-ethno-kulturell" ist darauf verwiesen, dass die Kategorien „Nation", „Ethnie" und „Kultur" sowohl in der Alltagssprache als auch im wissenschaftlichen Sprachgebrauch nicht selten wechselseitig aufeinander verwei-

---

3 Fachverband Philosophie e.V. Landesverband NRW, „Stellungnahme des Fachverbands Philosophie (NRW) zur Diskussion um die Aufgaben im Philosophiebuch ‚Zugänge'", https://www.fv-philosophie.de/state-news/stellungnahme-des-fachverbands-nrw, zuletzt geprüft am 12. Januar 2023.

4 Vgl. hierzu den Schlussteil des vorliegenden Beitrags sowie Klaus Draken und Matthias Schulze, „Im Gespräch: Über den Umgang mit kontroversen Beispielen im Philosophie- und Ethikunterricht", in: *ZDPE* 4 (2022), 73–83, insb. 80–82.

5 Aßmann et al., *Zugänge zur Philosophie*, 71. Für das gesamte Schulbuchkapitel vgl. ebd., 70–81.

6 Ebd.

sen.[7] Dass Bezeichnungen wie „türkisch", „italienisch", „deutsch" oder „arabisch" „überbestimmt, diffus und unscharf" sind – so die Annahme – ist die „Bedingung ihres politischen und sozialen Wirksamwerdens": Auf Grundlage ihrer „Verschwommenheit und Unklarheit" können „Imaginationen, Unterstellungen und sehr grobe Unterscheidungen" vorgenommen werden, mittels denen etwa ein natio-ethno-kulturelles „Wir" imaginiert und von einem natio-ethno-kulturellen „Nicht-Wir" abgegrenzt werden kann.[8] Mit Hilfe dieser Perspektive und indem die Eingebundenheit von Schulbuchwissen in hegemoniale Diskurse über Migration und Kultur berücksichtigt wird,[9] soll ein Beitrag zur Reflexion des Schulbuchmaterials und der Debatte geleistet werden. Der zugrundeliegenden rassismuskritischen Sensibilisierung geht es dabei in erster Linie nicht darum, empirische Sachverhalte als rassistisch oder nicht-rassistisch auszuweisen, sondern sie u. a. unter Hinziehung rassismuskritischer Theorien und Studien lesbar zu machen und zu beschreiben. Im vorliegenden Fall ist die Analyse von dem Interesse bestimmt, für das Aufkommen der Debatte und den darin eingenommenen, gegensätzlichen Positionen eine Deutung zu finden und diese in Hinblick auf eine anzustrebende, philosophische Bildungspraxis zu reflektieren.

Dies geschieht auf Grundlage einer schulbuchtheoretischen und einer philosophiedidaktischen Prämisse zum Status von „Wissen" in Schulbüchern des Philosophie- und Ethikunterrichts. Weil Schulbücher in spezifischen Entstehungskontexten produziert, kontrolliert, zugelassen und dabei von wissenschaftlichen, (bildungs-)politischen und gesellschaftlich dominanten Diskursen sowie ökonomischen Interessen geprägt werden, wird das in ihnen enthaltene „Wissen" nicht als objektive Repräsentation von Wirklichkeit verstanden, sondern als mediale Materialisierung gesellschaftlicher Diskurse und sozialer Prozesse in einer gegebenen Zeit.[10] Ferner wird der Annahme zugestimmt, dass „Wissen" trotz der dialogisch-pragmatischen Ausrichtung in der modernen Philosophiedidaktik und der damit verbundenen Kompetenzorientierung für die

---

7 Paul Mecheril, María do Mar Castro Varela, İnci Dirim, Annita Kalpaka und Claus Melter, *Migrationspädagogik*, Weinheim, Basel: Beltz Verlag, 2010.

8 Ebd., S. 14.

9 Thomas Höhne, *Schulbuchwissen. Umrisse einer Wissens- und Medientheorie des Schulbuches*, Frankfurt am Main: Johann Wolfgang Goethe-Universität, 2003. Für einen Überblick zu „Schulbüchern in der Migrationsgesellschaft" vgl. exemplarisch bereits Eckhardt Fuchs, Inga Niehaus und Almut Stoletzki, *Das Schulbuch in der Forschung*, Göttingen: V&R unipress, 2014, 113–117.

10 Höhne, *Schulbuchwissen* und Elina Marmer und Papa Sow, *Wie Rassismus aus Schulbüchern spricht. Kritische Auseinandersetzung mit „Afrika"-Bildern und Schwarz-Weiß-Konstruktionen in der Schule – Ursachen, Auswirkungen und Handlungsansätze für die pädagogische Praxis*, Weinheim, Basel: Juventa Beltz, 2015.

philosophiedidaktische Praxis von zentraler Relevanz ist.[11] Neben den (bild-) sprachlichen Sinnzusammenhängen in Philosophie- und Ethikschulbüchern sind die Inhaltsfelder und Kompetenzorientierungen der Lehrpläne Ausdruck des institutionell für die schulphilosophische Praxis relevant gesetzten Wissens.

Dass in diesem immer bereits spezifische Deutungsmuster der „Welt" enthalten sind, zeigt etwa die in den Kernlehrplänen für die Unterrichtsfächer Praktische Philosophie und Philosophie in NRW eingeschriebene Perspektive der *Interkulturalität*, nach deren Raummetaphorik Menschen gewissermaßen Angehörige (natio-ethno-)kultureller Gebilde sind und es also „interkulturelle und intrakulturelle Toleranz" geben kann.[12] Während die Reflexion von Heterogenität und insbesondere solcher, die als kulturelle Differenz beschrieben wird, für die schulische Praxis zu Recht einen zentralen Stellenwert hat, sind die vielen Fallstricke natio-ethno-kultureller Unterscheidungspraxen im pädagogischen Kontext zu beachten: die Gefahr der Kulturalisierung und Ethnisierung von Schülerinnen und Schülern (das *doing culture* bzw. *doing ethnicity*), die Reduktion der Beschreibung gesellschaftlicher Ungleichheitsverhältnisse auf natio-ethno-kulturelle Unterschiede, die damit häufig einhergehende Dethematisierung ökonomischer, institutioneller und rechtlicher Bedingungen, die imaginative Dimension des Kulturbegriffs sowie dessen Vermögen, zum Sprachversteck von Rassekonstruktionen zu werden.[13] Aus diesen Gefahren ergibt sich die Bedeutsamkeit einer Analyse von „Kultur" als Kategorie der Humandifferenzierung in Unterrichtsmaterialien des Philosophie- und Ethikunterrichts, welche in der schulbuchbezogenen Forschung ein Desiderat darstellt und für welche der vorliegende Text einen Beitrag leisten möchte.

Hierzu und zur Adressierung der Leitfrage werden im Folgenden die didaktische Konzipierung der Problemfrage des oben genannten Schulbuchkapitels sowie die in ihm enthaltenen kulturbezogenen Wissenszusammenhänge rekonstruiert. Als Heuristik für die Analyse des Materials dienen folgende Fragen:

---

11 Matthias Tichy, „Lehrbarkeit der Philosophie und philosophische Kompetenzen", in: Jonas Pfister und Peter Zimmermann (Hg.), *Neues Handbuch des Philosophie-Unterrichts*, Bern: utb, 2016, 43–60.

12 Ministerium für Schule und Weiterbildung des Landes Nordrhein-Westfalen, „Kernlehrplan Sekundarstufe I in Nordrhein-Westfalen. Praktische Philosophie", 9, https://www.schulent wicklung.nrw.de/lehrplaene/lehrplan/216/pp_klp_5017_2008_05_06.pdf, zuletzt geprüft am 12. Januar 2023, 2008. Ministerium für Schule und Weiterbildung des Landes Nordrhein-Westfalen, „Kernlehrplan für die Sekundarstufe II Gymnasium/Gesamtschule in Nordrhein-Westfalen Philosophie", https://www.schulentwicklung.nrw.de/lehrplaene/upload/klp_SII/p l/KLP_GOSt_Philosophie.pdf, zuletzt geprüft am 12. Januar 2023.

13 Vgl. exemplarisch Mecheril et al., *Migrationspädagogik* und Annita Kalpaka, „Pädagogische Professionalität in der Kulturalisierungsfalle – Über den Umgang mit ‚Kultur' in Verhältnissen von Differenz und Dominanz.", in: Rudolf Leiprecht und Anja Steinbach (Hg.), *Schule in der Migrationsgesellschaft. Ein Handbuch. Band 2*, Schwalbach/Ts: Debus Pädagogik Verlag, 2015, 289–312.

Welches Wissen über die „Welt" wird vermittelt? Welche Modellierung der Lern-
gruppe wird in den Adressierungen deutlich? Wie konzipiert das Schulbuchma-
terial „Kultur"? Welches performative, subjektivierende Potential liegt vor?[14] Zur
Rekonstruktion des didaktischen Hintergrundes wurde auf die zum Schulbuch
dazugehörigen *Handreichungen für den Unterricht* zurückgegriffen.[15] In diesen
werden die fachtheoretische und didaktische Konzeption des Unterrichtmate-
rials erläutert, Vorschläge zur Verwendung des Materials gemacht und weitere
Materialien bereitgestellt. Zwei Ausschnitte des Materials wurden im Format
einer Interpretationswerkstatt in Gruppen interpretiert.[16] Interpretationen von
Bildern bzw. Text-Bild-Kombinationen orientieren sich methodisch in offener
Weise an der Segmentanalyse.[17]

Analyse: „Eine Ethik für alle Kulturen?"

Inhalte und curriculare Verortung

Das Schulbuch *Zugänge zur Philosophie*, in dem das hier analysierte Kapitel
enthalten ist, wurde für die Einführungsphase an Gymnasien und Gesamtschulen
in Nordrhein-Westfalen konzipiert, welche für die Schülerinnen und Schüler je
nach G8- oder G9-Modell in der 10. oder 11. Jahrgangsstufe stattfindet. Seine
inhaltliche und didaktische Konzeption orientiert sich an den Bestimmungen des
Kernlehrplans Philosophie für die Sekundarstufe II in NRW. In diesem ist in dem

---

14 Diese Heuristik orientiert sich an den schulbuchtheoretischen Überlegungen von Höhne,
Schulbuchwissen sowie an einer Analyse von Irina Grünheid und Paul Mecheril, „Symbolische
In- und Exklusionsphänomene im Schulbuch", in: Jürgen Budde, Andrea Dlugosch und Tanja
Sturm (Hg.), *(Re-)Konstruktive Inklusionsforschung. Differenzlinien – Handlungsfelder –*
Empirische Zugänge, Opladen, Berlin, Toronto: Budrich, 2017, 290–291.

15 Lothar Aßmann, Reiner Bergmann, Roland W. Henke, Matthias Schulze und Eva-Maria
Sewing, *Zugänge zur Philosophie. Einführungsphase. Handreichungen für den Unterricht mit*
Kopiervorlagen, Berlin: Cornelsen, 2016, 30–37.

16 Für ihre Assoziationen und Eindrücke danke ich den Teilnehmenden der Interpretations-
gruppe, die mit mir im Rahmen der Herbstwerkstatt Wien 2022 die Text-Bild-Kombination in
Aßmann et al., *Zugänge zur Philosophie*, 70, diskutiert hat, ebenso Hannah Drath, Mika
Neumeier und Rebecca Schmidt für ihre Gedanken und Einfälle zum einführenden Erzähltext
(ebd., 71). Christian Thein danke ich für kritische Anmerkungen am vorliegenden Text. Zum
Arbeiten in einer Interpretationswerkstatt vgl. Bettina Dausien, „,Doing reflexivity': Inter-
pretations- und Forschungswerkstätten. Überlegungen und Fragen (nicht nur) aus der Perspektive von ,Anfänger*innen' in der Biographieforschung", in: Gerhard Jost und Marita
Haas (Hg.), *Handbuch zur soziologischen Biographieforschung. Grundlagen für die metho-*
dische Praxis, Opladen, Toronto: Budrich, 257–276.

17 Roswitha Breckner, „Bildwahrnehmung – Bildinterpretation. Segmentanalyse als methodischer Zugang zur Erschließung bildlichen Sinns", in: *Österreichische Zeitschrift für Soziologie*
37 (2012), 143–164.

ersten Themenfeld „Der Mensch und sein Handeln" in den Kompetenzerwartungen als Urteilskompetenz vorgesehen, dass die Schülerinnen und Schüler „unter Bezugnahme auf einen relativistischen bzw. universalistischen Ansatz der Ethik das Problem der universellen Geltung moralischer Maßstäbe" erörtern.[18] Außerdem soll die „Tragfähigkeit der behandelten ethischen und rechtsphilosophischen Ansätze zur Orientierung in gegenwärtigen gesellschaftlichen Problemlagen" bewertet werden.[19] Als inhaltlicher Schwerpunkt werden „Werte und Normen des Handelns im interkulturellen Kontext" bestimmt, wodurch der Kernlehrplan mit der entsprechenden Freiheit zur didaktischen Ausgestaltung eine interkulturelle Perspektive auf das Philosophieren über Werte und Normen festlegt.[20]

Das Schulbuchkapitel orientiert sich an dieser Schwerpunktsetzung und den damit verbundenen Kompetenzerwartungen. Es besteht aus sechs Doppelseiten und ist Teil des größeren Kapitels „Was soll ich tun? Einführung in die philosophische Ethik".[21] Gestalterische Elemente sind Überschriften, Bilder, Grafiken, Seiten- und Kapitelangaben sowie eine Reihe von Textsorten, zu denen Informations-, Methoden-, Erzähl-, Erläuterungs- und Aufgabentexte gehören.[22] Enthalten sind außerdem die Materialien 1–7 (M1-M7), die ebenfalls Texte sind und deren Rezeption und Bearbeitung in den Aufgaben vorgesehen ist. Zu diesen Materialien gehört ein Ausschnitt aus einem Zeitungsartikel zur „Mädchenbeschneidung" in Ägypten (M1), Ausschnitte aus philosophischen Texten zu den Positionen des Kulturrelativismus und Universalismus (M2-M6) sowie ein Ausschnitt aus einem Aufsatz über arrangierte Ehen in Indien von Kerstin Gudermuth (M7). Im Folgenden wird zunächst der fachtheoretische und didaktische Hintergrund des philosophischen Problems, der für die didaktische Anleitung im Schulbuchkapitel von zentraler Relevanz ist, erläutert. Anschließend wird auf die spezifische, kulturbezogene Bedeutungsproduktion des Schulbuchkapitels eingegangen.

---

18 Ministerium für Schule und Weiterbildung des Landes Nordrhein-Westfalen, „Kernlehrplan für die Sekundarstufe II", 22.
19 Ebd.
20 Ebd.
21 Aßmann et al., *Zugänge zur Philosophie*, 70–81. Für die größere Unterrichtsreihe vgl. ebd., 69–96.
22 Als Informationstexte werden die in roten Kästchen enthaltenen und mit „Information" überschriebenen Texte bezeichnet (ebd., 72, 73, 78). Mit Methodentexte sind die Erläuterungen in den blauen Kästen „Phänomene beschreiben" und „Visualisieren" gemeint (ebd., 74, 77). Als Erzähltexte werden diejenigen Texte des Kapitels bezeichnet, die in der Funktion eines „roten Fadens" durch das Unterrichtsmaterial führen (ebd., 71, 74, 75, 77, 78, 80). Mit Erläuterungstexten sind die Texte gemeint, die Bilder und zuweilen auch andere Texte in kurzen Bemerkungen erläutern, beschreiben oder deren Quelle benennen (ebd., 73, 74, 75, 76, 78, 79, 80).

Fachtheoretischer und didaktischer Hintergrund des philosophischen Problems

Das Schulbuchkapitel stellt zur Diskussion der Leitfrage, ob es *eine* Ethik für alle Kulturen geben sollte und ob auf Grundlage einer solchen Ethik „andere Vorstellungen" kritisiert werden dürfen, zwei philosophische Positionen dar: den Kulturrelativismus und den Universalismus.[23] Die kulturrelativistische Position, die mit Ausschnitten aus Texten des Anthropologen Melville J. Herskovits und des Philosophen Paul Feyerabend dargestellt wird, argumentiert, dass mit der „Rationalität" nicht über die moralische Gültigkeit von kulturellen oder traditionellen Praxen entschieden werden kann, weil diese selbst nur ein kulturelles und tradiertes Produkt ist, das in normativer Hinsicht gleichberechtigt neben (aber nicht über) anderen kulturellen Formen steht. Moralische Werte können demnach nur im Kontext ihrer „Kultur" Geltung beanspruchen und bewertet werden. Gewarnt wird dagegen vor einer „Zerstörung" der Werte anderer Kulturen durch die Aufoktroyierung eigener Vorstellungen.[24] Die universalistische Position, die durch Texte des Publizisten Richard Herzinger und des Philosophen Robert Spaemann repräsentiert wird, argumentiert auf zwei Ebenen. Herzinger stellt unter Berufung auf die Menschenrechte fest, dass „Kulturen nicht voraussetzungslos schützenswert und unantastbar sind", vielmehr auch „grausam, mörderisch und menschenunwürdig sein" können, weshalb es „die Pflicht der zivilisierten Menschheit" sei, „die Einzelnen vor der Unterwerfung unter brutale Gebote ihrer eigenen Kultur zu schützen".[25] Darüber hinaus formuliert Spaemann Kritik an der dem Kulturrelativismus zugeschriebenen These, jede und jeder „sollte der in seiner Gesellschaft herrschenden Moral folgen".[26] Spaemann identifiziert als Problem der These, dass sie als neu eingeführte Norm, die irgendwann einmal aufgestellt werden muss, die Gültigkeit beansprucht, ihrem eigenen Grundsatz, der bereits herrschenden Moral zu folgen, widerspricht. Zudem sei es eine Fehlannahme, dass es nur *eine* herrschende Moral in einer Gesellschaft gibt; moralische Vorstellungen innerhalb einer Gesellschaft sind immer schon plural.[27] Aufgabe der Schülerinnen und Schüler ist es, die vorgestellten Positionen jeweils zu rekonstruieren und zu diskutieren.

---

23 Ebd., 74–79.
24 Ebd. Für eine ausführliche Rekonstruktion der kulturrelativistischen Positionen Herders, Boas' und Herkovits' vgl. Magdalena Kopp, *Kulturrelativistische Positionen und ihre Aktualität. Herder – Boas – Herskovits.* Bielefeld: transcript, 2021.
25 Aßmann et al., *Zugänge zur Philosophie*, 78.
26 Ebd.
27 Ebd., 78f.

Die Konzipierung der beiden Positionen erfolgt didaktisch nach dem Konzept der *dialektischen Kontrastierung*.[28] Bei diesem wird ein Problem formuliert, dass zwei Antwortmöglichkeiten zulässt, die einander ausschließen, sodass die Stellung der Problemfrage „zwei gegensätzliche Intuitionen oder intuitive Urteile (Meinungen)" provoziert, „die zu ihrer Lösung naheliegen und die die Lernsubjekte dadurch in einen kognitiven Konflikt" bringen.[29] Dass nur „eine der beiden Antwortintuitionen" wahr sein kann, bringe „ein Klärungsbedürfnis hervor, das die eigenen argumentativen Begründungen für die Richtigkeit der einen oder anderen Antwortintuition in einen wertend-urteilenden Modus versetzt".[30] Als philosophisches Problem gilt dabei, „wenn zwei Positionen gegeben sind (1), die aus guten Gründen Respekt verdienen (2), die aber in einem unvereinbaren Gegensatz zueinander stehen (3), den es, um Einheit [des Wissens] herzustellen, aufzulösen gilt (4)".[31] Zunutze gemacht werden dabei die „Alltags- oder Präkonzepte der Lernsubjekte", nämlich insofern, als dass „selbstverständlich scheinende Grundüberzeugungen bewusst" gemacht und „ihre Infragestellung" angeregt wird.[32] Das Präkonzept des im Philosophieunterricht „oft unreflektiert vertretenen ethischen Relativismus, nach dem ‚jeder selbst wissen muss', wie er mit normativen Ansprüchen umgeht",[33] wird im Schulbuchkapitel durch die Darstellung und Diskussion des ethischen Kulturrelativismus adressiert. Nach einem in den *Handreichungen* festgehaltenen Erfahrungswert halten „viele SuS trotz der Kritik am Kulturrelativismus an der Behauptung fest, Moral sei relativ zur Kultur".[34]

Wenngleich in den *Handreichungen* nicht explizit gesagt wird, dass es eine didaktische Intention des Materials ist, die Schülerinnen und Schüler zur Überwindung des Präkonzepts einer kulturrelativistischen Position anzuregen, so wird dessen grundsätzliche Vertretbarkeit durch die didaktische Konzipierung deutlich in Frage gestellt. Problematisiert wird – ähnlich wie von Spaemann

---

28 Roland W. Henke, „Die Förderung philosophischer Urteilskompetenz durch kognitive Konflikte", in: Julian Nida-Rümelin, Irina Spiegel und Markus Tiedemann (Hg.), *Handbuch Philosophie und Ethik. Band I: Didaktik und Methodik*, Paderborn: Ferdinand Schöningh, 2015, 86–95.
29 Ebd., 90.
30 Ebd., 91.
31 So eine Definition von Helmut Engels, zitiert nach und ergänzt von R. W. Henke, ebd., 90.
32 Ebd., 88.
33 Ebd.
34 Aßmann et al., *Handreichungen*, 36. Zur Bedeutung des sogenannten „Student Relativism" im Philosophieunterricht vgl. Jonas Pfister, „Classification of Strategies for Dealing with Student Relativism and the Epistemic Conceptual Change Strategy", in: *Teaching Philosophy* 3 (2019), 221–246. Vertiefend zur Diskussion der Problem- und Urteilsbildung und der in diesem Rahmen relevanten Präkonzepte „als Grundlage des Verstehens und Urteilens" im Philosophieunterricht vgl. Christian Thein, *Verstehen und Urteilen im Philosophieunterricht*, Opladen, Berlin, Toronto: Budrich, 2020.

– dass die Behauptung der „Relativität aller Normen" und die damit einherge-hende „Forderung nach Toleranz" die kulturrelativistische Position in ihrer ei-genen Normativität untergräbt.[35] Zusätzlich zu diesem „logischen Widerspruch" habe der Kulturrelativismus das „pragmatische[] Problem", „intolerante[n] Weltanschauungen" nichts entgegensetzen zu können.[36] Gewarnt wird in der Folge davor, die kulturrelativistische Einstellung der Schülerinnen und Schüler zu fördern, sofern dem Vorschlag gefolgt wird, ein Beispiel zur Jungenbe-schneidung anstatt eines Beispiels zur Mädchenbeschneidung zu diskutieren. Das Beispiel zur Jungenbeschneidung kommt in dem Schulbuchkapitel nicht vor, wird in den *Handreichungen* aber als Alternative vorgeschlagen.

> Dieses Beispiel hat den Vorteil, dass sich – anders als bei der Mädchenbeschneidung – für und gegen die Akzeptanz dieses Brauches gute Argumente finden lassen; auf der anderen Seite kann es Tendenzen der SuS zu einem allgemeinen Relativismus ver-stärken; in diesem Fall sollte man unbedingt auch einen Brauch wie die Mädchenbe-schneidung diskutieren.[37]

Wie hier deutlich wird, hat die Auswahl der Fallbeispiele in dem Schulbuchka-pitel einerseits den Zweck, im Sinne der dialektischen Kontrastierung die In-tuitionen der Schülerinnen und Schüler zum philosophischen Problem be-wusstzumachen, sodass die Positionen „Das muss jede Kultur selbst wissen." und „Das ist nicht akzeptabel." zur Sprache gebracht werden. Andererseits ist wegen der angenommenen Präferenz einer relativistischen Position bei den Schüle-rinnen und Schülern die Auswahl von Fallbeispielen von dem Kriterium geleitet, die relativistische Position zu problematisieren. Folglich ist die Wahl von Bei-spielen notwendig, für deren Akzeptanz sich keine guten Argumente finden lassen. Beispiele, die die relativistische Position nicht in Frage stellen, sind für das didaktische Vorhaben nicht nützlich. So ist zu verstehen, warum im Schul-buchkapitel das Fallbeispiel der Mädchenbeschneidung, die auch als „weibliche Genitalverstümmelung" oder „Female Genital Mutilation" bezeichnet wird, der Thematisierung der Jungenbeschneidung vorgezogen wird.[38]

   Dass zur Diskussion der Frage, ob es allgemeingültige Normen gibt, Fallbei-spiele ausgewählt werden, deren Akzeptanz mit keinen guten Gründen ge-rechtfertigt werden kann, zeigt auf, dass die didaktische Konzipierung des Ma-terials eine Lenkung der Lerngruppe zur universalistischen Position begünstigt. Dies wird auch daran deutlich, dass in dem anschließenden Kapitel deontolo-gische und utilitaristische Ethiken „[u]nter der Voraussetzung" diskutiert wer-

---

35 Aßmann et al., *Handreichungen*, 31.
36 Ebd.
37 Ebd., 32.
38 Aßmann et al., *Zugänge zur Philosophie*, 72.

den, „dass es allgemeingültige Aussagen gibt".[39] Für die Weiterarbeit im Schulbuch ist im Sinne der didaktischen Konzeption vonnöten, dass sich die Schülerinnen und Schüler zumindest hypothetisch auf die Geltung allgemeingültiger
Normen einlassen. Die relativistische Position wird erst an späterer Stelle des
Schulbuchs unter der Fragestellung „Warum moralisch sein?" nochmal aufgenommen.[40]

Zur Konstruktion eines „europäischen Wir" und „kulturell Anderer"

Wie wird das philosophische Problem, dessen didaktischer Konzipierung also die
Präferenz zur universalistischen Position inhärent ist, adressiert und aufbereitet?
In einem Textausschnitt, der auf der zweiten Seite des Kapitels in das Problem
einführt und der Einleitung in das Unterkapitel „Ein Beispiel: Die Beschneidung
von Mädchen" dient, wird deutlich, dass das Schulbuch in der Problemformu-
lierung mit Rückbezug auf den Kulturbegriff zwischen einem „Europa" und
„Nicht-Europa" sowie „Wir" und „Sie" unterscheidet. Der Textausschnitt lautet
folgendermaßen.

> Nicht erst seit in unserer Gesellschaft Menschen aus verschiedenen Kulturen zusam-
> menleben, stellt sich die Frage: Gibt es eigentlich moralische Normen, die für alle
> Menschen verbindlich sind, oder hat jede Kultur ihre eigenen und für sie gültigen
> Normen? Gerade nachdem die europäische Zivilisation jahrhundertelang die Wert-
> vorstellungen anderer Kulturen, die sie für minderwertig hielt, rücksichtslos durch
> Gewalt oder Missionierung verdrängt hat, sind wir zu Respekt anderen Kulturen ge-
> genüber verpflichtet. Aber folgt daraus schon, dass man auf jede Kritik anderer Vor-
> stellungen verzichten muss, dass es keinen Maßstab für eine solche Kritik gibt?[41]

Die in diesem Erzähltext aufgerufene Gegenüberstellung „europäische Zivilisation" und „andere Kulturen" wird mit einer „Wir/Sie"-Trennung verschränkt.
Die sprechende Position setzt sich mittels der Formulierung „wir [sind] zu Re-

---

39 Aßmann et al., *Handreichungen*, 30.
40 Aßmann et al., *Zugänge zur Philosophie*, 89–96. Dass das Material tendenziell zur Einnahme
    einer universalistischen Position lenkt, ist hinsichtlich eines den Philosophie- und Ethik-
    unterricht konstituierenden, ethischen Spannungsverhältnisses interessant: Philosophische
    Bildungstheorien sehen dem Eigenanspruch nach eine solche Lenkung nicht vor, andererseits
    ist institutionalisierter Unterricht der Förderung demokratischer Grundwerte, wie sie im
    Grundgesetz verankert sind, verpflichtet. Wie diese Werte begrifflich genau zu bestimmen
    und außerdem zu fördern sind, ist Gegenstand kontroverser, fachdidaktischer Diskussion.
    Vgl. Minkyung Kim, Tobias Gutmann, Jan Friedrich und Katharina Neef, *Werte im Ethik-
    unterricht. An den Grenzen der Wertneutralität*, Opladen, Berlin, Toronto: Barbara Budrich,
    2021.
41 Aßmann et al., *Zugänge zur Philosophie*, 71. Alle direkten Zitationen in diesem Unterkapitel
    beziehen sich auf dieselbe Textstelle. Ihre Quelle wird nicht gesondert angegeben.

spekt anderen Kulturen gegenüber verpflichtet" in einen Gegensatz zu den „anderen Kulturen" und in ein identifikatorisches Verhältnis mit der „europäische[n] Zivilisation".

Wie sieht diese Identifikation genau aus? Die Formulierung – „[g]erade nachdem die europäische Zivilisation jahrhundertelang die Wertvorstellungen anderer Kulturen [...] verdrängt hat, sind wir zu Respekt anderen Kulturen gegenüber verpflichtet" – markiert einerseits eine Differenz. Diese wird über den Wechsel des Tempus (von Perfekt zu Präsens) und den Wechsel des Subjekts (von „europäischer Zivilisation" zu „wir") als eine zeitliche und „agentische" Differenz bestimmt: die europäische Zivilisation früher vs. wir heute. Gleichzeitig wird eine besondere moralische Verantwortlichkeit des „Wir" gegenüber den „anderen Kulturen" hergestellt, die nur dadurch sinnfällig wird, dass das „Wir" in einem Verhältnis genealogischer Abstammung zur „europäischen Zivilisation" gedacht wird: *Weil die „europäische Zivilisation" früher die Wertvorstellungen der „anderen Kulturen" verdrängt hat und „wir" die Nachkommenschaft der europäischen Zivilisation sind, sind „wir" in besonderem Maße zu Respekt diesen anderen Kulturen gegenüber aufgefordert.* Das auf diese Weise bestimmte „Wir" bietet ein Identifikationspotential für diejenigen an, die sich dieser Nachkommenschaft zurechnen können und wollen. Jene, die sich nicht zu der Nachkommenschaft rechnen können, werden nicht adressiert. Folglich werden Lehrkräfte und Schülerinnen und Schüler, die nach eigener Migration oder Migration der Eltern, Großeltern etc. aus nicht-europäischen und/oder ehemals kolonisierten Ländern zum Teil des Philosophieunterrichts geworden sind, vom „Wir" des Textes nicht adressiert. Das „europäische Wir" des Textes ist ein exklusives. Diese Exklusion scheint in einem Widerspruch zu dem Hinweis auf die „Menschen aus verschiedenen Kulturen" in „unserer Gesellschaft" zu stehen, der sich dadurch auflöst, dass sich der Ausdruck „unsere Gesellschaft" ebenfalls auf ein exklusives „Wir" bzw. „Uns" bezieht.[42]

Das Begriffspaar „europäische Zivilisation" und „andere Kulturen" – und nicht etwa „europäische Kultur" und „andere Zivilisationen" – knüpft auf subtile

---

42 Würde in einer gegenläufigen Lesart davon ausgegangen, dass auch Lehrkräfte, Schülerinnen und Schüler mit (familiärer) Migrationsgeschichte zum „Wir" selbstverständlich dazugehören sollen, so wäre zu fragen, warum sie wegen der Kolonialgeschichte eine besondere moralische Verantwortlichkeit gegenüber den „Kulturen" nicht-europäischer und/oder ehemals kolonisierter Länder haben. Hier wird davon ausgegangen, dass die Adressierung des aufgerufenen „Wir" nur dadurch sinnvoll wird, dass die Lerngruppe als „europäisch" modelliert wird, wobei „Europäisch-Sein" bedeutet, von der „europäischen Zivilisation" abzustammen und „Europäisch-Werden" durch Migration nicht möglich ist bzw. nicht mitgedacht wird. Dass „unsere Gesellschaft" ebenfalls auf ein exklusives „Uns" verweist, wird dadurch suggeriert, dass in dem Unterrichtsmaterial in verschiedenen Beispielen die Praxen von migrantisch markierten Personen in Deutschland im Kontext der Frage, ob die Praxen *anderer* Kulturen bewertet werden dürfen, diskutiert werden. Hierzu unten mehr.

Weise an eine eurozentrische Vorstellung von „Fortschritt" an.[43] Paradox wirkt hier, dass die Bezeichnung „europäische Zivilisation" mit einer Erläuterung des europäischen Kolonialismus einhergeht. Dieser wird als jahrhundertelange, rücksichtslose Verdrängung von „Wertvorstellungen [...] durch Gewalt oder Missionierung" beschrieben. Trotz der Benennung von Rücksichtslosigkeit und Gewalt im langen Zeitraum des europäischen Kolonialismus fällt vor allem das auf, was nicht thematisiert wird: die europäische Aneignung fremder Güter, der großräumige Landraub, der Versklavungshandel, die Produktion und Zirkulation (pseudo-)wissenschaftlicher Rassentheorien, die Tötungen und Genozide sowie die damit einhergehende Auslöschung von Menschenleben und zeiträumlich-spezifischer Wissensbestände.[44] Indem der Kolonialismus in eine abgeschlossene Vergangenheit verlegt und auf die Verdrängung von „Wertvorstellungen anderer Kulturen" reduziert wird, kann das „Wir" als Subjekt einer fortschrittlichen Entwicklung gedacht werden, das die Wertvorstellungen der „anderen Kulturen" nicht mehr verdrängt, sondern über sie philosophiert und sie gegebenenfalls kritisiert. Ferner wird über die Dethematisierung globaler, postkolonialer Machtstrukturen, die sich etwa in ökonomischen und rechtlichen Ungleichheiten äußern, die Differenz zwischen „Europa" und „Nicht-Europa" auf das Merkmal „Kultur" reduziert. Die „Kulturen" werden über die Kategorien „Vorstellungen" und „moralische Normen" unterschieden und der Gegenüberstellung Europa/Nicht-Europa zugeordnet, sodass die vielfältigen Differenzverhältnisse innerhalb der (nicht-)europäischen „Kulturen" homogenisiert werden.

Der Erzähltext endet mit der Frage, ob aus dem Kolonialismus folgt, „dass man auf eine Kritik anderer Vorstellungen verzichten muss, dass es keinen Maßstab für eine solche Kritik gibt". In dem Begriff des Verzichts, der sich in der Alltagssprache auf Dinge bezieht, die jemandem zustehen und/oder genussvoll sind, deutet sich der Spielraum an, den die didaktische Konzeption eröffnet: Man kann verzichten, muss aber nicht, wobei das „man" in dem „europäischen Wir" seinen semantischen Referenzpunkt hat und durch die Auswahl des Beispiels zur Mädchenbeschneidung (und weiterer Beispiele) didaktisch angelegt ist, dass auf Kritik an Praxen „nicht-europäischer Kulturen" nicht verzichtet werden kann, sofern für diese gute Gründe angegeben werden sollen.

---

43 Stuart Hall, „Der Westen und der Rest: Diskurs und Macht", in: Ulrich Mehlem, Dorothee Bohle, Joachim Gutsche, Matthias Oberg und Dominik Schrage (Hg.), *Stuart Hall. Rassismus und kulturelle Identität. Ausgewählte Schriften 2*, Hamburg: Argument Verlag, 1994, 137–179, insb. 140 und 171–178.

44 Diese (De-)Thematisierungsform wiederholt sich in ähnlicher Weise in einem weiteren Erzähltext drei Seiten später: „Jahrhundertelang haben Europäer in ihren Kolonien andere Kulturen wenig respektiert; Bräuche und Lebensweisen der Einheimischen wurden teilweise gewaltsam unterdrückt und durch europäische Anschauungen ersetzt". Aßmann et al., *Zugänge zur Philosophie*, 74.

Aufmerksamkeits- und Repräsentationsökonomie des „europäischen" Blicks

Der Erzähltext deutet an, wie das Material die Lerngruppe als ein konstruiertes „europäisches Wir" adressiert, um von dieser Position aus auf die „Vorstellungen" und „kulturellen Praxen" eines ebenfalls konstruierten, „nicht-europäischen Anderen" zu blicken. Tatsächlich findet sich in dem Kapitel nur ein einziges Beispiel, in dem eine als „eigen" bzw. „europäisch" markierte Praxis zum Gegenstand der Diskussion in einer Aufgabe wird, dies aber vor allem zur Konstruktion, Kontrastierung und Thematisierung einer „anderen" kulturellen Praxis.

So wird auf der einleitenden Seite des Kapitels unter der Überschrift „Kulturen – Lebensweisen" eine an einem Strand aufgenommene Fotografie abgebildet, die drei Frauen zeigt. Die Schülerinnen und Schüler sollen anhand der Fotografie u. a. diskutieren, „an welche allgemeinen (moralischen) Regeln sich die Mitglieder beider Kulturen halten sollten", sodass durch die Überschrift und die Aufgabenformulierung die Frauen als kulturell different bezeichnet werden.[45] Die kulturelle Differenz wird durch eine weitere Aufgabe anhand der Bekleidung signifiziert, sodass die „verschleierten Frauen einerseits" und die „Frau im Bikini andererseits" als separate, kulturelle Gruppen bestimmt werden.[46] Die „weiße", bikinitragende Frau wird in der Fotografie gut sichtbar im Vordergrund abgebildet. Sie läuft mit aufrechter Körperhaltung und geradem Blick vorwärts und wirkt entspannt. Außer dem Bikini trägt sie eine Sonnenbrille, eine Kappe und Kopfhörer. In den Händen hält sie eine Uhr, vermutlich einen MP3-Player und weitere, nicht eindeutig erkennbare Gegenstände. Die hidschabtragenden Frauen befinden sich im Hintergrund und sind von der Kameraperspektive abgewandt. Sie laufen barfuß und tragen außer den schwarzen Hidschabs Jeanshosen und schwarze Kleider. Von der rechten Frau ist nur die Rückseite zu sehen; der ausdruckslos wirkende Blick der linken Frau ist zum Boden gesenkt. Sie hält Kleidungsstücke in der Hand, die zu nicht-sichtbaren Begleitern gehören könnten. Gemeinsam machen sie einen wartenden Eindruck. Wegen der schwarzen Kleider und weil eine der beiden Frauen die Sicht auf die andere verdeckt, wirkt es so, als würden sie wie Silhouetten ineinander übergehen.

Mittels der hergestellten Gegensätze – die Bekleidung (Bikini vs. Hosen/Kleider/Hidschabs), die mitgeführten Gegenstände (Kopfhörer vs. Kleidung), die soziale Konstellation (Einzelperson vs. Gruppe), die Konturierungen (deutlich abgegrenzt vs. ineinander übergehend), die Blicke (geradeaus vs. gesenkt), die Körperhaltungen (geöffnet vs. abgewandt), die Körperbewegungen (voranschreitend vs. eher stehend), die Hautfarbe (heller vs. dunkler) etc. – ruft das

---

45 Ebd., 70.
46 Ebd.

Foto die Vorstellung einer modernen, emanzipierten und individualisierten Europäerin auf, die mit der Figur der unterdrückten Muslimin kontrastiert wird.[47]

Die Aufgabe, Überlegungen darüber anzustellen, „welche Gefühle und Gedanken die verschleierten Frauen einerseits und die Frau im Bikini andererseits haben könnten", macht die Kleidung(spraxis) zum Signifikanten kultureller Differenz.[48] Indem die Frage auf das Fühlen und Denken in Abhängigkeit von der Bekleidung abzielt, wird zudem auf den Zusammenhang der Bekleidung und den mutmaßlichen heißen Temperaturen der Szene angespielt, außerdem aber suggeriert, dass das Fühlen und Denken der Frauen von der Kulturzugehörigkeit abhängt. Die Deutungsmöglichkeit, dass die Frauen alle dasselbe oder jeweils etwas Anderes fühlen und denken könnten, wird so in den Hintergrund gerückt und die äußere Differenz mit den inneren „Vorstellungen" in ein korrelatives Verhältnis gesetzt.

Vor dem Hintergrund der Debatten über die Legitimität des Tragens von Kopftüchern und keiner entsprechenden Kontroverse über das Bikinitragen im deutschsprachigen Raum sind die Fragen in den Aufgaben, „an welche allgemeinen (moralischen) Regeln sich die Mitglieder beider Kulturen halten sollten" und „ob es moralische und rechtliche Vorschriften zur angemessen Bekleidung geben sollte", vor allem als Thematisierung der (fehlenden) Legitimität des Hidschab- bzw. Kopftuchtragens zu verstehen.[49] Diese Aufmerksamkeitslenkung auf das „Andere" wiederholt sich am Ende des Schulbuchkapitels, wenn die moralische Legitimität des „Kopftuch"- und „Schleier"-Tragens sowie die „Vollverschleierung" diskutiert werden soll, das Bikinitragen aber hier nicht und auch an keiner anderen Stelle thematisiert wird.[50] Die Praxis „kulturell Anderer" wird, wie in dem einführenden Erzähltext und der Auswahl des Beispiels der Mädchenbeschneidung bereits angedeutet wurde, als befragungswürdig herausgestellt.

Diese Repräsentationsökonomie durchzieht die Selektion der weiteren Fallbeispiele. Den größten Platz nimmt das Beispiel der Mädchenbeschneidung/ weiblichen Genitalverstümmelung ein („[i]n vielen Ländern Nordafrikas", „Ägypten" und Somalia). Diesem werden im Kontext von drei Aufgaben ein Zeitungsartikel, zwei Informationstexte, eine Reihe von Diskussionsfragen und

---

47 Zu diesen „Figuren" im orientalistischen Diskurs vgl. Iman Attia, *Die „westliche Kultur" und ihr Anderes. Zur Dekonstruktion von Orientalismus und antimuslimischem Rassismus*, Bielefeld: transcript, 2009, insb. 99–113.

48 Aßmann et al., *Zugänge zur Philosophie*, 70.

49 Ebd. Zu den Debatten über die Legitimität des Tragens von Kopftüchern vgl. exemplarisch Sabine Berghain und Petra Rostock (Hg.), *Der Stoff, aus dem Konflikte sind. Debatten um das Kopftuch in Deutschland, Österreich und der Schweiz*, Bielefeld: transcript, 2009.

50 Aßmann et al., *Zugänge zur Philosophie*, 80.

der Auftrag zu einem Rollenspiel gewidmet.[51] Diskutiert werden sollen zudem die Zwangsverheiratung einer Tochter und die damit verbundene illegale Immigration eines Neffen („türkischer Familienvater in Deutschland")[52], die Prügel- und Todesstrafe („Regierung eines Staates in Asien")[53] und arrangierte Ehen („Indien").[54] Nach den dazugehörigen Aufgaben soll jede dieser Praxen durch die Lerngruppe auf ihre moralische Gültigkeit befragt werden. Zudem werden zur Illustration eines Erzähltextes zum Kulturrelativismus in einer Text-Bild-Kombination die Tötung schwacher Neugeborener durch „Spartaner", die Tötung schwacher Eltern durch „Eskimostämme", das Opfern von Kriegsgefangenen durch „Azteken" und der Frauenraub durch „Papua" erwähnt sowie ein blutiges Menschenopfer in einer „altmexikanischen Malerei [...] bei den Azteken" dargestellt.[55]

Wie an mehreren Stellen deutlich wird, variiert das Differenzschema „europäische Zivilisation/andere Kulturen" mit den Gegensatzpaaren „westlich/nichtwestlich" und „deutsch/migrantisch", wobei je nach Beispiel verschiedene Bedeutungsdimensionen betont werden. Dies zeigt sich implizit daran, dass die nicht-europäischen Kontexte USA, Kanada, Australien, Neuseeland etc. keine Erwähnung finden, weil sie als westlich und quasi-europäisch gelten. Explizit wird dies darin deutlich, dass der Begriff „Westen/westlich" in mehreren Textstellen zur Kennzeichnung der Unterscheidung verwendet wird[56] und dass kulturelle Praxen von Migrationsanderen im nationalstaatlichen Kontext „Deutschland" diskutiert werden: In einem zu diskutierenden Fallbeispiel („Ein türkischer Familienvater in Deutschland [...]"), in einer Aufgabe („Sollte man Schülerinnen in Deutschland erlauben, aus religiösen Gründen in Vollverschleierung (Burka) zur Schule kommen zu dürfen?") und in einem Erzähltext („Ein Beispiel ist die von Eltern arrangierte Ehe, die früher bei uns und heute noch in vielen Ländern – und unter Migranten in Deutschland – üblich ist").[57] Hierin zeigt sich die Konsistenz der Exklusivität des „europäischen Wir" aus dem einleitenden Erzähltext. Als befragungswürdig hervorgebracht wird, dass in den thematisierten Praxen jeweils die Autonomie und Unversehrtheit weiblicher, kindlicher und/oder besonders vulnerabler (alter, gefangener, etc.) Körper bedroht oder verletzt wird.[58]

---

51 Ebd., 71–73, 76, 79.
52 Ebd., 71.
53 Ebd.
54 Ebd., 80.
55 Ebd., 74.
56 Ebd., 71, 72, 79, 80.
57 Ebd., 71, 73, 80. Zum Begriff Migrationsandere vgl. Mecheril et al., „Migrationspädagogik", 17.
58 Die vier zusätzlichen Vorschläge zur Diskussion von Beispielen, die in den *Handreichungen* gemacht werden, entsprechen dem beschriebenen Schema: „Jungenbeschneidung" und der „Brauch des Schächtens" in jüdischen und muslimischen Gruppen, „aggressive Homophobie

Potentiale der Wissensaneignung

Wenn unter der in den Überschriften und Aufgaben relevant gesetzten Perspektive „Kultur" dazu aufgefordert wird, die „Gültigkeit der moralischen Normen" zweier Fallbeispiele zu diskutieren, in denen „ein türkischer Familienvater"
seine Tochter zwangsverheiratet, um seinem Neffen nach dem Tod dessen Vaters
„eine Aufenthaltserlaubnis für Deutschland und damit eine Existenz zu sichern",
und eine „Regierung eines Staates in Asien" gegen „Vandalismus" und „Dro-
genhandel" mit der Prügel- bzw. Todesstrafe vorgeht, liegt darin eine stereotypisierende Repräsentationskraft. Dies einerseits, weil die beschriebenen Akteurinnen und Akteure der Fallbeispiele (z. B. ein türkischer Familienvater) in keiner
anderen Hinsicht dargestellt werden, d.h. ihre Darstellung auf *eine* (moralisch
befragungswürdige) Praxis reduziert wird, und andererseits, weil sie durch die
kulturelle Kodierung eine stellvertretende Funktion für eine imaginierte, größere
kulturelle Gruppe einnehmen.[59] Kennzeichnend für die Bedeutungsproduktion
im Kapitel ist, dass es den „kulturell Anderen" keine Charakteristika oder Eigenschaften explizit zuschreibt, sondern „deren" Handeln durch die Beispiele
der Mädchenbeschneidung, Zwangsverheiratung oder Prügel- und Todesstrafe
etc. als gewaltvoll, unvernünftig und autonomieverletzend *darstellt*. Die Streuung
der dargestellten und repräsentierenden Beispiele in verschiedenen „nicht-europäischen", „nicht-westlichen", „nicht-christlichen" und „deutsch-migranti-
schen" Kontexten erzeugt eine epistemische Grenzziehung, die zwischen „europäischen Eigenen" und „nicht-europäischen Anderen" unterscheidet. Mit
prinzipieller Möglichkeit zur Subversion des Schemas werden die Schülerinnen
und Schüler dazu angeleitet, an dieser Grenzziehung mitzuarbeiten, wenn sie
etwa „nach Beispielen für Bräuche in anderen Kulturen" suchen sollen, „in denen
sich [i]hrer Ansicht nach unterschiedliche Moralvorstellungen zeigen".[60]

In dem „Othering" – der Konstruktion des „Anderen" – steckt auch die implizite Herstellung eines Wissens über das „Eigene". Als „europäisches Wir"
adressiert soll die Lerngruppe genau wie die vier „westlichen" und „weißen"
Philosophen/Publizisten Herskovits, Feyerabend, Herzinger und Spaemann über

---

einiger Reggae-Gruppen als Element der jamaikanischen Kultur" sowie ein in Deutschland
stattfindender Fall körperlicher Gewalt eines „Ehepartners aus dem marokkanischen Kul-
turkreis" gegenüber seiner Ehefrau. Aßmann et al., *Handreichungen*, 32–33 und 36. Die drei
übrigen Beispiele der Unterrichtsreihe (gleichgeschlechtliche Ehe, Vielehe, das Schlagen von
Kindern und Jugendlichen), die in einer Aufgabe diskutiert werden sollen, werden dagegen
keiner „Kultur" eindeutig zugeordnet (Aßmann et al., *Zugänge zur Philosophie*, 80).

59 Ebd., 71.

60 Ebd., 73. Wenngleich dies nicht als didaktische Intention erkennbar ist, liegen speziell in
dieser und auch in anderen Aufgaben Potentiale, das dominante Differenzschema in Frage zu
stellen und/oder den Blick umzukehren und das „Eigene", „Europäische", „Deutsche" zu
thematisieren.

das konstruierte ethische Problem philosophieren. In den Akten des Argumentierens, Abwägens, Beschreibens, Visualisierens etc. kann das „Wir" als vernünftiges, räsonierendes Subjekt konzipiert werden, das die moralisch befragungswürdigen Praxen der „kulturell Anderen" aus den Beispielen hinsichtlich ihrer Kritikwürdigkeit untersucht. Die Repräsentation der Praxis des Philosophierens durch „westliche" Philosophen steht der Repräsentation der zumeist gewalttätigen Praxen der „nicht-westlichen" Anderen gegenüber. Ohne kritische Intervention durch die Lehrkraft bzw. ohne kritische Reflexion durch die Lerngruppe kann im Vollzug der Aufgaben ein entsprechend kulturell und moralisch kodiertes Wissen über das „Eigene" und „Andere" angeeignet werden, das im Schulbuchkapitel neben dem Wissen über die kulturrelativistische und universalistische Position für den Lernprozess bereitgestellt wird. Dabei ist die dualistische Bedeutungsproduktion funktional mit der in der didaktischen Konzeption eingeschriebenen Präferenz für die universalistische Position und der damit einhergehenden Auswahl „extremer" Fallbeispiele zur Infragestellung der kulturrelativistschen Position verschränkt. Das „performative Potential"[61] zur Aneignung des Wissens über die Konstruktion des in beschriebener Weise, spezifisch hierarchisierten und konnotierten Gegensatzes liegt in der Wiederholung, in der das Differenzschema „westliche/nicht-westliche Kultur und Normen" in einer seiner Variationen aufgerufen wird. Das genealogische Moment des „europäischen Wir" knüpft dabei auf subtile Weise an eine biologische Konstruktion von *race* an.

Schluss

„In politischen und alltagsweltlichen Auseinandersetzungen um das Thema Migration", so schreibt Paul Mecheril, „geht es immer um die Frage, wie und wo ein nationalstaatlicher Kontext seine Grenze festlegen und wie er innerhalb dieser Grenze mit Differenz, Heterogenität und Ungleichheit umgehen will".[62] Der Streit um die kontroverse Schulbuchaufgabe verweist, so kann mit Bezug auf die vorgestellte Analyse gesagt werden, auf Momente der Problematisierung, Infragestellung und Aktualisierung einer symbolischen, über die Felder „Kultur" und „Ethik" spezifisch differenzierten „Wir"-Grenze, die in dem analysierten Schulbuchkapitel in der Variation eines eurozentrischen Diskurses über „den Westen und den Rest" hervorgebracht wird.[63] Die (mögliche) Aktualisierung der Grenzziehung zeigt sich in dem Vorhaben, auf die öffentliche Kritik mit einer

---

61 Höhne, *Schulbuchwissen*, 96 f.
62 Mecheril et al., „Migrationspädagogik", 12.
63 Hall, „Der Westen und der Rest: Diskurs und Macht".

Umformulierung der kontroversen Schulbuchaufgabe zu reagieren und in dieser „ein türkischer Familienvater" durch „Herr A., ein vor Jahren nach Deutschland eingewanderter Familienvater" zu ersetzen.[64] Während auf diese Weise die grundlegende Konstruktionslogik des Schulbuchmaterials nicht kritisch unter die Lupe genommen, sondern in einer ihrer Äußerungen die Zuschreibung „türkisch" in „migrantisch" umgewandelt würde, bliebe die (natio-ethno-)kulturalisierte und moralisch hierarchisierte Unterscheidungspraxis unangetastet. Das Umformulierungsvorhaben zeugt sowohl von der diskursiven Beharrlichkeit der beschriebenen Unterscheidungspraxis als auch von der Flexibilität, mit der innerhalb der Unterscheidung das „Andere" als nicht-europäisch, nicht-westlich, türkisch, migrantisch, etc. bestimmt werden kann. Dabei bleibt eine kritische Bezugnahme auf „Europa" und auf die Kennzeichnung des „Eigenen" als „weiß", „europäisch" und moralisch integer ebenso aus wie die grundlegende Hinterfragung des Vorgehens, die Verhältnisse zwischen dem globalen Norden und dem globalen Süden vordergründig im Paradigma kultureller Differenz zu beschreiben und nicht etwa hegemoniekritische, (philosophie-)historische und postkoloniale Perspektiven hinzuziehen. Solch kritische Bezugsnahmen wären Teil einer wünschenswerten und realisierbaren philosophischen Bildungspraxis, die auch auf die in den Kolonialismus verstrickte Ideengeschichte der Philosophie zurückgreifen könnte.[65]

Die hier nur in Ansätzen geleistete Darstellung der Bedeutsamkeit von Differenzkategorien wie *race* und *gender* stellt für das weitgehend unbearbeitete Forschungsdesiderat einer migrationspädagogisch und rassismuskritisch informierten Philosophiedidaktik eine wichtige Perspektive dar.[66] Genauer zu diskutieren ist insbesondere, wie im Philosophie- und Ethikunterricht hegemoniale Strukturen und Praxen thematisiert und kritisch behandelt werden können, ohne diese etwa als *race*-spezifisch zu konstruieren und diagnostisch zu externalisieren. Gleichzeitig sind alternative Ansätze zur Adressierung moralischer Relativismen auf ihre Anwendbarkeit im Unterricht zu prüfen. Hierfür ist auch zu untersuchen, wie und mit welcher Konsequenz entsprechend relevante Schulbuchmaterialien (z. B. die hier diskutierten) in Schulklassen eingesetzt werden und welche Möglichkeiten der Sensibilisierung und Lenkung Lehrkräften didaktisch und pädagogisch zur Verfügung stehen, wobei in entsprechenden Diskussionen die normativen Ziele philosophischer Bildung zu explizieren wären.

---

64 Draken und Schulze, „Im Gespräch", 80.
65 Rolf Elberfeld, *Dekoloniales Philosophieren. Versuch über philosophische Verantwortung und Kritik im Horizont der europäischen Expansion*, Hildesheim, Zürich, New York: OLMS, 2021.
66 Karim Fereidooni und Nina Simon (Hg.), *Rassismuskritische Fachdidaktiken. Theoretische Reflexionen und fachdidaktische Entwürfe rassismuskritischer Unterrichtsplanung*, Wiesbaden: Springer VS, 2022.

Literaturverzeichnis

Akalin, Dylan Cem. „Schulbuch-Autoren wehren sich. Lehrbeauftragte, die das umstrittene Philosophiebuch verfasst haben, weisen Rassismusvorwürfe zurück", in: *General-Anzeiger*, 16. Februar 2022, 6.

Attia, Iman. *Die „westliche Kultur" und ihr Anderes. Zur Dekonstruktion von Orientialismus und antimuslimischem Rassismus*, Bielefeld: transcript, 2009.

Aßmann, Lothar, Reiner Bergmann, Roland W. Henke, Matthias Schulze und Eva-Maria Sewing. *Zugänge zur Philosophie. Einführungsphase*, Berlin: Cornelsen, 2015.

Dies. *Zugänge zur Philosophie. Einführungsphase. Handreichungen für den Unterricht mit Kopiervorlagen,* Berlin: Cornelsen, 2016, 30–37.

Berghain, Sabine und Petra Rostock (Hg.). *Der Stoff, aus dem Konflikte sind. Debatten um das Kopftuch in Deutschland, Österreich und der Schweiz*, Bielefeld: transcript, 2009.

Breckner, Roswitha. „Bildwahrnehmung – Bildinterpretation. Segmentanalyse als methodischer Zugang zur Erschließung bildlichen Sinns", in: *Österreichische Zeitschrift für Soziologie* 37 (2012), 143–164.

Dausien, Bettina. „‚Doing reflexivity': Interpretations- und Forschungswerkstätten. Überlegungen und Fragen (nicht nur) aus der Perspektive von ‚Anfänger*innen' in der Biographieforschung", in: *Handbuch zur soziologischen Biographieforschung. Grundlagen für die methodische Praxis*, Gerhard Jost und Marita Haas (Hg.), Opladen, Toronto: Budrich, 257–276.

Draken, Klaus und Matthias Schulze. „Im Gespräch: Über den Umgang mit kontroversen Beispielen im Philosophie- und Ethikunterricht", in: *ZDPE* 4 (2022), 73–83.

Elberfeld, Rolf. *Dekoloniales Philosophieren. Versuch über philosophische Verantwortung und Kritik im Horizont der europäischen Expansion*, Hildesheim, Zürich, New York: OLMS, 2021.

Fereidooni, Karim und Nina Simon (Hg.). *Rassismuskritische Fachdidaktiken. Theoretische Reflexionen und fachdidaktische Entwürfe rassismuskritischer Unterrichtsplanung*, Wiesbaden: Springer VS, 2022.

Fuchs, Eckhardt, Inga Niehaus und Almut Stoletzki. *Das Schulbuch in der Forschung*, Göttingen: V&R unipress, 2014.

Grünheid, Irina und Paul Mecheril, „Symbolische In- und Exklusionsphänomene im Schulbuch", in: *(Re-)Konstruktive Inklusionsforschung. Differenzlinien – Handlungsfelder – Empirische Zugänge*, Jürgen Budde, Andrea Dlugosch und Tanja Sturm (Hg.), Opladen, Berlin, Toronto: Budrich, 2017, 290–291.

Hall, Stuart. „Der Westen und der Rest: Diskurs und Macht", in: *Stuart Hall. Rassismus und kulturelle Identität. Ausgewählte Schriften 2*, Ulrich Mehlem, Dorothee Bohle, Joachim Gutsche, Matthias Oberg und Dominik Schrage (Hg.), Hamburg: Argument Verlag, 1994, 137–179.

Höhne, Thomas. *Schulbuchwissen. Umrisse einer Wissens- und Medientheorie des Schulbuches*, Frankfurt am Main: Johann Wolfgang Goethe-Universität, 2003.

Henke, Roland W. „Die Förderung philosophischer Urteilskompetenz durch kognitive Konflikte", in: *Handbuch Philosophie und Ethik. Band I: Didaktik und Methodik*, Julian Nida-Rümelin, Irina Spiegel und Markus Tiedemann (Hg.), Paderborn: Ferdinand Schöningh, 2015, 86–95.

Kalpaka, Annita. „Pädagogische Professionalität in der Kulturalisierungsfalle – Über den Umgang mit ‚Kultur' in Verhältnissen von Differenz und Dominanz", in: *Schule in der Migrationsgesellschaft. Ein Handbuch. Band 2*, Rudolf Leiprecht und Anja Steinbach (Hg.), Schwalbach/Ts: Debus Pädagogik Verlag, 2015, 289–312.

Kim, Minkyung und Tobias Gutmann, Jan Friedrich, Katharina Neef. *Werte im Ethikunterricht. An den Grenzen der Wertneutralität*, Opladen, Berlin, Toronto: Barbara Budrich, 2021.

Kopp, Magdalena. *Kulturrelativistische Positionen und ihre Aktualität. Herder – Boas – Herskovits*. Bielefeld: transcript, 2021.

Marmer, Elina und Papa Sow. *Wie Rassismus aus Schulbüchern spricht. Kritische Auseinandersetzung mit „Afrika"-Bildern und Schwarz-Weiß-Konstruktionen in der Schule – Ursachen, Auswirkungen und Handlungsansätze für die pädagogische Praxis*, Weinheim, Basel: Juventa Beltz, 2015.

Mecheril, Paul und María do Mar Castro Varela, İnci Dirim, Annita Kalpaka, Claus Melter. *Migrationspädagogik*, Weinheim, Basel: Beltz Verlag, 2010.

Ministerium für Schule und Weiterbildung des Landes Nordrhein-Westfalen. „Kernlehrplan für die Sekundarstufe II Gymnasium/Gesamtschule in Nordrhein-Westfalen Philosophie", https://www.schulentwicklung.nrw.de/lehrplaene/upload/klp_SII/pl/KLP_GOSt_Philosophie.pdf, zuletzt geprüft am 12. Januar 2023, 2014.

Ministerium für Schule und Weiterbildung des Landes Nordrhein-Westfalen. „Kernlehrplan Sekundarstufe I in Nordrhein-Westfalen. Praktische Philosophie", 9, https://www.schulentwicklung.nrw.de/lehrplaene/lehrplan/216/pp_klp_5017_2008_05_06.pdf, zuletzt geprüft am 12. Januar 2023, 2008.

Moser, Peter. „NORDRHEIN-WESTFALEN", in: *Information Philosophie* 2 (2022), 106–107.

Pfister, Jonas. „Classification of Strategies for Dealing with Student Relativism and the Epistemic Conceptual Change Strategy", in: *Teaching Philosophy* 3 (2019), 221–246.

Elberfeld, Rolf. *Dekoloniales Philosophieren. Versuch über philosophische Verantwortung und Kritik im Horizont der europäischen Expansion*, Hildesheim, Zürich, New York: OLMS, 2021.

Terkessidis, Mark. „Der Umgang mit Rassismus", in: *Was ist Rassismus? Kritische Texte*, Dorothee Kimmich, Stephanie Lavorano und Franziska Bergmann (Hg.), Stuttgart: Reclam, 2016, 102–144.

Thein, Christian. *Verstehen und Urteilen im Philosophieunterricht*, Opladen, Berlin, Toronto: Budrich, 2020.

Tichy, Matthias. „Lehrbarkeit der Philosophie und philosophische Kompetenzen", in: *Neues Handbuch des Philosophie-Unterrichts*, Jonas Pfister und Peter Zimmermann (Hg.), Bern: utb, 2016, 43–60.

Fachverband Philosophie e.V. Landesverband NRW. „Stellungnahme des Fachverbands Philosophie (NRW) zur Diskussion um die Aufgaben im Philosophiebuch ‚Zugänge'", https://www.fv-philosophie.de/state-news/stellungnahme-des-fachverbands-nrw, zuletzt geprüft am 12. Januar 2023.

WDR aktuell. „Shitstorm wegen Schulaufgabe: So reagiert das NRW-Schulministerium | WDR Aktuelle Stunde", YouTube, https://www.youtube.com/watch?v=zigEzzQ6ztw, zuletzt geprüft am 12. Januar 2023.

WDR Radio. „Wie frei fühlen Sie sich in interkulturellen Konflikten?", Das philosophische Radio, https://www1.wdr.de/radio/wdr5/sendungen/philosophisches-radio/matthias-schulze-100.html, zuletzt geprüft am 12. Januar 2023.

Sonja Schwarze

Same old, same old? Denkmuster der Kolonialität und ihre Konsequenzen als Bestandteil des „Subsahara-Afrika"-Bildes im Geografieunterricht

Der vorliegende Beitrag offeriert Einblicke in die Dissertationsstudie „Die Konstruktion des subsaharischen Afrikas im Geografieunterricht der Sekundarstufe I". Besonderer Fokus wird dabei auf ausgewählte Ergebnisse der Untersuchungsphase zu Denkmustern der Kolonialität im Unterricht gelegt, die im Rahmen einer diskursorientierten Analyse von Unterrichtsbeobachtungen sowie den dort eingesetzten Materialien ermittelt bzw. diskutiert werden. Vor dem Hintergrund der Darlegung des theoretischen und empirischen Forschungsstands werden Anlass und Zielsetzung der Studie, Untersuchungsdesign, Gütekriterien und Reflexion des Forschungsprozesses sowie ausgewählte Ergebnisse diskutiert, welche in einem zusammenfassenden Fazit in Form von weiterführenden Empfehlungen hinsichtlich der Lehrerkräfteprofessionalisierung münden.

Anlass der Studie

Seit Jahrhunderten existiert ein stereotypisiertes internationales (Raum- und Menschen-)Bild des afrikanischen Kontinents, das einerseits negativ konnotierte Aspekte (Krieg, Armut, Krisen, Katastrophen) und andererseits exotische, naturbelassene Flora und Fauna porträtiert. In diesem wird der subsaharische Kontinent(-teil) besonders auf zwei gesellschaftliche Narrative reduziert, die sich zwar weniger sichtbar, aber dennoch erfolgreich seit dem Zeitalter des Kolonialismus und Imperialismus halten. Gemeint sind damit der sogenannte Afro-Romantismus und der Afro-Pessimismus.[1] Diese boten in Kombination mit einem hierarchischen Machtgefälle zugunsten der westlichen Imperialisten den Nährboden für ein perfides Rechtfertigungssystem von Imperialismus und Kolonialismus. Beide Erzählweisen basieren auf Denkmustern der Kolonialität (z. B.

---

1 Larissa Sarpong und Gabriele Schrüfer, „Zur Dekonstruktion ‚Afrikas' im Geographieunterricht aus post(-)kolonialen Perspektiven", in: Malte Steinbrink u. a. (Hg.), *Afrika – ein Kontinent in Bewegung,* Passau: Selbstverlag Fach Geographie der Universität Passau, 2021, 7–16.

die Vorstellung von westlicher Überlegenheit, afrikanischer Abhängigkeit etc.) und werden auch lange nach dem Ende des Kolonialismus in einer Vielzahl von empirischen Forschungen, so auch im deutschsprachigen Raum,[2] in unterschiedlichen Medienformen[3] aufgefunden. Durch diesen medialen Fortbestand gestaltet sich die koloniale Darstellung somit weitgehend ungebrochen. Dabei verstärkt sie das nicht explizit sichtbare Fundament des Negativbildes vom Raum „Afrika südlich der Sahara", das mal mehr und mal weniger implizit in Raumwahrnehmungen und Darstellungsweisen eingewoben ist.

Das Negativbild eines krisenbehafteten Kontinents wird seit Jahrzehnten in einer Vielzahl von empirischen Studien belegt: so u. a. in Lehrwerksanalysen der Fächer Geografie und Geschichte wie auch in Untersuchungen zur Einstellung und Wahrnehmung von Lehrenden und Lernenden dem Kontinent gegenüber.[4] Vielen Akteurinnen und Akteuren im Bildungssektor ist dieser Aspekt bewusst. Aufgrund dessen bemühen sie sich seit Jahren, das einseitige, meist sehr negativ konnotierte Afrikabild zu relativieren. Neuere empirische Forschungsergebnisse[5] zeigen indes auf, dass die allgemein- und fachdidaktischen Bemühungen nicht genügen, das Negativbild (einseitige, eurozentrische Darstellungsweise) erfolgreich aufzubrechen und ein heterogeneres Bild zu generieren. Noch werden der subsaharische Raum und seine Menschen in vielen Situationen, wenngleich implizit, pauschalisierend und abwertend charakterisiert. Diesen Missstand diskutieren Lehrkräfte sowie Geografiedidaktikerinnen und -didaktiker ebenfalls seit Jahrzehnten, schließlich hat Raum in der Geografie unter anderem mit Blick auf die realistischen und relationalen Raumkonzepte[6] eine besondere fachspezifische Stellung.

Postkoloniale Theorien gehen davon aus, dass sich die beschriebenen, kolonialzeitlich geprägten Narrative oftmals implizit und latent erhalten und reproduzieren, und das lange nach Ende des Kolonialismus. Die Zielsetzung des vorliegenden Beitrags ist daher die Transparentmachung von Denkmustern bzw.

---

2 Anke Poenicke, *Die Darstellung Afrikas in europäischen Schulbüchern für Französisch am Beispiel Englands, Frankreichs und Deutschlands,* Frankfurt am Main, Berlin: Peter Lang, 1995.

3 Anke Poenicke, „Afrika in deutschen Medien und Schulbüchern", *Zukunftsforum Politik* 29 (2001), https://www.kas.de/c/document_library/get_file?uuid=fd90c25b-a138-f281-5137-6a0 6d923432a&groupId=252038, zuletzt geprüft am 19. Januar 2024.

4 Kessete Awet, *Die Darstellung Subsahara-Afrikas im deutschen Schulbuch,* Opladen, Berlin, Toronto: Budrich UniPress, 2018; Gabriele Schrüfer, Gabriele Obermaier und Sonja Schwarze, „Raumwahrnehmung aus unterschiedlichen Perspektiven am Beispiel Tansania. Empirische Untersuchungen und Konsequenzen für den Geographieunterricht", in: *GW-Unterricht* 142 (2016), 42–52; Eckart Schmitt, „Afrika in den Geographie- und Geschichtsbüchern der Bundesrepublik Deutschland", in: *Internationales Jahrbuch für Geschichtsunterricht 1963/ 64,* 9, 1 (1963), 30–168.

5 Awet, *Subsahara-Afrika im Schulbuch,* 58.

6 Ute Wardenga, „Alte und neue Raumkonzepte für den Geographieunterricht", in: *Geographie heute* 200 (2002), 8–11.

Narrativen (als Bausteinen des Negativbildes), die in konkreten Unterrichts-materialien enthalten sind und im beobachteten Geografieunterricht perfor-mativ reproduziert werden. Ihre Sichtbarmachung soll der Schulbucharbeit und der Lehrkräfteprofessionalisierung dienen. Im Fokus stehen konkret im Unter-richt verwendete Materialien (Schulbuchseiten, aktuelle Zeitungsartikel, Ar-beitsblätter, Videos u. v. m.) sowie authentische Unterrichtssituationen. An diesen Beispielen soll die sprachliche und/oder zeichnerische Realisierung von Denkmustern der Kolonialität identifiziert und analysiert werden. Die Offenle-gung soll letztlich eine gezieltere Gegensteuerung in Form von Handlungsemp-fehlungen für den Geografieunterricht, die Lehrkräftebildung und die Schul-buchkonzeption ermöglichen.

Theoretischer Rahmen und Forschungsstand

Bevor auf die konkrete Studie, ihr Untersuchungsdesign und ausgewählte Er-gebnisse eingegangen wird, sollen an dieser Stelle die theoretische Rahmung und die zugrundeliegenden Wissensbestände erläutert werden. Dafür soll geklärt werden, was im Kontext der Arbeit a) unter dem Afrika(raum)bild und b) der/den postkolonialen Theorie(n) verstanden wird. Besonders die Neue Kultur-geografie (NKG) richtet ihren Blick auf die Frage, was „Räume" überhaupt sind und wie Raumbilder mithilfe von Zeichensystemen diskursiv konstruiert werden. Zusammenfassend lässt sich festhalten, dass im Zuge des Paradigmenwechsels in der Geografie vormals dominante realistische Raumkonzepte durch relativisti-sche, konstruktivistische ergänzt wurden.[7] Ins Erkenntnisinteresse rückt die kontextuelle Bedeutung, die einem Raum zugeschrieben wird. Sprachliche und zeichnerische Kommunikation, Interaktion und Handlung generieren schließ-lich raumbezogene Muster, Wahrnehmungen und Raumbilder.[8] Die NKG stellt demzufolge eine (Forschungs-)Perspektive dar, „die die Welt konstruktivistisch

---

7 Wardenga, „Raumkonzepte", 8–12; Judith Miggelbrink, „Kommunikation über Regionen. Überlegungen zum Konzept der Raumsemantik in der Humangeographie", in: *Bericht zur deutschen Landeskunde* 76, 4 (2002), 273–306; Mike Crang und Nigel Thrift, *Thinking Space*, London: Routledge, 2000; Peter Weichhart, „Die Räume zwischen den Welten und die Welt der Räume. Zur Konzeption eines Schlüsselbegriffs der Geographie", in: Peter Meusburger (Hg.), *Handlungszentrierte Sozialgeographie. Benno Werlens Entwurf in kritischer Diskussion*, Stuttgart: Steiner, 1999, 67–94; Gerhard Hard, „Der Raum. Einmal systematisch gesehen", in: *Geographica Helvetica* 41, 2 (1986), 77–83.

8 Tim Freytag, Hans Gebhardt, Ulrike Gerhard und Doris Wastl-Walter, „Humangeographie heute. Eine Einführung", in: Tim Freytag u. a. (Hg.), *Humangeographie kompakt*, Berlin: Springer, 2016, 1–12; Julia Lossau, „Kultur und Identität", in: Julia Lossau u. a. (Hg.), *Schlüs-selbegriffe der Kultur- und Sozialgeographie*, Stuttgart: Verlag Eugen Ulmer, 2014, 25–37; Paul Reuber, *Politische Geographie*, Paderborn: Schöningh, 2012.

und relational liest".[9] Sprache bzw. Zeichensysteme, Wissen(-sproduktion) und Macht spielen dabei eine zentrale Rolle, da diese reziprok bei der Konstruktion von Raum- und Menschenbildern involviert sind. Gregory bezeichnet raumbezogene Bedeutungszuweisungen auch als *geographical imaginations* und versteht darunter Vorstellungen, die mit bestimmten Räumen verbunden werden, die wiederum bestimmte Erwartungen und implizite Bewertungen enthalten.[10]

Der empirische Forschungsstand hinsichtlich des Afrikabilds von Lernenden und Lehrenden[11] und hinsichtlich der Darstellungen in Geografieschulbüchern der vergangenen Jahrzehnte[12] konstatiert, dass Lernende und Lehrende „Subsahara-Afrika"[13] einerseits als rückständig, problembehaftet und defizitär und andererseits aus romantischer und exotischer Perspektive wahrnehmen. Deut-

---

9 Christian Berndt und Robert Pütz, „Kulturelle Geographien nach dem Cultural Turn", in: Christian Berndt und Robert Pütz (Hg.), *Kulturelle Geographien. Zur Beschäftigung mit Raum und Ort nach dem Cultural Turn*, Bielefeld: transcript, 2007, 13.

10 Derek Gregory, *Geographical Imaginations*, Cambridge, Oxford: Blackwell, 1994; Derek Gregory, „Between the Book and The Lamp. Imaginative Geographies of Egypt, 1849–50", in: *Transaction of the Institute of British Geographers (NS)* 20 (1995), 29–57.

11 Sophia Linneborn, *Die Bewertung Afrikas südlich der Sahara durch Geographielehrkräfte*, Münster: Münstersche Arbeiten zurGeographiedidaktik, 2017; Schrüfer, Obermaier und Schwarze, „Raumwahrnehmung Tansania"; Christiane Reichart-Burikukiye, „Wo liegt Afrika? Das Afrikabild an Berliner Schulen", in: Gesellschaft für Ethnographie (GFN) und Institut für Europäische Ethnologie der Humboldt Universität zu Berlin (Hg.), *Ethnographische Momentaufnahmen*, Berlin: Berliner Blätter, 2001, 92; Wolf Schmidt-Wulffen, „'Wie ich Afrika sehe.' Zerrbilder und Korrekturversuche", in: *Praxis Geographie 3* (1999), 9–12; Sabine Tröger, *Das Afrikabild bei deutschen Schülerinnen und Schülern*, Saarbrücken: breitenbach Publishers, 1993.

12 Awet, *Subsahara-Afrika im Schulbuch*; Lukas Zimmermann, *Räumliche Repräsentationen Subsahara-Afrikas in Geographie-Schulbüchern. Eine Diskursanalyse aktueller Lehrwerke*, Münster: Münstersche Arbeiten zur Geographiedidaktik, Bd. 14, 2017; Elina Marmer, Papa Sow und Aram Ziai, „Der ‚versteckte' Rassismus – ‚Afrika' im Schulbuch", in: Elina Marmer u. a. (Hg.), *Wie Rassismus aus Schulbüchern spricht. Kritische Auseinandersetzung mit „Afrika"-Bildern und Schwarz-Weiß-Konstruktionen in der Schule. Ursachen, Auswirkungen und Handlungsansätze für die pädagogische Praxis*, Weinheim, Basel: Beltz Juventa, 2015, 110–129; Poenicke, *Darstellung Afrikas in europäischen Schulbüchern*; Poenicke, „Afrika in deutschen Medien"; Karin Guggeis, *Der Mohr hat seine Schuldigkeit noch nicht getan. Afrikanische Bevölkerungsgruppen in aktuellen deutschen Erdkundeschulbüchern*, Saarbrücken: breitenbach Publishers, 1992; Elfriede Hillers, *Afrika in europäischer Sicht. Die Behandlung außereuropäischer Völker und Kulturen am Beispiel Afrikas in ausgewählten europäischen Erdkundelehrbüchern; Belgien, Bundesrepublik Deutschland, England/Wales, Frankreich, Niederlande*, Braunschweig: Georg-Eckert-Institut für Internationale Schulbuchforschung, 1984; Joachim Engel, *Afrika im Schulbuch unserer Zeit. Eine vergleichende Untersuchung deutscher und ausländischer Erdkundebücher unter erziehungswissenschaftlichen und unter fachlichen, vorwiegend wirtschaftlich-sozialgeographischen Aspekten*, Hamburg: FundamentVerlag Sasse, 1972; Schmitt, *Afrika in den Geographie- und Geschichtsbüchern*.

13 Auf dem konstruktivistischen Verständnis von Raum/Räumen basierend werden im Folgenden die Bezeichnungen „Subsahara-Afrika" und synonym „Afrika südlich der Sahara" bewusst in Anführungszeichen gesetzt.

lich wird ein hierarchisches Machtgefälle zwischen dem idealisierten Westen als einer „modernen, aktiv handelnden, fortgeschrittenen Welt [...] [und einem] Afrika [der] Rückständigkeit, Vorzeitigkeit, Hilflosigkeit und Passivität".[14] Stereotype, die sich historisch etablierten, erweisen sich auch nach dem Imperialismus und dem Kolonialismus in Teilen als persistent im Raum- und Menschenbild. Dieser Fakt führt zur zweiten erkenntnistheoretischen Säule der Arbeit, der/den postkolonialen Theorie(n).

Im Kontext der postkolonialen Theorien steht eine Perspektive, bei der davon ausgegangen wird, dass Denkmuster der Kolonialität in Teilen auch nach dessen formalen Ende fortbestehen (daher u. a. das Suffix „post"). Historische, rassistische Wissensformen, ungerechte, globale Wirtschaftsbeziehungen sowie eurozentrische Raumordnungen bleiben demzufolge in modifizierter Form erhalten und setzen sich fort.[15] Somit erweisen sich manche Machtstrukturen gegenüber dem afrikanischen Kontinent seit der Kolonialzeit als persistent. Diskursive Machtstrukturen dienten einst der Rechtfertigung von westlicher Ausbeutung, Invasion, Annexion und Sklavenhandel. Sie stellen ein historisches Erbe dar, das zumindest implizit und unbewusst die Wahrnehmung des Raumes und seiner Bevölkerung prägt.[16] In raumbezogenen Strukturen und Praktiken werden diese Wahrnehmungsmuster als sogenannte *geographical imaginations* immer wieder aufgezeigt. Beispielhaft ist u. a. die Dichotomie der Raumbilder des sogenannten „Globalen Nordens" und „Subsahara-Afrikas" (bzw. generell des „Globalen Südens"). Während der Norden oftmals als idealisiertes Selbstbild bezüglich Fortschritt und Entwicklung aus eurozentrischer Perspektive inszeniert wird, erscheint der Süden eher als abzulehnendes Fremdbild, das von Rückständigkeit geprägt ist. Relevant sind entsprechend Bilder und Darstellungen von Räumen und Menschen, weniger konkrete Fakten. Hinzu kommt eine Argumentationsweise, die Andersartigkeit und Differenz betont.

Die wahrgenommene „Andersartigkeit" wird durch *Othering*-Prozesse gestützt, die mittels eines binären Systems aus dichotomen Zuschreibungen Unterschiede konstruieren. Diese wirken für die vermeintlich eigene Sozialgruppe homogenisierend nach innen und heterogenisierend nach außen. Dabei nimmt die normative, eurozentrische Vorstellung von Entwicklung als positiv konnotiertes wirtschaftliches und technologisches Wachstum, Fortschritt und Rationalität eine zentrale Rolle ein. Zudem konstituieren weitere Wahrnehmungsfilter der Ahistorisierung, (raumbezogenen) Essentialisierung, Kulturalisierung und Naturalisierung als Argumentationsstrukturen die etablierte Andersartigkeit.

---

14 Reichart-Burikukiye, „Wo liegt Afrika?", 92.
15 Lossau, „Kultur und Identität".
16 Joanne P. Sharp, *Geographies of Postcolonialism. Spaces of Power and Representation*, Los Angeles: Sage Publications, 2009.

Postkoloniale Theorien stellen somit eine Forschungsperspektive dar, aus der u. a. persistente Wahrnehmungsstrukturen analysiert und diskursive Mechanismen, Regeln und stillschweigende Übereinkünfte sichtbar gemacht werden können. Gemeint sind Wahrnehmungsmuster wie die Überlegenheit der westlichen Welt (heute eher als „Globaler Norden" bezeichnet), die Abhängigkeit und Unterlegenheit der Menschen „Subsahara-Afrikas" usw., die in sprachlichen Wendungen enthalten sind. Letztlich fordern also postkoloniale Theorien dominante, hegemoniale Wissensformen und mit ihnen assoziierte Raum- und Menschenbilder heraus.

Wird das Augenmerk auf die oben erwähnten Studien zu Lehrwerken gelegt, können zusammenfassend die Wahrnehmungsmuster des Afro-Pessimismus und des Afro-Romantismus inklusive des Fokus auf Problemlagen, negative Assoziationen, antithetische Akteursdarstellungen, Wahrnehmungen von „europäischer/westlicher Überlegenheit" und „afrikanischer machtloser Passivität" konstatiert werden. Eine der aktuellsten didaktischen Studien diesbezüglich von Awet (2018) resümiert, dass in den Schülerbüchern weiterhin „verzerrte Darstellungen von Subsahara-Afrika vermittelt werden, die Einstellungen wie Vorurteile, Rassismen und Ethno-/Eurozentrismen enthalten"[17], wenngleich diese eher auf latentere und subtilere Art und Weise auftreten als in den Vorgängerschulbuchgenerationen.[18]

Dies überrascht vor dem Hintergrund, dass seit Jahrzehnten bewusst gegen das negativ konnotierte Afrikabild gegengesteuert wird und Modifikationen in den Lehrwerken vorgenommen werden (sollen). Im Anschluss an Awet vermute ich, dass sich die Betrachtung des Kontinents aus eurozentrischer Perspektive auch im Geografieunterricht insbesondere durch latente Darstellungs- und Sprechweisen manifestiert. Die Darstellungsweisen erweisen sich als veränderungsresistent, sind im Umfeld von Unterricht vorhanden und bedürfen weiterer bewusster Adressierung und Untersuchung im konkreten, aktiven Unterrichtsgeschehen. An diesem Desiderat setzt die Studie an.[19]

Untersuchungsdesign

Vor dem theoretischen Hintergrund und der Offenlegung der Forschungslücke zu kolonialzeitlich geprägten Denkmustern, die gegebenenfalls im Geografieunterricht entdeckt werden können, erfolgt nun die Erläuterung des Untersu-

---

17 Awet, *Subsahara-Afrika im Schulbuch*, 58.
18 Sonja Schwarze, *Die Konstruktion des subsaharischen Afrikas im Geographieunterricht der Sekundarstufe I*, Münster: Wissenschaftliche Schriften der WWU Münster, 2020, 118.
19 Ausführlicher: ebd., 87–138.

chungsdesigns der vorliegenden Studie, bei der es sich um ein Dissertations-
projekt handelt. Neben der Untersuchung von potentiellen Denkmustern der
Kolonialität im Geografieunterricht wurde im Rahmen der Studie erhoben,
welches Bild oder welche Bilder des Raums „Subsahara-Afrika" im konkreten
Unterricht der Sekundarstufe I etabliert wurde bzw. wurden und welche möglichen Faktoren/Rahmenbedingungen gerade dieses Bild oder diese Bilder generieren.[20]

Um sich diesen Fragestellungen zu nähern, wurde für die Dissertationsstudie
ein zweiphasiger *Multiple-methods*-Ansatz konzipiert. Phase 1 stellte Unterrichtsbeobachtungen in 24 Geografiestunden in der Sekundarstufe I in unterschiedlichen Bundesländern in Deutschland (Bayern, Hamburg, Nordrhein-
Westfalen, Sachsen)[21] in den Untersuchungsfokus. Da Geografie ein obligatori-
sches Fach in der Sekundarstufe I an Realschulen und Gymnasien und somit die
geografische Grundbildung darstellt, wurde bewusst diese Stufe für das Sample
ausgewählt. In der Sekundarstufe II kann das Fach im Wahlbereich angewählt
werden,[22] nicht alle Lernenden werden im Fach unterrichtet. Ferner wurden die
Hospitationen an Realschulen und Gymnasien durchgeführt, weil in diesen
Schulformen Geografie eigenständig und nicht im Fächerverbund stattfindet. In
der Mittelstufe (Klasse 7–9 bzw. 10) wird mit Blick auf die (Kern-)Lehrpläne der
Raum „Afrika südlich der Sahara" in den Kompetenzschwerpunkten und/oder
Inhaltsfeldern thematisiert. Dabei wurden Stunden mit einem humangeografi-
schen Fokus und/oder in Bezug auf Mensch-Umwelt-Beziehungen beobachtet,
um der Co-Konstruktion von Raum und (kultureller bzw. raumbezogener)
Identität[23] Rechnung zu tragen. Diese ist schließlich mit Blick auf die Konstruktion von Raum- und Menschenbildern relevant. Um die Stunden nicht oder
weitgehend nicht zu beeinflussen oder gar durch die eigene Anwesenheit zu

---

20 Ausführlicher: ebd., 139–220.
21 Letztlich wurden die vier Bundesländer ausgewählt, da über Gatekeeper Kontakt zu Lehr-
     kräften hergestellt wurde und diese erfolgreich für die Teilnahme am Projekt gewonnen
     werden konnten.
22 Ministerium für Schule und Bildung des Landes Nordrhein-Westfalen, „Verordnung über die
     Ausbildung und die Abschlussprüfungen in der Sekundarstufe I (APO-S I)", https://bass.sch
     ul-welt.de/12691.htm, zuletzt geprüft am 19. Januar 2024; Ministerium für Schule und Bil-
     dung des Landes Nordrhein-Westfalen, „Verordnung über den Bildungsgang und die Abi-
     turprüfung in der gymnasialen Oberstufe (APO-GOSt)", https://bass.schul-welt.de/9607.htm,
     zuletzt geprüft am 19. Januar 2024.
23 Georg Glaze und Annika Mattissek, „Diskursforschung in der Humangeographie. Kon-
     zeptionelle Grundlagen und empirische Operationalisierungen", in: Georg Glaze und An-
     nika Mattissek (Hg.), *Handbuch Diskurs und Raum. Theorien und Methoden für die Hu-
     mangeographie sowie die sozial- und kulturwissenschaftliche Raumforschung*, Bielefeld:
     transcript, 2009, 42.

verzerren,[24] nahm die Forscherin bei den Beobachtungen ein non-reaktives Verhalten ein[25] und informierte die Lehrkräfte nicht vorab über die expliziten, detaillierten Auswertungsvorgänge im Nachgang der Beobachtung. Erläutert wurde lediglich, dass sich die Untersuchung auf die unterrichtliche Behandlung des Raums „Subsahara-Afrika" richtet. Ein nicht-standardisiertes Erhebungs-instrument (bestehend aus Beobachtungsbögen, Audioaufnahmen der Ple-numsgespräche und Materialsammlungen sämtlicher verwendeter Lehr-/Lern-mittel) wurde im Rahmen der qualitativen Fragestellung der Beobachtungen eingesetzt. Die Beobachtungsbögen als Dokumentationsmitschriften ermög-lichten die Rekonstruktion des Unterrichts; die Audioaufnahmen ließen Rück-schlüsse auf die Interaktion im Plenum als wesentlichen Bestandteil des Unter-richts zu.

Hinsichtlich des jeweiligen Erkenntnisinteresses (1. Inhalte und Themen zur Analyse der entstehenden Raumbilder und 2. Aufdeckung potentieller Denk-muster der Kolonialität) wurden die Auswertungsmaterialien über mehrere Analysedurchläufe untersucht. Die konkrete unterrichtliche Performanz konnte somit neben den Lehr-/Lernmaterialien untersucht und offengelegt werden. Diese Herangehensweise wurde aus folgenden Gründen gewählt: Denkmuster der Kolonialität sind für Lehrende aufgrund ihres latenten Erscheinungsbilds nicht (immer) direkt ersichtlich. Ihre Bedeutungen (auch Semantiken genannt) werden auf vielfältige Art und Weise sprachlich und zeichnerisch realisiert und sind daher teils nicht direkt anhand von z. B. Worten identifizierbar.[26] Da sie ferner bedingt reflexiv zugänglich sind (theoretisches Wissen zum Postkolo-nialismus ist in diesem Zusammenhang eine Voraussetzung für die Reflexion), sind sie schwer zu verbalisieren. Ferner haben nicht alle Menschen gelernt, Denkmuster der Kolonialität zu reflektieren. Vielmehr können sie ihnen sozia-lisationsbedingt so selbstverständlich vorkommen, dass sie sie nicht hinterfra-gen. Dementsprechend reproduzieren sie diese unhinterfragt weiter, ohne dass es ihnen notwendigerweise bewusst ist.

Anders als bei Schulbuchanalysen sollte in der Dissertationsstudie konkret ermittelt werden, welche Lehr-/Lernmaterialien konkret in den beobachteten Unterrichtsstunden Verwendung fanden und wie diese eingesetzt wurden. Der Einsatz kann schließlich von der Intention der Autorinnen und Autoren diffe-

---

24 Uwe Flick, *Qualitative Forschung. Theorie, Methoden, Anwendung in Psychologie und Sozi-alwissenschaften*, Reinbek bei Hamburg: Rowohlt, 1996, 153.

25 Siegfried Lamnek und Claudia Krell, *Qualitative Sozialforschung. Lehrbuch*, Weinheim: Beltz, 2010, 521.

26 Sharp, *Geographies of Postcolonialism*; Julia Lossau, „Anderes Denken in der Politischen Geographie. Der Ansatz der Critical Geopolitics", in: Paul Reuber und Günter Wolkersdorfer (Hg.), *Politische Geographie. Handlungsorientierte Ansätze und Critical Geopolitics*, Hei-delberg: Selbstverlag des Geographischen Instituts der Universität, 2001, 57–75.

rieren (bspw. durch Modifikation der Arbeitsaufträge, Integration eigener Zusatzmaterialien, Auslassungen etc.). Ferner sollte mit dem vorgestellten Forschungsdesign dem situativen, hochdynamischen Charakter von Unterricht und seinen mannigfaltigen Beteiligten und Kontexten Rechnung getragen werden.[27] Die Ergebnisse beziehen sich im Rahmen der Studie daher auf das spezifische Sample.

An dieser Stelle soll die Phase 2 des übergeordneten Dissertationsprojekts der Vollständigkeit halber lediglich kurz umrissen werden. In der zweiten Forschungsphase wurden problemzentrierte Leitfadeninterviews[28] mit den Lehrkräften der besuchten Unterrichtsstunden durchgeführt, um deren Argumentations- und Deutungsstrukturen während der Unterrichtsplanung und -durchführung offenzulegen. Die Ergebnisse der beiden Studienphasen wurden in Bezug zueinander gesetzt, um mögliche Erklärungshinweise für die entstandenen und identifizierten Raumbilder zu erhalten sowie Rückschlüsse auf das konkrete Unterrichtshandeln zu ermöglichen.

Die generierten Daten der zwei Phasen der Dissertationsstudie wurden qualitativ ausgewertet. Die qualitativen Inhaltsanalysen bestanden aus kodierenden Verfahren in Anlehnung an Kuckartz[29] und Mayring[30] mittels induktiver Kategorienbildung, um die Themen und Inhalte der Unterrichtseinheiten in Gänze und Offenheit zu erfassen. Die Interviews wiederum wurden durch Rekurs auf die Theorie und den Leitfragebogen deduktiv-induktiv analysiert. Die Analyse zur Identifizierung möglicher Denkmuster der Kolonialität wurde mithilfe eines diskursanalytisch-orientierten Verfahrens vorgenommen. Es handelte sich daher vereinfacht ausgedrückt eher um ein interpretatives, hermeneutisches Textanalyseverfahren. Dieses wurde speziell für die Studie theoriebasiert (Rekurs auf *geographical imaginations* und ideologische Argumentationsmuster des Imperialismus und Kolonialismus)[31] in Form eines Leitfragenkatalogs entwickelt. Mit

---

27 Gisbert Rinschede, *Geographiedidaktik*, Paderborn: Schöningh, 2007.

28 Andreas Witzel, *Verfahren der qualitativen Sozialforschung. Überblick und Alternativen*, Frankfurt am Main: Campus, 1982; Cornelia Helfferich, *Die Qualität qualitativer Daten. Manual für die Durchführung qualitativer Interviews*, Wiesbaden: VS Verlag für Sozialwissenschaften, 2011.

29 Udo Kuckartz, *Qualitative Inhaltsanalyse. Methoden, Praxis, Computerunterstützung*, Weinheim, Basel: Beltz Juventa, 2016.

30 Philipp Mayring, „Qualitative Inhaltsanalyse", in: Uwe Flick u. a. (Hg.), *Qualitative Forschung. Ein Handbuch*, Reinbek bei Hamburg: Rowohlt, 2012, 468–474.

31 Gregory, *Geographical imaginations*; Gregory, „Between the Book and The Lamp"; Sharp, *Geographies of Postcolonialism*; Philippe Kersting, „AfrikaSpiegelBilder und Wahrnehmungsfilter. Was erzählen europäische Bilder über Europa?", in: Phillipe Kersting u. a. (Hg.), *AfrikaSpiegelBilder. Reflexionen europäischer Afrikabilder in Wissenschaft, Schule und Alltag*, Mainz: Mainzer Kontaktstudium Geographie, 2011, 3–10; Paul Reuber, „Territorien und Grenzen", in: Julia Lossau u. a. (Hg.), *Schlüsselbegriffe der Kultur- und Sozialgeographie*, Stuttgart: Verlag Eugen Ulmer, 2014, 182–195; Lossau, „Kultur und Identität"; Ngugi wa

diesem wurden alle kontinuierlichen und diskontinuierlichen Materialien (z.B. Fotos, Karten, Tabellen u. v. m.) erforscht. Die Leitfragen bezogen sich auf übergeordnete Untersuchungsaspekte wie beispielsweise Akteursbeschreibungen, zu Wort kommende Stimmen, Entwicklungsdarstellungen, *Othering*-Prozesse sowie (räumliche) Verallgemeinerungen[32] durch territoriale Fallen.[33] Eine Auswahl der Ergebnisse wird im folgenden Unterkapitel vorgestellt. Mithilfe der Fragen, die die Analyse der Daten anleiteten, sollten diese Aspekte offengelegt und untersuchbar gemacht werden. Die Denkmuster der Kolonialität entwickelten sich diskursiv über größere Sinneinheiten hinweg (z.B. im Verlauf eines längeren Unterrichtsgespräches oder gar über mehrere Unterrichtseinheiten). Dadurch konnten sie semantisch kaum in einzelne Bausteine zerkleinert und an kleineren, geschlossenen Bestandteilen wie bestimmten Worten identifiziert werden. Bei der Konzeption des Fragekatalogs wurde auf die gezielte Integration von semiotischen, diskursanalytischen und sprachsensiblen Blickrichtungen geachtet und diese wurden verschränkt. Somit wurden die kommunikativen Realisierungen der Denkmuster der Kolonialität auch der latenten, in ihren spezifischen Kontextualisierungen und Wechselwirkungen sichtbar gemacht und nachvollziehbar diskutiert. Auf dieser Grundlage wurden weitere Generalisierungs- und Abstraktionsschritte möglich.

Vor dem Hintergrund der kritischen Reflexion zu den Grenzen der Methodik (Aussagekraft für das spezifische Sample, erkenntnistheoretische und sozialisationsbedingte Setzung der Forscherin, Gefahr sogenannter „Zirkelschlüsse" bei diskursanalytischen Verfahren) leiteten qualitative Gütekriterien die gesamte Studie an:[34] intersubjektive Nachvollziehbarkeit, Indikation des Forschungsprozesses, empirische Verankerung, Limitation, Kohärenz, Relevanz, reflektierte Subjektivität und Triangulation.[35] Im Sinne der intersubjektiven Nachvollziehbarkeit nahmen die argumentative Begründung und Vorstellung sämtlicher methodischer Arbeitsschritte sowie die empirische materialbezogene Ergebnispräsentation eine relevante Rolle im Forschungsprozess ein. Diese wurden durch einen sehr regelmäßigen Austausch mit Experten und Expertinnen und Fachkolleginnen u. a. in Forschungswerkstätten diskutiert und falls nötig adaptiert.

Thiong'o, *Dekolonisierung des Denkens. Essays über afrikanische Sprachen in der Literatur*, Münster: Unrast Verlag, 2017.

32 Im Fall der Studie beschreiben territoriale Fallen u. a. das Phänomen, dass Lernende unbewusst Wissen über bestimmte geografische Räume auf den Großraum übertragen, z. B. auf den gesamten afrikanischen Kontinent.

33 Schwarze, *Subsahara-Afrika im Geographieunterricht*, 197–205.

34 Ebd., 212–220.

35 Mayring, *Qualitative Inhaltsanalyse*; Helfferich, *Qualität qualitativer Daten*; Flick, *Qualitative Forschung*; Ines Steinke, „Gütekriterien qualitativer Forschung", in: Uwe Flick u. a. (Hg.), *Qualitative Forschung. Ein Handbuch*, Reinbek bei Hamburg: Rowohlt, 2012, 319–331; Kuckartz, *Qualitative Inhaltsanalyse*.

Ausgewählte Ergebnisse

Im Folgenden werden ausgewählte Analyseergebnisse generalisiert präsentiert.[36] Im Sinne der Leseleitung werden die Ergebnisse voneinander getrennt vorgestellt, jedoch sollten stetig wechselseitige Verbindungen der einzelnen Denkmuster der Kolonialität mitgedacht werden. Aufgrund ihrer charakteristischen Reziprozität lassen sich Redundanzen nicht vermeiden. Eindeutige Differenzierungslinien zwischen ihnen lassen sich nicht konstatieren und stünden im Widerspruch zur diskursiven Logik der wechselseitigen Konstituierung der Denkmuster der Kolonialität.

Beschreibung der Akteure und Akteurinnen

Die Menschen, die in den beobachteten Unterrichtseinheiten thematisiert wurden, lassen sich, verallgemeinert gesprochen, zwei diametral gegenüberstehenden Gruppen zuordnen. Diese unterscheiden sich explizit in der Beschreibung als auch in ihren Handlungsmöglichkeiten. So stehen sich „weiße"[37], „westliche", aktive, entscheidende, verantwortliche und effektive Personen und „schwarze", „afrikanische", passive, reagierende, ineffektive und hilfsbedürftige Personen gegenüber. Abgrenzungen werden speziell durch binäre Codes (sprachliche Gegensatzpaare z.B. in Form von Adjektiven) und die Vorstellung der problematischen Wirtschafts- und Lebensverhältnisse[38] der afrikanischen Bevölkerung konstituiert, die auf internen Problemen wie Armut, Klima, Vegetation, ökonomischer Abhängigkeit und teils kolonialer Ausbeutung basieren würden. Lebenssituationen werden dabei an manchen Stellen eher neutral und wenig emotional beschrieben, an anderen Stellen lassen sich jedoch grafisch (bspw. Fotos von Personen mit gebeugter Körperhaltung, traurigen Gesichtszügen) und sprachlich hoch emotionalisierte Darstellungen von Leid, Ohnmacht und Dramatik identifizieren. Somit werden viele afrikanische Menschen in einer Opferrolle, als wenig handlungsfähig, eher passiv-reagierend und unfähig zur lokalen und endogenen Bewältigung von Herausforderungen dargestellt. Ansätze zu Problemlösungen bzw. Hilfsmaßnahmen werden in der Darstellung aus dem

---

36 Ausführlicher: Schwarze, *Subsahara-Afrika im Geographieunterricht*, 263–322.
37 Die Anführungsstriche bei der Verwendung der Adjektive „schwarz" und „weiß" als Kategorisierung für Menschen verweisen auf den sozialen Konstruktionscharakter dieser Denkschemata. Das gleiche gilt für „europäisch", „westlich" und „afrikanisch". Im Kontext der Beschreibung von „schwarzen" und „weißen" Menschen werden sie bitte im Folgenden mitgedacht. Zur Erhöhung der Lesbarkeit verzichtet die Autorin darauf, diese jedes Mal zu setzen.
38 Schwarze, *Subsahara-Afrika im Geographieunterricht*, 259.

nicht-afrikanischen Kontext von meist westlichen Personen initiiert, geplant und kontrolliert, wodurch die lokale Bevölkerung in eine inaktive Objektposition rückt. Auf diese Art erscheinen die Menschen als abhängig vom effektiven und aktiven Handeln westlicher Individuen und Organisationen. Offen bleibt in diesen Kontexten, inwiefern die Betroffenen in konkrete Entscheidungs- und Handlungsprozesse eingebunden werden.

Entwicklung

Wie bereits erläutert, fokussieren Unterrichtsthemen um „Subsahara-Afrika" oftmals negativ konnotierte Mangel- und Problemlagen mit ökonomischer Armut als Hauptursache. Nicht selten enden die Unterrichtshospitationen mit der Problemdarstellung, ohne Handlungs- und Linderungsansätze zu offerieren. Damit wird Stagnation im Gegensatz zu Entwicklung suggeriert. Entwicklungs-maßnahmen werden, ohne dabei den normativen, meist eurozentrisch verstan-denen Entwicklungsbegriff explizit zu beleuchten und zu kritisieren, von Han-delnden des „Globalen Nordens" ergriffen. *Good-practice*-Beispiele zu lokalba-sierten, endogenen Ansätzen oder Strategien durch afrikanische Menschen finden sich im Sample nicht wieder. Somit könnte der Eindruck entstehen, dass die Fähigkeit zum effizienten, aktiven, erfolgsversprechenden Handeln mit Blick auf den ökonomischen, politischen und technischen Fortschritt nach westlichem Muster nicht vorhanden ist. Hier wird die enge Verbindung zu den bereits er-läuterten Akteursbeschreibungen evident.

Der Impuls zur Entwicklung bzw. Veränderung scheint also komplett extern generiert zu werden und kann explizit z. B. von NGOs oder implizit von auslän-dischen Reisenden und Dienstleistungsausbau etc. stammen. Dabei muss dieser Impuls nicht immer positiv gedeutet werden. So werden beispielsweise Kaufent-scheidungen westlicher Konsumierender im Kontext der Globalisierung proble-matisiert, die indirekt die Produktionsregionen und dortige Arbeitsverhältnisse beeinflussen. Handlungs-/Entscheidungsmacht bzw. -verantwortung liegt jedoch bei den Konsumierenden; die lokalen Arbeitskräfte sind sekundär und eher passiv. In eine ähnliche Kerbe schlägt das Ursprungskonzept von *fair trade*.

Zu Wort kommende Stimmen

Hier werden die im Unterricht zu Wort kommenden Stimmen untersucht, um zu ermitteln, wer kommunizieren und sprechen darf. Daraus lässt sich schließen, ob es sich eher um Eigen- oder Fremdbeschreibungen handelt. Eine eindeutige Zuordnung der Stimmen wird allerdings nur bei der direkten Rede mit Benennung der sprechenden Person möglich. Bei der indirekten Rede sind explizite Quellenverweise relevant, welche in den Unterrichtsmaterialien und -gesprächen oftmals fehlen. Sprechpositionen und Perspektiven bleiben daher undefinierbar, wenngleich hauptsächlich Fremddarstellungen durch deutsche Lehrmittelproduzierende angenommen werden.

Differenzen zwischen afrikanischen und außerafrikanischen Stimmen lassen sich in explizit zuordenbaren Passagen finden. Mit Ken Saro Wiwa, einem nigerianischen Bürgerrechtler, und Nelson Mandela, einem ehemaligen südafrikanischen Präsidenten und weltberühmten Freiheitskämpfer, kommen in den 24 beobachteten Unterrichtsstunden zwei afrikanische Prominente explizit zu Wort. Alle weiteren Stimmen stammen von unbekannten Personen, die von ihren negativ konnotierten Lebensverhältnissen und Einzelschicksalen berichten. Die Authentizität ihrer Aussagen und die Existenz der Sprechenden kann nicht überprüft werden. Die Forscherin vermutet, dass es sich um didaktisierte, fiktive Stimmen handelt.

Othering-Prozesse

Der Raum „Subsahara-Afrika" und seine Menschen werden besonders im Kontrast mit Deutschland/Europa als anders und teils exotisch porträtiert. Die vermeintliche Andersartigkeit wird explizit und implizit auf unterschiedliche Art etabliert. Binäre Codes spielen dabei eine besondere Rolle. (Raumbezogene) Kontraste stellen dabei kein spezifisches Unterrichtsthema dar. Vielmehr werden diese konstruiert, wenn ergänzende Informationen benannt werden, um den Heimatraum der Lernenden als bekannte Referenz anzusprechen. Deutschland/ Europa wird dabei indirekt als Standard etabliert und afrikanische „Abweichungen" werden betont. Auf diese Weise wirken die „fremden" gesellschaftlichen und räumlichen Charakteristika dichotomisierend und andersartig (*other*), da das implizite, sozialisationsbedingte Normen- und Wertesystem und die eigene Lebenswelt der deutschen Lernenden als Referenz unbewusst zur Norm gemacht werden. Bewusst problematisiert und kritisch beleuchtet wird dieser Aspekt in den Unterrichtsgesprächen oder Materialien allerdings nicht.

Der Heimatraum (Deutschland bzw. der „Globale Norden") wird sprachlich und grafisch als technologisch fortschrittlich, aktiv, handelnd, wirtschaftlich mächtig, modern und entscheidungsfähig von seinem afrikanischen Pendant (wenig technologisiert, rückständig, reaktiv/passiv, ökonomisch schwach, traditionell) differenziert. Ein hierarchisches Machtgefälle zu Gunsten des Heimatraums entsteht durch die eher positiven Attribuierungen der Wirtschaft, Politik, Gesellschaft und Intellekt des „Eigenen" im kontrastierenden Spiegelbild „Subsahara-Afrikas".

Beispiele für *Othering* besonders im kontrastierenden Spiegelbild durch die binären Codes „wir vs. ihr", „hier vs. dort" und weitere semantische Gegensatzpaare werden im Sample vielfach aufgespürt: z. B. die Thematisierung des Tourismuseinflusses auf Zielgebiete wie Kenia, die Betrachtung von traditionellen, ethnisch geprägten Lebensweisen, die Beeinflussung afrikanischer Regionen durch den subventionierten Produktexport aus Europa, die Verwendung des Liedtextes „Do They Know It's Christmas?", der Einsatz des Terminus „Stamm" sowie die Verwendung der Hautfarbe als Trennungsmerkmal.[39]

(Räumliche) Verallgemeinerung bzw. territoriale Fallen (des Denkens)

(Räumliche) Verallgemeinerungen durch notwendige fachdidaktische Reduktionen sind ein üblicher Aspekt jeden Unterrichts, schließlich muss dieser an die jeweilige Lernkohorte, Bildungsinhalte, Kompetenzen und Lernziele angepasst werden. Erörterungen von geografischen Sachverhalten in aller Tiefe und Detailgenauigkeit sind schlichtweg nicht möglich oder sinnvoll. Das bedeutet nicht, dass die geografische Fachlogik hinsichtlich der Darstellung von raumbezogenen Fragmentierungen und immanenter gesellschaftlicher, kultureller, natürlicher, prozessualer und struktureller Heterogenität geopfert wird. Die Reflexion von fachdidaktischen Reduktionen und Generalisierungen gilt es nichtsdestotrotz zu berücksichtigen.

Wann im Geografieunterricht räumlich zu sehr verallgemeinert wird, lässt sich methodisch nicht eindeutig bestimmen. Problematisch ist jedenfalls, wenn an Gelenkstellen Geografieunterricht besonders verallgemeinernd und homogenisierend wirkt, wie bei der sprachlich engen Verkopplung eines geografischen Sachverhalts mit einem spezifischen Raum. Oftmals wird der Raum als dominante Erklärungsgrundlage für das thematisierte Phänomen etabliert, das wiederum den Raum entscheidend prägt. Ein raumbezogener Sachverhalt wird manchmal im Unterricht als den gesamten Kontinent tangierend dargestellt, obwohl es sich wie beim Beispiel der Desertifikation in Afrika um spezifische Räume (z. B. die Sahelzone) handelt. Relevant ist dabei die kritische Reflexion der Beobachtungsperspektiven und Maßstabsebenen, die schließlich innerhalb der jeweiligen Unterrichtseinheit kontextabhängig variieren können. Sogenannte territoriale Fallen (des Denkens) können räumliche Verallgemeinerungen bewirken, wenn z. B. Wissen und Vorstellungen von Raumcharakteristika von der einen auf die andere Region transferiert werden, ohne diese zu reflektieren und zu diskutieren. Die Betonung bestimmter Sachverhalte bei simultaner Ausblendung anderer sowie der Fokus auf Spezifika ohne anschließenden räumli-

---

39 Ausführlicher: Schwarze, *Subsahara-Afrika im Geographieunterricht*, 286–296.

chen Transfer (bspw. global identifizierbarer Prozesse und Phänomene) haben homogenisierende Wirkung. Gemeint ist damit hier, dass den Lernenden suggeriert werden könnte, dass ein (problematischer) Sachverhalt oder eine konstatierte Herausforderung afrikatypisch und -spezifisch sei.

Fazit

Mit Blick auf die zweite Untersuchungsphase des Dissertationsprojekts drückten die Lehrkräfte in den Interviews vielfach die bewusste Intention aus, dem fortwährend einseitigen, negativ konnotierten Raumbild „Subsahara-Afrikas" entgegenzutreten und dieses vermeiden zu wollen.[40] Der Wunsch steht allerdings im Widerspruch zu den Analyseergebnissen. Die Ergebnisse suggerieren, dass tradierte Vorstellungen implizit persistent erhalten bleiben und ursächlich für die Diskrepanz zwischen Bewusstheit und Performanz der Lehrenden sind. Denkmuster der Kolonialität sind letztlich Bestandteile tief verankerter, gesellschaftlicher Diskurse, die nicht für alle Menschen unmittelbar erkenntlich sind und daher häufig implizit reproduziert werden, ohne dass dies notwendigerweise bewusst geschieht. Besonders wenn sie nicht erkannt werden und dementsprechend schwer dekonstruierbar sind, fungieren sie als Vorstellungsfallen und setzen sich verdeckt in Unterrichtsprozessen und Materialien fest.

Abgeleitet aus den Interpretations- und Diskussionsansätzen[41] zu den Forschungsergebnissen der Denkmuster der Kolonialität werden folgende Leitlinien/Empfehlungen für die Lehrkräfteprofessionalisierung (im Fach Geografie) vorgeschlagen. Die vorgeschlagenen Maßnahmen bedürfen jedoch empirischer Begleitung und Evaluation, um ihre Wirksamkeit zu prüfen.

1. Postkoloniale Theorie(n), relationale Raumkonzepte (Raum als Konstrukt und Wahrnehmungsraum) und kultursensibles Lernen sollten explizit in die drei Phasen der Lehrkräftebildung im Fach Geografie integriert und sowohl erkenntnistheoretisch als auch unterrichtspraktisch berücksichtigt werden. Sie bieten den theoretischen Hintergrund, das konstruktivistische Verständnis von Raum und Kultur metakognitiv zu stärken und Möglichkeiten zur Einbringung in den Unterricht aufzuzeigen. Der fachspezifische Blick kann zugunsten der Involvierung anderer Sachfächer erweitert werden. Die genannten didaktischen Konzepte bilden die Grundlage, mögliche Denkmuster der Kolonialität im Unterricht gezielter zu erkennen und bewusster zu dekonstruieren, um den machtgeladenen, negativ konnotierten Gesellschaftsvorstellungen bezüglich „Subsahara-Afrikas" und des „Globalen Sü-

---

40 Ausführlicher: ebd., 343–349.
41 Ausführlicher: ebd., 373–396.

dens" kritisch zu begegnen. Die bewusste Betrachtung und Diskussion von Unterrichtsmaterialien und -situationen hinsichtlich möglicher kolonial geprägter, nicht direkt sichtbarer Vorstellungen (z. B. anhand von Beschreibungen der Menschen und Stimmen, Diskussionen um Entwicklung, binären Codes innerhalb des *Othering* u. v. m.) sollte geschult werden.[42] Mit Blick auf das erweiterte Raumkonzept sollten ferner die eingenommenen Betrachtungsmaßstabsebenen und ihre Wirkung bewusster im Unterricht (und in der Unterrichtsvorbereitung) thematisiert werden. So sollen Lernende eine kritisch-reflektierte Haltung entwickeln und lernen, bewusst auf die Maßstabsebene zu achten. Geografische Phänomene sollten explizit als regionalspezifisch oder global auftretend beleuchtet werden. Durch den gezielten und gesteuerten Einsatz von Raumtransfers im Unterricht werden die am Raumbeispiel Afrika erarbeiteten Sachverhalte auch in anderen Regionen der Welt sichtbar gemacht. Somit wird dem exemplarischen Lernen bewusster Rechnung getragen. Darüber hinaus sollten regionalspezifische Unterschiede, die nicht charakteristisch für den gesamten Kontinent sind, deutlicher erkennbar werden. Vor diesem Hintergrund kann die raumbezogene Metareflexion in Bezug auf Maßstabsebenen im Allgemeinen gestärkt werden.

2. In der Geografiedidaktik wird seit einigen Jahren verstärkt die Lösungsorientierung[43] diskutiert. Einst im Kontext des Unterrichtsprinzips der Problemorientierung gedacht, sollte sich der Fokus noch stärker von der Problematisierung hin zur Lösung sowohl in der Konzeption und Reflexion im Unterrichtsgeschehen als auch in den verwendeten Lehr-/Lernmaterialien verschieben. Im Fall des negativen Bildes „Subsahara-Afrikas" ist dieses Konzept besonders vielversprechend, da zu oft bei Status-Quo-Analysen nur das Problem im Fokus steht.

3. Kein neuer, aber ein noch zu wenig sichtbarer Ansatz ist die Integration von afrikanischen Menschen und ihren authentischen Stimmen. Dadurch können auch endogene afrikanische Handlungsstrategien und Lösungsoptionen im Umgang mit konstatierten Herausforderungslagen berücksichtigt werden, um die Opferrolle zu entkräften. Der Einsatz von emotionalen Darstellungen hingegen ist mit großer Sensibilität zu handhaben, um bestehenden Vorurteilen keine Nahrung zu geben.

---

42 Vgl. hierzu Philippe Kersting und Birte Schröder, „Postkoloniale Perspektiven in der Geographiedidaktik", in: Sybille Bauriedl und Inken Carstensen-Egwuom (Hg.), *Geographien der Kolonialität. Geschichten globaler Ungleichheitsverhältnisse der Gegenwart*, Bielefeld: transcript, 2023, 191–211.

43 Thomas Hoffmann, „Teaching the Sustainable Development Goals – Geschichten des Wandels", in: *Zeitschrift für internationale Bildungsforschung und Entwicklungspädagogik* 41, 2 (2018), 27–34.

Literaturverzeichnis

Awet, Kessete. *Die Darstellung Subsahara-Afrikas im deutschen Schulbuch*, Opladen, Berlin, Toronto: Budrich UniPress, 2018.

Berndt, Christian und Robert Pütz. „Kulturelle Geographien nach dem Cultural Turn", in: *Kulturelle Geographien. Zur Beschäftigung mit Raum und Ort nach dem Cultural Turn*, Christian Berndt und Robert Pütz (Hg.), Bielefeld: transcript, 2007, 7–25.

Crang, Mike und Nigel Thrift. *Thinking Space*, London: Routledge, 2000.

Engel, Joachim. *Afrika im Schulbuch unserer Zeit. Eine vergleichende Untersuchung deutscher und ausländischer Erdkundebücher unter erziehungswissenschaftlichen und unter fachlichen, vorwiegend wirtschaftlich-sozialgeographischen Aspekten*, Hamburg: FundamentVerlag Sasse, 1972.

Freytag, Tim, Hans Gebhardt, Ulrike Gerhard und Doris Wastl-Walter. „Humangeographie heute. Eine Einführung", in: *Humangeographie kompakt*, Tim Freytag u. a. (Hg.), Berlin: Springer, 2016, 1–12.

Flick, Uwe. *Qualitative Forschung. Theorie, Methoden, Anwendung in Psychologie und Sozialwissenschaften*, Reinbek bei Hamburg: Rowohlt, 1996.

Glasze, Georg und Annika Mattissek. „Diskursforschung in der Humangeographie. Konzeptionelle Grundlagen und empirische Operationalisierungen", in: *Handbuch Diskurs und Raum. Theorien und Methoden für die Humangeographie sowie die sozial- und kulturwissenschaftliche Raumforschung*, Georg Glasze u. a. (Hg.), Bielefeld: transcript, 2009, 11–59.

Gregory, Derek. *Geographical Imaginations*, Cambridge, Oxford: Blackwell, 1994.

Ders. „Between the Book and The Lamp. Imaginative Geographies of Egypt, 1849–50", in: *Transaction of the Institute of British Geographers (NS)* 20 (1995), 29–57.

Guggeis, Karin. *Der Mohr hat seine Schuldigkeit noch nicht getan. Afrikanische Bevölkerungsgruppen in aktuellen deutschen Erdkundeschulbüchern*, Saarbrücken: breitenbach Publishers, 1992.

Hard, Gerhard. „Der Raum. Einmal systematisch gesehen", in: *Geographica Helvetica* 41, 2 (1986), 77–83.

Helfferich, Cornelia. *Die Qualität qualitativer Daten. Manual für die Durchführung qualitativer Interviews*, Wiesbaden: VS Verlag für Sozialwissenschaften, 2011.

Hillers, Elfriede. *Afrika in europäischer Sicht. Die Behandlung außereuropäischer Völker und Kulturen am Beispiel Afrikas in ausgewählten europäischen Erdkundelehrbüchern; Belgien, Bundesrepublik Deutschland, England/Wales, Frankreich, Niederlande*, Braunschweig: Georg-Eckert-Institut für Internationale Schulbuchforschung, 1984.

Hoffmann, Thomas. „Teaching the Sustainable Development Goals – Geschichten des Wandels", in: *Zeitschrift für internationale Bildungsforschung und Entwicklungspädagogik* 41, 2 (2018), 27–34.

Kersting, Philippe. „AfrikaSpiegelBilder und Wahrnehmungsfilter. Was erzählen europäische Bilder über Europa?", in: *AfrikaSpiegelBilder. Reflexionen europäischer Afrikabilder in Wissenschaft, Schule und Alltag*, Philippe Kersting u. a. (Hg.), Mainz: Mainzer Kontaktstudium Geographie, 2011, 3–10.

Kersting, Philippe und Birte Schröder. „Postkoloniale Perspektiven in der Geographiedidaktik", in: *Geographien der Kolonialität. Geschichten globaler Ungleichheitsverhält-*

nisse der Gegenwart, Sybille Bauriedl und Inken Carstensen-Egwuom (Hg.), Bielefeld: transcript, 2023, 191–211.

Kuckartz, Udo. *Qualitative Inhaltsanalyse. Methoden, Praxis, Computerunterstützung*, Weinheim, Basel: Beltz Juventa, 2016.

Lamnek, Siegfried und Claudia Krell. *Qualitative Sozialforschung. Lehrbuch.* Weinheim: Beltz, 2010.

Linneborn, Sophia. *Die Bewertung Afrikas südlich der Sahara durch Geographielehrkräfte*, Münster: Münstersche Arbeiten zur Geographiedidaktik, 2017.

Lossau, Julia. „Anderes Denken in der Politischen Geographie. Der Ansatz der Critical Geopolitics", in: *Politische Geographie. Handlungsorientierte Ansätze und Critical Geopolitics*, Paul Reuber und Günter Wolkersdorfer (Hg.), Heidelberg: Selbstverlag des Geographischen Instituts der Universität, 2001, 57–75.

Dies. „Kultur und Identität", in: *Schlüsselbegriffe der Kultur- und Sozialgeographie*, Julia Lossau u. a. (Hg.), Stuttgart: Verlag Eugen Ulmer, 2014, 25–37.

Marmer, Elina, Papa Sow und Aram Ziai. „Der ‚versteckte' Rassismus – Afrika im Schulbuch", in: *Wie Rassismus aus Schulbüchern spricht. Kritische Auseinandersetzung mit „Afrika"-Bildern und Schwarz-Weiß-Konstruktionen in der Schule. Ursachen, Auswirkungen und Handlungsansätze für die pädagogische Praxis*, Elina Marmer u. a. (Hg.), Weinheim, Basel: Beltz Juventa, 2015, 110–129.

Mayring, Philipp. „Qualitative Inhaltsanalyse", in: *Qualitative Forschung. Ein Handbuch*, Uwe Flick u. a. (Hg.), Reinbek bei Hamburg: Rowohlt, 2012, 468–474.

Merkens, Hans. „Auswahlverfahren, Sampling, Fallkonstruktion", in: *Qualitative Forschung, Ein Handbuch*, Uwe Flick u. a. (Hg.), Reinbek bei Hamburg: Rowohlt, 2012, 286–298.

Miggelbrink, Judith. „Kommunikation über Regionen. Überlegungen zum Konzept der Raumsemantik in der Humangeographie", in: *Bericht zur deutschen Landeskunde* 76, 4 (2002), 273–306.

Ministerium für Schule und Bildung des Landes Nordrhein-Westfalen. „Verordnung über die Ausbildung und die Abschlussprüfungen in der Sekundarstufe I (APO-S I)", https://bass.schul-welt.de/12691.htm, zuletzt geprüft am 19. Januar 2024.

Dass. „Verordnung über den Bildungsgang und die Abiturprüfung in der gymnasialen Oberstufe (APO-GOSt)", https://bass.schul-welt.de/9607.htm, zuletzt geprüft am 19. Januar 2024.

Poenicke, Anke. *Die Darstellung Afrikas in europäischen Schulbüchern für Französisch am Beispiel Englands, Frankreichs und Deutschlands,* Frankfurt am Main, Berlin: Peter Lang, 1995.

Dies. „Afrika in deutschen Medien und Schulbüchern", *Zukunfsforum Politik* 29 (2001), https://www.kas.de/c/document_library/get_file?uuid=fd90c25b-a138-f281-5137-6a06 d923432a&groupId=252038, zuletzt geprüft am 19. Januar 2024.

Reichart-Burikukiye, Christiane. „Wo liegt Afrika? Das Afrikabild an Berliner Schulen", in: *Ethnographische Momentaufnahmen*, Gesellschaft für Ethnographie (GFN) und Institut für Europäische Ethnologie der Humboldt Universität zu Berlin (Hg.), Berlin: Berliner Blätter, 2001, 72–97.

Reuber, Paul. *Politische Geographie*, Paderborn: Schöningh, 2012.

Ders. „Territorien und Grenzen", in: *Schlüsselbegriffe der Kultur- und Sozialgeographie*, Julia Lossau u. a. (Hg.), Stuttgart: Verlag Eugen Ulmer, 2014, 182–195.

Rinschede, Gisbert. *Geographiedidaktik*, Paderborn: Schöningh, 2007.

Sarpong, Larissa und Gabriele Schrüfer. „Zur Dekonstruktion ‚Afrikas' im Geographie-unterricht aus post(-)kolonialen Perspektiven", in: *Afrika – ein Kontinent in Bewegung,* Malte Steinbrink, Matthias Gebauer und Dieter Anhuf (Hg.), Passau: Selbstverlag Fach Geographie der Universität Passau, 2021, 7–16.

Schmidt-Wulffen, Wolf. „‚Wie ich Afrika sehe.' Zerrbilder und Korrekturversuche", in: *Praxis Geographie 3* (1999), 9–12.

Schmitt, Eckart. „Afrika in den Geographie- und Geschichtsbüchern der Bundesrepublik Deutschland", in: *Internationales Jahrbuch für Geschichtsunterricht 1963/64,* 9, 1 (1963), 30–168.

Schrüfer, Gabriele, Gabriele Obermaier und Sonja Schwarze. „Raumwahrnehmung aus unterschiedlichen Perspektiven am Beispiel Tansania. Empirische Untersuchungen und Konsequenzen für den Geographieunterricht", in: *GW-Unterricht 142* (2016), 42–52.

Schwarze, Sonja. *Die Konstruktion des subsaharischen Afrikas im Geographieunterricht der Sekundarstufe I,* Münster: Wissenschaftliche Schriften der WWU Münster, 2020.

Sharp, Joanne P. *Geographies of Postcolonialism. Spaces of Power and Representation,* Los Angeles: Sage Publications, 2009.

Steinke, Ines. „Gütekriterien qualitativer Forschung", in: *Qualitative Forschung. Ein Handbuch,* Uwe Flick u. a. (Hg.), Reinbek bei Hamburg: Rowohlt, 2012, 319–331.

Thiong'o, Ngugi wa. *Dekolonisierung des Denkens. Essays über afrikanische Sprachen in der Literatur,* Münster: Unrast Verlag, 2017.

Tröger, Sabine. *Das Afrikabild bei deutschen Schülerinnen und Schülern,* Saarbrücken: breitenbach Publishers, 1993.

Wardenga, Ute. „Alte und neue Raumkonzepte für den Geographieunterricht", in: *Geographie heute* 200 (2002), 8–11.

Weichhart, Peter. „Die Räume zwischen den Welten und die Welt der Räume. Zur Konzeption eines Schlüsselbegriffs der Geographie", in: *Handlungszentrierte Sozialgeographie. Benno Werlens Entwurf in kritischer Diskussion,* Peter Meusburger (Hg.), Stuttgart: Steiner, 1999, 67–94.

Witzel, Andreas. *Verfahren der qualitativen Sozialforschung. Überblick und Alternativen,* Frankfurt am Main: Campus, 1982.

Zimmermann, Lukas. *Räumliche Repräsentationen Subsahara-Afrikas in Geographie-Schulbüchern. Eine Diskursanalyse aktueller Lehrwerke,* Münster: Münstersche Arbeiten zur Geographiedidaktik, Bd. 14, 2017.

Perspektivenvielfalt? Gesellschaftliche Diskurse und
Bildungsmedien

Indah Wahyu Puji Utami

Pedagogical Implications of Recent Debates about Violence in the Indonesian War of Independence

Introduction[1]

The Indonesian War of Independence, also known as the Indonesian National Revolution, was a defining moment in the country's history. Immediately following the end of the Second World War and the Japanese surrender to Allied forces, nationalists declared Indonesian independence on 17 August 1945. This proclamation marked the beginning of Indonesia's transition from a colony to an independent nation-state and resulted in wars against the Japanese, the Allied forces and the Dutch between 1945 and 1949. This is frequently depicted in national historiography as a sacred period during which the Indonesian people united to defend their independence at any cost.[2] The notions of heroism, struggle and sacrifice for the freedom and sovereignty of the newly founded nation-state were promoted through national narratives in history textbooks and films, on monuments, and at commemorations. As Leksana argues, these heroic narratives have made Indonesian people reluctant to see the War of Independence as a period of violence and tend to ignore the complexity of this event.[3]

A number of scholars have discussed the violence perpetrated by Indonesians during the early phase of the war that was directed towards local leaders, aristocrats, plantation owners, or those who had worked for former colonial powers.[4]

---

1 I am indebted to my PhD supervisors Dr Simon Creak and Dr Suhaimi Afandi for their guidance and support. This chapter was written as part of my PhD research project at the National Institute of Education, Nanyang Technological University, Singapore.
2 Abdul Wahid, "The Untold Story of the Surabaya Battle of 1945", in: *The Jakarta Post,* 12 November 2013, 6.
3 Grace Leksana, "Melihat Periode Revolusi Indonesia dari Sis yang lain", in: *Lembaran Sejarah* 18, 1 (2022), 118–123.
4 These scholars mostly discussed the violence that took place during the social revolutions in the early phase of the Indonesian War of Independence. These revolutions aimed to overthrow local rulers, aristocrats, and plantation owners (mostly Europeans) across Indonesia. On violence during the social revolution in East Sumatra see H. Mohammed Said, Benedict Anderson and Toenggoel Siagian, "What was the 'Social Revolution of 1946' in East Sumatra?", in:

These sporadic but widespread occurrences of mass violence are referred to as social revolutions in Indonesian historiography, or as *Bersiap* in Dutch historiography. However, the state-sponsored, official historiography in Indonesia tended to omit this difficult past and overshadowed other works. For decades following the end of the war, the Dutch and Indonesian governments chose to focus on re-establishing political and economic relations rather than addressing the needs and rights of the victims of each other's aggression.[5] This was partly due to the settlement made between Indonesia and the Netherlands during the negotiations which led to the transfer of power in 1949, in which they agreed on an amnesty for crimes committed by both parties during the war.[6]

Any discussion of violence enacted during the war remained limited and rarely entered public discourse in Indonesia. However, this situation changed dramatically in 2011 when the Civil Courts in the Hague "held the Dutch state responsible for a mass execution perpetrated by the Dutch military in 1947 in the village of Rawagede".[7] The Dutch ambassador to Indonesia offered an official apology to the victims and their families on 9 December 2011. This case paved the way for new discussions regarding the violence that occurred during the War of Independence. More cases of violence perpetrated by Dutch soldiers during the war were brought to the Civil Courts in the Netherlands, and the Dutch government was ordered to pay compensation to the victims and their families.

The Rawagede case, as well as other lawsuits, drew media attention in the Netherlands. The publication of Remy Limpach's PhD thesis in 2016, which concluded that the extreme violence committed by Dutch soldiers was institutional, and Gert Oostindie's study of egodocuments written by veterans drew more public attention and pushed the Dutch government to agree to fund a large-scale research project on *Independence, Decolonisation, Violence and War in*

Indonesia 15, 1 (1973), 144–186. On violence during the social revolutions in Central Java see Anton E. Lucas, *One Soul, One Struggle*, Sydney: Allen and Unwin, 1991. On violence and social revolution in Jakarta and its surrounding area, see Robert Cribb, *Gangsters and Revolutionaries: The Jakarta People's Militia and the Indonesian Revolution, 1945-1949*, Jakarta, Kuala Lumpur: Equinox Publishing, 2008. On violence, crime and social revolution in Surakarta, see Julianto Ibrahim, *Bandit dan Pejuang di Simpang Bengawan: Kriminalitas dan Kekerasan Masa Revolusi di Surakarta*, Solo: Bina Citra Pustaka, 2004.

5 Nicole Immler and Stef Scagliola, "Seeking Justice for the Mass Execution in Rawagede/ Probing the Concept of 'Entangled History' in a Postcolonial Setting", in: *Rethinking History* 24, 1 (2020), 1–28.

6 Chris Lorenz, "Can a Criminal Event in the Past Disappear in a Garbage Bin in the Present? Dutch Colonial Memory and Human Rights: The Case of Rawagede", in Marek Tamm (ed.), *Afterlife of Events: Perspectives on Mnemohistory*, London: Palgrave Macmillan, 2015, 219–241.

7 Immler and Scagliola, "Seeking Justice", 2.

Indonesia 1945–1950.[8] The project was conducted by three research institutes: the Institute of War, Holocaust and Genocide Studies (NIOD), the Netherlands Institute for Military History (NIMH) and the Royal Netherlands Institute for Southeast Asia and Caribbean Studies (KITLV).

KITLV collaborated on the theme of regional studies with Indonesian researchers coordinated by Gadjah Mada University (UGM). The names of the Indonesian researchers, unlike their Dutch counterparts, are not displayed on the project's website (https://www.ind45-50.org/en), and this anonymity has concerned critics. Another criticism has been that the majority of the researchers are European, and some do not speak or read Bahasa Indonesia.[9] Critics have also expressed concern about the investigation of the violence perpetrated by Indonesians during the war, which is known as *Bersiap* in the Dutch community.[10] *Bersiap* mainly refers to mass violence perpetrated by Indonesians in the early phase of the war that targeted the Dutch (and Eurasian) civilians and their assumed collaborators. Critics feared that focussing on *Bersiap* may divert attention from the Dutch violence against Indonesian civilians during the same period whilst simultaneously preventing the underlying issues of colonialism and violence from being adequately addressed. Other critics have argued that the Dutch government would use the research as academic legitimation to conceal or defend itself from the violence perpetrated by its soldiers.[11] As a result, there were fears that this project would fail to decolonise history and would instead simply reproduce another Dutch version of it.[12]

The conclusion of the research was announced in the Netherlands on 17 February 2022. The team concluded that the use of extreme violence by the Dutch armed forces was widespread, frequently deliberate and often condoned at all levels: political, military and legal. Furthermore, the team discovered that all armed parties in the conflict, both Indonesian and Dutch, used various forms of

---

8   Rémy Limpach, *De Brandende Kampongs van Generaal Spoor*, Amsterdam: Boom, 2016; Gert Oostindie, *Soldaat in Indonesië, 1945–1950: Getuigenissen Van Een Oorlog Aan De Verkeerde Kant van de Geschiedenis,* Amsterdam: Prometheus/Bert Bakker, 2015.

9   Jeffry Pondaag and Francisca Pattipilohy, "Keberatan terhadap penelitian Belanda tentang 'Dekolonisasi, kekerasan, dan perang Indonesia selama 1945–1950", *Histori Bersama,* https://historibersama.com/pertanyaan-terhadap-penelitian-belanda-surat-terbuka/?lang=id, last accessed 26 July 2020.

10 Fridus Steijlen, "Meeting PPI-Belanda, a Report", *Independence, Decolonization, Violence and War in Indonesia, 1945–1950,* 2018, https://www.ind45-50.org/en/meeting-ppi-belanda -report, last accessed 26 July 2020.

11 Sri Margana, "Konsekuensi dari Kesimpulan Tim Peneliti Belanda", *Historia,* 18 February 2022, https://historia.id/militer/articles/konsekuensi-dari-kesimpulan-tim-peneliti-belanda -vxg3J/page/1, last accessed 26 December 2022.

12 Aboeprijadi Santoso, "Will We See Decolonizing of Dutch Decolozation War?", in: *The Jakarta Post,* 27 September 2017, 6.

violence against civilians.[13] On the same day, the Dutch prime minister, Mark Rutte, offered an official apology for the Dutch soldiers' use of structural and extreme violence between 1945 and 1949. The Indonesian government made no official response to the findings of the research or Rutte's apology: This contrasted with the response to King Willem Alexander's apology in 2020 for the use of extreme violence by Dutch soldiers during the war, which had been formally accepted by President Joko Widodo, who stated the importance of focusing on future cooperation based on mutual respect while not forgetting history.

In contrast, Indonesian scholars provided diverse responses to the announcement of the research findings and the subsequent apology by the Dutch prime minister. Hasan Wirayuda, director of Prasetya Mulya University's Centre of National Study, questioned the research's focus on the violence during a short period of war while ignoring the long period of colonialism, and asked for Dutch reparations to Indonesia.[14] While acknowledging the significance of the research and the collaboration with Indonesian historians, Bondan Kanumoyoso, a historian from the University of Indonesia, claimed that Prime Minister Rutte's formal apology, which came only after a large-scale research project had concluded that the Dutch committed extreme violence, illustrated a sense of superiority, arguing that as a former coloniser, the Dutch government had been morally and ethically obligated to apologise without waiting for research to justify it.[15] Historians such as Bambang Purwanto and Hilmar Farid argued that, while the findings from the research project change Dutch historiography, they only add more facts to support the long-held historical understanding in Indonesia that the Dutch inflicted extreme violence upon Indonesians between 1945 and 1949.[16]

Almost at the same time as the announcement of the research findings, a controversial article written by Bonnie Triyana, an Indonesian historian and guest curator of the Revolution exhibition in the Rijksmuseum, was published in both Dutch and Indonesian media. Triyana contends in the article that the term *Bersiap*, commonly used by the Dutch community to describe anti-colonial vi-

---

13 "Results", *Independence, Decolonization, Violence and War in Indonesia, 1945–1950*, https://www.ind45-50.org/en/results, last accessed 2 January 2023.
14 Hasan Wirayuda, "Hubungan Indonesia dan Belanda 1945–1950", paper presented at a webinar Menilik Kembali Hubungan Indonesia-Belanda 1945–1950, 22 February 2022.
15 Bondan Kanumoyoso, "Tanggapan terhadap Diskusi Hubungan Indonesia dan Belanda", paper presented at a webinar Menilik Kembali Hubungan Indonesia-Belanda 1945–1950, 22 February 2022.
16 Bambang Purwanto, "Setelah Permohonan Maaf Belanda", in *Kompas*, 16 March 2022, 6. See also Hilmar Farid, "Dealing with the Legacies of a Violent Past", in: Gert Oostindie, Ben Schoenmaker and Fran van Vree (eds), *Beyond the Pale: Dutch Extreme Violence in the Indonesian War of Independence, 1945–1949*, Amsterdam: Amsterdam University Press, 2022, 473–485.

olence during the War of Independence, is racist because it implies that the only perpetrators were Indonesians, who were frequently portrayed as barbaric and uncivilised, while the Dutch and Indo (Eurasians) were portrayed as innocent victims. Furthermore, he proposes using the term "social revolution" to explain the violence in the early phase of the war, which was rooted in structural tensions dating back to Dutch colonial rule and Japanese occupation and which targeted not only the Dutch and Eurasians but also Chinese and some Indonesian groups.[17]

This article triggered debates in both Indonesia and the Netherlands. The Federation of Dutch-Indies People (FIN) reported Triyana to the police for his article, and, due to public pressure, the Rijksmuseum publicly distanced itself from his statements. Meanwhile, his article stimulated further discussion in Indonesia of the problematic histories that are barely acknowledged by the national historiography. Anhar Gonngong urged Triyana to maintain his position and suggested the Indonesian government withdraw the collections it had lent to the Rijksmuseum "as a 'firm' gesture in protest at Dutch egoism".[18] Ariel Heryanto, an Australian-based Indonesian scholar, argues that Triyana's article and the controversy surrounding it invite the younger generation in Indonesia to see past the black-and-white dichotomy of history as presented to them, as the historical reality is much more complex than what is written in the textbooks.[19]

The debates and discussions in Indonesia regarding the Dutch research project, the official apology by Prime Minister Rutte, and Triyana's controversial statement regarding *Bersiap* mainly involved scholars, historians, and journalists. There was an alarming lack of a significant published response from history teachers or experts on history education, given that the War of Independence is an important topic in the history curriculum in Indonesia. It has been taught in a black-and-white fashion since the 1950s with a strong focus on heroic narratives. Violence, especially that perpetrated by Indonesian militia and soldiers, has been largely omitted from the curriculum and textbooks.[20] As mentioned above, the War of Independence is complex; it involved extreme violence and caused trauma, and is therefore a difficult period of history to address. However, the

---

17 Bonnie Triyana, "Istilah 'Bersiap' yang Problematik", *Historia*, 12 January 2022, https://histo ria.id/politik/articles/istilah-bersiap-yang-problematik-vogKK, last accessed 20 March 2022.

18 Nur Janti, "Bersiap exposes Dutch, Indonesian Historical Divide", in: *The Jakarta Post*, 4 February 2022, 5.

19 Ariel Heryanto, "Kapan Siap Menghadapi 'Bersiap'? Mendalami Polemik Periode Kekerasan Pasca-proklamasi Indonesia", *The Conversation*, 28 January 2022, https://theconversation.c om/kapan-siap-menghadapi-bersiap-mendalami-polemik-periode-kekerasan-pasca-prokla masi-indonesia-175836, last accessed 26 December 2022.

20 Indah W.P. Utami, "Conflicts and Negotiations: The Representation of the National Revolution in Indonesian History Textbooks", paper presented at the 24th Cornell SEAP Graduate Student Conference "(De)Constructing South East Asia", 12 March 2022.

narrative of these events has been sanitised and simplified as part of a nationalistic education. Consequently, students in Indonesia are presented with a narrow and limited interpretation of the war.

This paper aims to address these problems by considering recent research developments and publications on the topic of violence perpetrated by both the Indonesian and the Dutch side during the War of Independence (1945–1949), it will also explore some changes that could be made to the history curriculum and textbooks in Indonesia. Informed by literature on teaching difficult histories, this paper proposes using multiperspectivity in the classroom to discuss violence committed by different parties during the war and to see the past from various perspectives.[21]

Towards Multiperspectivity in the Indonesian History Curriculum and in Textbooks

The depiction of the War of Independence in the Indonesian history curriculum and in textbooks can be summed up by the vernacular proverb *mikul dhuwur lan mendem jero*, which translates literally to mean "bear highly and hoard deeply". It signifies profound veneration to the ancestors and older generations by upholding the good things about them while deeply burying their wrongdoings and thus avoiding the exposure of old wounds. Some experts on history education in Indonesia, such as Panyarikan, Suhud and Widja, argue that narratives, including the narrative of the War of Independence, that could reflect badly on how the nation-state and its heroes are represented, should be avoided or omitted in order to ensure national unity and protect cultural transmission.[22]

The War of Independence has been part of the history curriculum in Indonesia since the 1950s. A close examination of nine history curricula from between 1950 and 2013 showed that the larger topic tends to be broken down into themes revolving around conflict, negotiations, nationalism and heroism.[23] Consequently, history textbooks, which followed those curricula, reproduced the

---

21 Terrie Epstein and Carla L. Peck (eds), *Teaching and Learning Difficult Histories in International Contexts,* New York: Routledge, 2018. See also Tsabit Azinar Ahmad, *Sejarah Kontroversial di Indonesia: Perspektif Pendidikan,* Jakarta: Yayasan Pustaka Obor Indonesia, 2016.

22 Ktut Sudiri Panyarikan, "Wawasan Pendidikan Sejarah Perjuangan Bangsa", paper presented at Musyawarah Kerja Sejarah VII, 17–19 December 1984; M. Kharis Suhud, "Sejarah sebagai Pewarisan Nilai 45", in Anhar Gonggong (ed.), *Seminar Sejarah Nasional V Subtema Pengajaran Sejarah,* Jakarta: Departemen Pendidikan dan Kebudayaan, 1990, 8–18; I Gde Widja, "Pembelajaran Sejarah yang Mencerdaskan: Suatu Alternatif Menghadapi Tantangan dan Tuntutan Jaman yang Berubah", in: *Jurnal Pendidikan Sejarah Indonesia* 1, 2 (2018), 117–134.

23 Utami, "Conflicts and Negotiations".

same topics and perpetuated a narrow, nationalistic and heroic – often militaristic – narrative of the event;[24] a black-and-white depiction of history. Textbooks
generally represent participants in a binary opposition in which the "us" is
represented positively, and negative aspects of "them" are emphasised.[25]

The Indonesian Ministry of Education (MOE) revised the curriculum in 2022.
The new curriculum advocates multiperspectivity in history instruction. Multiperspectivity in this instance refers to multiple views of or perspectives on particular historical events or characters being taken into account. The underlying
epistemological idea of multiperspectivity is that history is interpretative and
subjective, with multiple narratives coexisting about particular historical events
rather than there being a single "closed" narrative of the past.[26] In secondary
education, students should learn to evaluate, compare, and ensure the validity of
interpretations and diverse perspectives based on disciplinary criteria.[27] The
current history curriculum in Indonesia requires students to learn history from
various perspectives rather than focussing on a single version of history.

The new curriculum from 2022 is also characterised by its flexibility and
possibilities for adaptation. The MOE only provides general guidelines and expected learning outcomes in the (formal) curriculum document, and teachers are
free to adapt it based on their local contexts. Unlike the previous curriculum of
2013, in which the government provided a standard and detailed syllabus, the
MOE claims that the current curriculum allows teachers to develop their own
syllabus, meaning they have more freedom to develop learning objectives and to
select topics and key questions for their classroom practice.[28] The MOE provides
examples to inspire and assist teachers in developing their own syllabi. Teachers

24 Hieronymus Purwanta, "Militaristic Discourse in Secondary Education History Textbooks
   During and After Soeharto Era", in: *Journal of Educational Media, Memory, and Society* 9, 1
   (2017), 36–57.
25 Indah W. P. Utami, "Heroes, Friends, and Enemies: The Representation of Actors of the
   Indonesian National Revolution in History Textbooks", paper presented at the 9th Annual
   Conference of the Historical Dialogues, Justice & Memory Network – Beyond Nuremberg:
   The Global Search for Accountability, 9–12 June 2022.
26 Bjorn Wansik, Itzél Zuiker, Theo Wubbels, Maurits Kamman and Sanne Akkerman, "'If you
   had told me before that these students were Russians, I would not have believed it': An
   international project about the (New) Cold War", *Teaching History* 166 (2017), 30–34.
27 Peter C. Seixas and Tom Morton, *The Big Six: Historical Thinking Concepts,* Toronto: Nelson
   College Indigenous, 2013; Sam Wineburg, *Historical Thinking and Other Unnatural Acts:
   Charting the Future of Teaching the Past,* Philadelphia: Temple University Press, 2001.
28 Badan Standar, Kurikulum, dan Asesmen Pendidikan, *Panduan Pembelajaran dan Asesmen
   Pendidikan Anak Usia Dini, Pendidikan Dasar, dan Menengah,* Jakarta: Kementerian Pendidikan, Kebudayaan, Riset, dan Teknologi, 2022.

can access these examples through a platform called *Merdeka Mengajar* (Free to Teach).[29]

Despite those claims and guidelines, the examples for history teaching in *Merdeka Mengajar* do very little to advocate multiperspectivity. The selection of topics related to the War of Independence is very similar to those in the syllabus for the 2013 curriculum, with a strong focus on national narratives. With the exception of the Madiun Affair of 1948 (in which a communist group violently took power from a nationalist local government in a city in East Java), topics where violence was perpetrated by Indonesians are generally avoided.[30] However, issues related to violence inflicted by the Dutch, such as the Westerling massacre in South Sulawesi in 1946 and examples of military aggression in 1947 and 1948, are presented in the syllabi examples provided by the MOE, thus perpetuating a narrative emanating from a single and national point of view which is far from the ideal of multiperspectivity. These phenomena are concerning because, as Ayundasari contends, most teachers in Indonesia have long been used to centralistic and top-down education policies and therefore simply follow the examples provided by the MOE and rarely adapt or revise them to suit their local context.[31] Consequently, it is to be hoped the MOE will revise existing examples or provide new ones that advocate multiperspective discussions of difficult narratives from the War of Independence.

As part of its new curriculum implementation, the MOE appointed a team of historians and history educators, of which I am a part, to write new official history textbooks for high school students (age 16–18) and teachers.[32] Unlike the

---

29 This is an online platform run by the MOE that provides teachers with general guidelines for the curriculum, expected learning outcomes, learning resources and online training programmes. The platform can be accessed under this link: https://guru.kemdikbud.go.id/.

30 The topic of the Madiun Affair has been included in Indonesian history textbooks since the 1970s as it corresponded with the government's anti-communism propaganda under Soeharto's authoritarian regime (1968–1998). For further discussion on this topic see Rommel Curaming, *Power and Knowledge in Southeast Asia: State and Scholars in Indonesia and the Philippines*, London: Routledge, 2019.

31 Lutfiah Ayundasari, "Implementasi Pendekatan Multidimensional dalam Pembelajaran Sejarah Kurikulum Merdeka", in: *Sejarah dan Budaya: Jurnal Sejarah, Budaya, dan Pengajarannya* 16, 1 (2022), 225–234.

32 In Indonesia there are two types of textbook publishers: private publishers with a more commercial orientation, and state-owned publishers who publish official textbooks for the Ministry of Education. By law, the official textbooks must be used as the main reference work in schools, while textbooks from private publishers serve as supplementary materials. However, due to the vastness of the country there are frequently delays in the distribution of official textbooks and consequently textbooks from private publishers are often used as the main reference works for history teaching in schools. For further details of the complex landscape of textbook production, distribution, and consumption in Indonesia, see Indah Wahyu Puji Utami, "Discourses of the National Revolution in Indonesian History Textbooks, 1951–2017", Unpublished PhD thesis, Nanyang Technological University, 2023.

examples of the syllabus available on the *Merdeka Mengajar* platform, these new textbooks mention social revolutions and address the issues with the term *Bersiap*. These textbooks aim to supply information from a variety of historical sources that provide different perspectives, and to make the narrative of the War of Independence less militaristic when compared to previous official textbooks. The authors not only used historical sources from Indonesia but also from the Netherlands and the UK. These new textbooks also provide a number of activities that encourage students to view events from various perspectives. For example, one activity asks students to examine the death of Brigadier General Mallaby, a British Indian Army officer who died in the battle of Surabaya on 30 October 1945, from multiple perspectives by using both Indonesian and British historical sources.

Writing official history textbooks is not easy in the contemporary Indonesian context, in which MOE textbooks are prone to criticism from the public, including on social media. Ence Oos Anwas, an official from the MOE, advised official textbook authors, particularly those involved with writing history textbooks, to be very careful in their choice of topics, use of language, and perspectives in order to avoid any public controversies, especially on social media.[33] In the process of writing and evaluating new history textbooks, a number of revisions were made to the section on the War of Independence to ensure that the changes in the narrative of this significant episode in Indonesian history were not too radical and the textbook continued to foster nationalism, as advised by experts and teachers involved in the evaluation process.[34] This compromise demonstrates a process of "normative balancing" between transferring values and discussing different perspectives.[35] While still not ideal, it can be considered progress given the fact that none of the previous official history textbooks published by the MOE mentioned or discussed the violence perpetrated by Indonesians during the social revolutions.

---

33 Ence Oos M. Anwas, "Menulis Buku Teks Utama", paper presented at Pembekalan Penulis Buku Kurikulum Merdeka, 18–19 April 2022.

34 Even though I personally disagree with some remarks and suggestions made by reviewers, the team decided to follow some of them and argued successfully to keep some narratives of violence perpetrated by Indonesians during the social revolutions under an "enrichment" section next to the main narrative. For the new official history textbook, see Martina Safitry, Indah W. P. Utami and Aan Ratmanto, *Sejarah Kelas XII,* Jakarta: Kementerian Pendidikan, Kebudayaan, Riset, dan Teknologi, 2022.

35 Bjorn Wansink, Sanne Akkerman, Itzél Zuiker and Theo Wubbels, "Where Does Teaching Multiperspectivity in History Education Begin and End? An analysis of the Uses of Temporality", in: *Theory & Research in Social Education* 46 (2018), 495–527.

Bringing Multiperspectivity into Classroom Practice

As indicated above, there is tension in Indonesia between transferring values (e. g. unity, nationalism and heroism) and using a disciplinary or subject centred approach in teaching history. Since the beginning of Indonesian independence, there have been heated debates over the approach to history teaching. This tension primarily revolves around two contrasting perspectives: one advocates a pragmatic use of history to transmit values that support the post-independence nation-building project, while the other contends that history should be taught to a rigorous academic standard, as the burden of transmitting values could lead to potential biases and ultra-nationalism.[36] Over many years, the latter perspective has been less favoured, resulting in a highly nationalistic teaching of history at the expense of a disciplinary approach.

In light of the recent international influence on the concept of historical thinking – especially that put forward by Wineburg, Seixas and Morton – the MOE has tried since 2006 to introduce historical thinking to the curriculum. However, classroom practices are often far removed from expectations, especially with regard to perspective-taking and considering different vantage points when learning about the War of Independence.[37] This is not a phenomenon unique to Indonesia as research in other countries has shown that teachers often find it hard to address different perspectives when teaching difficult histories.[38]

Informed by empirical practices of multiperspectivity in history teaching worldwide, this paper offers several ideas that can be used in the Indonesian context to teach students about the violence that was perpetrated during the War of Independence. In order to be able to provide multiple perspectives on the topic of violence and other difficult narratives pertaining to the war, teachers require "classroom management expertise, content knowledge of existing perspectives, and pedagogical expertise".[39] Adequate classroom management is needed, particularly in facilitating discussions during history teaching. For example, teachers need to ensure that their classrooms are safe learning spaces, where they can foster open and healthy discussions about multiple perspectives while at the same time making sure that they can deal with students' uncertainty and questions.[40]

---

36 Soedjatmoko, *An Introduction to Indonesian Historiography*, Equinox, 2007.
37 Aditya N. Widiadi, "Analysing Documents and Interpreting Textbooks: Students' Historical Thinking Skills in Learning About the Battle of Surabaya", Unpublished PhD Thesis, University of Wellington, 2016.
38 Wansink et al., "Where Does Teaching Multiperspectivity in History Education Begin and End?".
39 Ibid., 500.
40 Bjorn Wansink, Sanne Akkerman, and Theo Wubbles, "Topic Variability and Criteria in Interpersonal History Teaching", in: *Journal of Curriculum Studies* 49, 5 (2017), 640–662.

Teachers also require the requisite pedagogical expertise to give them confidence in their classroom management. As shown in previous research, teachers with good pedagogical knowledge and skills, such as an understanding of different teaching methods and approaches, tend to be more confident and have better classroom management skills when teaching history.[41] In addition, teachers need to have knowledge of and access to sources offering different perspectives. A lack of expertise and access to historical sources can lead teachers to adhere to a single dominant perspective that provides them with a sense of certainty in their teaching.[42]

The advancement of digital media provides opportunities for teachers and students to engage with different perspectives of the violence that occurred during the War of Independence. Numerous studies on various aspects of the Indonesian revolution, including violence perpetrated by Indonesian armed groups, have been published by higher education institutions and local research institutes and are freely available online. The online publications *Historia.id* and *Tirto.id*, which focus on topics relating to violence in history, both during and after the War of Independence, are also valuable resources.[43] Many Dutch sources are also available online and can be used as teaching resources, for example the KITLV digital collections at Leiden University Library (https://digi talcollections.universiteitleiden.nl/imagecollection-kitlv), or newspaper collections at delpher.nl. Advancements in technology and readily available machine translations mean that language is no longer a barrier to reading historical sources from "the other side".[44]

No less important when teaching difficult histories from multiple perspectives is the ability of the teacher to provide a safe space where students feel comfortable engaging with different points of view and reconstructing their own understanding of the past through dialogue and historical inquiry.[45] Such an environment is necessary because the topic of violence during the War of Independence could evoke emotional and moral responses. For example, it may

41 Bjorn Wasink, Sanne Akkerman, and Theo Wubbles, "The Certainty Paradox of Student History Teachers: Balancing between Historical Facts and Interpretations", in: *Teaching and Teacher Education* 56 (2016), 96–105.

42 Jennifer H. James, "Teachers as Protectors: Making Sense of Preservice Teachers' Resistance to Interpretation in Elementary History Teaching", in: *Theory and Research in Social Education* 36, 3 (2008), 172–205.

43 Farid, "Dealing with Legacies".

44 Stef Scagliola, "How Google Translate Can Give A New Generation of Indonesian Historians Access to Stories from The Other Side", KITLV, 23 August 2021, https://www.kitlv.nl/blog-ho w-google-translate-can-give-a-new-generation-of-indonesian-historians-access-to-stories-f rom-the-other-side/, last accessed 27 December 2022.

45 Sirkka Ahonen, "Sustainable History Lessons for Post-Conflict Society" in Terrie Epstein and Carla L. Peck (eds), *Teaching and Learning Difficult Histories in International Contexts: A Critical Sociocultural Approach*, New York: Routledge, 2018, 17–29.

not be easy for students of Chinese descent in East Java to discuss the mass murder of hundreds of their ancestors by Indonesian armed groups in the early days of the revolution.[46] Hence, teachers must ensure that their students are ready for an open dialogue about difficult past events, and classroom management expertise is crucial to this process.[47]

Given that textbooks are still used as the main teaching resource in Indonesia, teachers should be aware of the perspectives put forward by those textbooks.[48] Consequently, teacher education and professional training needs to focus more on critical thinking. Furthermore, teachers should be encouraged to be more critical of Indonesian history textbooks, particularly the official ones, because they do not present a neutral telling of history. Teachers should also encourage students to question the narrative in textbooks, particularly in terms of perspective, by asking questions such as: Who are the authors of the textbook? Which point of view do they take? Do they offer a variety of viewpoints? Do you agree with the textbook's point of view? Do you know about any other perspectives that differ from those presented in the textbook?

Bringing multiperspectivity to teaching about the violent events of the War of Independence may be challenging for teachers. However, as scholars have argued, understanding history from different points of view is necessary in order for students to better understand the past.[49] Providing these different perspectives would allow students to learn the complexities of the War of Independence beyond the heroic and nationalistic narrative.

Conclusion

The Indonesian War of Independence was a critical episode in Indonesian history. Textbooks often romanticise this period as a time when all Indonesians united against the returning colonial power. It is often described as a form of *self-defence* against foreign attacks and as a logical act to safeguard Indonesian independence and sovereignty. In many cases, these narratives simplified the complexity of the war. Contemporary developments in the discussions of vio-

---

46 Arif Subekti and Grace Leksana, "Memorialization Without Memory: Remembering Anti-Chinese Violence During the Indonesian War of Revolution (1945–1949) in East Java", paper presented at the 9th Annual Conference of the Historical Dialogues, Justice & Memory Network – Beyond Nuremberg: The Global Search for Accountability, 9–12 June 2022.

47 Wansink et al., "Where Does Teaching Multiperspectivity in History Education Begin and End?"

48 Widiadi, "Analysing Documents and Interpreting Textbooks".

49 Wansink et al., "Where Does Teaching Multiperspectivity in History Education Begin and End?"

lence during this period invite Indonesian history educators to rethink this issue. The announcement of the results of the Dutch research project, followed by a second official Dutch apology and the controversy surrounding the term *Bersiap*, shed light on the issue of violence and the difficult history of a period that was commonly conveyed as sacrosanct in school history lessons.

Recent developments in the curriculum and textbook changes in Indonesia offer opportunities to explore the topic and bring multiperspectivity into practice. Violence during the War of Independence has started to be featured in textbooks, even though the practice of normative balancing is still in place. With the advancement of digital media, teachers and students are more likely to be aware of the problems of violence during the War of Independence, given that these issues have received significant coverage in the media. Hence, history teachers in Indonesia should use this momentum to move beyond the "closed narrative" and bring multiple perspectives to their teaching of the War of Independence.

Bibliography

Ahmad, Tsabit Azinar. *Sejarah Kontroversial di Indonesia: Perspektif Pendidikan*, Jakarta: Yayasan Pustaka Obor Indonesia, 2016.

Ahonen, Sirkka. "Sustainable History Lessons for Post-Conflict Society" in: *Teaching and Learning Difficult Histories in International Contexts: A Critical Sociocultural Approach*, Terrie Epstein and Carla L. Peck (eds), New York: Routledge, 2018, 17–29.

Anwas, Ence Oos M. "Menulis Buku Teks Utama", paper presented at Pembekalan Penulis Buku Kurikulum Merdeka, 18–19 April 2022.

Ayundasari, Lutfiah. "Implementasi Pendekatan Multidimensional dalam Pembelajaran Sejarah Kurikulum Merdeka", in: *Sejarah dan Budaya: Jurnal Sejarah, Budaya, dan Pengajarannya* 16, 1 (2022), 225–234.

Badan Standar, Kurikulum, dan Asesmen Pendidikan. *Panduan Pembelajaran dan Asesmen Pendidikan Anak Usia Dini, Pendidikan Dasar, dan Menengah*, Jakarta: Kementerian Pendidikan, Kebudayaan, Riset, dan Teknologi, 2022.

Cribb, Robert. *Gangsters and Revolutionaries: The Jakarta People's Militia and the Indonesian Revolution, 1945–1949*, Jakarta, Kuala Lumpur: Equinox Publishing, 2008.

Curaming, Rommel. *Power and Knowledge in Southeast Asia: State and Scholars in Indonesia and the Philippines*, London: Routledge, 2019.

Epstein Terrie and Carla L. Peck (eds). *Teaching and Learning Difficult Histories in International Contexts*, New York: Routledge, 2018.

Farid, Hilmar. "Dealing with the Legacies of a Violent Past", in: *Beyond the Pale: Dutch Extreme Violence in the Indonesian War of Independence, 1945–1949*, Gert Oostindie, Ben Schoenmaker and Fran van Vree (eds), Amsterdam: Amsterdam University Press, 2022, 473–485.

Heryanto, Ariel. "Kapan Siap Menghadapi 'Bersiap'? Mendalami Polemik Periode Keker-asan Pasca-proklamasi Indonesia", *The Conversation*, 28 January 2022, https://theconversation.com/kapan-siap-menghadapi-bersiap-mendalami-polemik-periode-kekerasan-pasca-proklamasi-indonesia-175836, last accessed 26 December 2022.

Ibrahim, Julianto. *Bandit dan Pejuang di Simpang Bengawan: Kriminalitas dan Kekerasan Masa Revolusi di Surakarta*, Solo: Bina Citra Pustaka, 2004.

Immler, Nicole and Stef Scagliola. "Seeking Justice for the Mass Execution in Rawagede/ Probing the Concept of 'Entangled History' in a Postcolonial Setting", in: *Rethinking History* 24, 1 (2020), 1–28.

"Results", *Independence, Decolonization, Violence and War in Indonesia, 1945–1950*, https://www.ind45-50.org/en/results, last accessed 2 January 2023.

James, Jennifer H. "Teachers as Protectors: Making Sense of Preservice Teachers' Resis-tance to Interpretation in Elementary History Teaching", in: *Theory and Research in Social Education* 36, 3 (2008), 172–205.

Janti, Nur. "Bersiap exposes Dutch, Indonesian Historical Divide", in: *The Jakarta Post*, 4 February 2022, 5.

Kanumoyoso, Bondan. "Tanggapan terhadap Diskusi Hubungan Indonesia dan Belanda", paper presented at a webinar Menilik Kembali Hubungan Indonesia-Belanda 1945–1950, 22 February 2022.

Leksana, Grace. "Melihat Periode Revolusi Indonesia dari Sis yang lain", in: Lembaran Sejarah 18, 1 (2022), 118–123.

Limpach, Rémy. De Brandende Kampongs van Generaal Spoor, Amsterdam: Boom, 2016.

Lorenz, Chris. "Can a Criminal Event in the Past Disappear in a Garbage Bin in the Present? Dutch Colonial Memory and Human Rights: The Case of Rawagede", in: *Afterlife of Events: Perspectives on Mnemohistory*, Marek Tamm (ed.), London: Palgrave Macmillan, 2015, 219–241.

Lucas, Anton E. *One Soul, One Struggle*, Sidney: Allen and Unwin, 1991.

Margana, Sri. "Konsekuensi dari Kesimpulan Tim Peneliti Belanda", *Historia*, 18 February 2022, https://historia.id/militer/articles/konsekuensi-dari-kesimpulan-tim-peneliti-belanda-vxg3J/page/1, last accessed 26 December 2022.

Oostindie, Gert. *Soldaat in Indonesië, 1945–1950: Getuigenissen Van Een Oorlog Aan De Verkeerde Kant van de Geschiedenis*, Amsterdam: Prometheus/Bert Bakker, 2015.

Panyarikan, Ktut Sudiri. "Wawasan Pendidikan Sejarah Perjuangan Bangsa", paper pre-sented at Musyawarah Kerja Sejarah VII, 17–19 December 1984.

Pondaag, Jeffry and Francisca Pattipilohy. "Keberatan terhadap penelitian Belanda tentang 'Dekolonisasi, kekerasan, dan perang Indonesia selama 1945–1950", *Histori Bersama*, https://historibersama.com/pertanyaan-terhadap-penelitian-belanda-surat-terbuka/?lang=id, last accessed 26 July 2020.

Purwanta, Hieronymus. "Militaristic Discourse in Secondary Education History Textbooks During and After Soeharto Era", in: *Journal of Educational Media, Memory, and Society* 9, 1 (2017), 36–57.

Purwanto, Bambang. "Setelah Permohonan Maaf Belanda", in *Kompas*, 16 March 2022, 6.

"Results", *Independence, Decolonization, Violence and War in Indonesia, 1945–1950*, https://www.ind45-50.org/en/results, last accessed 2 January 2023.

Safitry, Martina, Indah W. P. Utami and Aan Ratmanto. *Sejarah Kelas XII*, Jakarta: Ke-menterian Pendidikan, Kebudayaan, Riset, dan Teknologi, 2022.

Said, H. Mohammed, Benedict Anderson and Toenggoel Siagian. "What was the 'Social Revolution of 1946' in East Sumatra?", in: *Indonesia* 15, 1 (1973), 144–186.

Santoso, Aboeprijadi. "Will We See Decolonizing of Dutch Decolozation War?", in: *The Jakarta Post*, 27 September 2017, 6.

Scagliola, Stef. "How Google Translate Can Give A New Generation of Indonesian Historians Access to Stories from The Other Side", KITLV, 23 August 2021, https://www.kitl v.nl/blog-how-google-translate-can-give-a-new-generation-of-indonesian-historians-access-to-stories-from-the-other-side/, last accessed 27 December 2022.

Seixas, Peter C. and Tom Morton. *The Big Six: Historical Thinking Concepts*, Toronto: Nelson College Indigenous, 2013.

Soedjatmoko. *An Introduction to Indonesian Historiography*, Jakarta: Equinox, 2007.

Steijlen, Fridus. "Meeting PPI-Belanda, a Report", *Independence, Decolonization, Violence and War in Indonesia, 1945–1950*, 2018, https://www.ind45-50.org/en/meeting-ppi-bel anda-report, last accessed 26 July 2020.

Subekti, Arif and Grace Leksana. "Memorialisation Without Memory: Remembering Anti-Chinese Violence During the Indonesian War of Revolution (1945–1949) in East Java", paper presented at at the 9th Annual Conference of the Historical Dialogues, Justice & Memory Network – Beyond Nuremberg: The Global Search for Accountability, 9–12 June 2022.

Suhud, M. Kharis. "Sejarah sebagai Pewarisan Nilai 45", in: *Seminar Sejarah Nasional V Subtema Pengajaran Sejarah*, Anhar Gonggong (ed.), Jakarta: Departemen Pendidikan dan Kebudayaan, 1990, 8–18.

Triyana, Bonnie. "Istilah 'Bersiap' yang Problematik", *Historia*, 12 January 2022, https://histo ria.id/politik/articles/istilah-bersiap-yang-problematik-vogKK, last accessed 20 March 2022.

Utami, Indah W. P. "Conflicts and Negotiations: The Representation of the National Revolution in Indonesian History Textbooks", paper presented at the 24th Cornell SEAP Graduate Student Conference "(De)Constructing South East Asia", 12 March 2022.

Utami, Indah W. P. "Heroes, Friends, and Enemies: The Representation of Actors of the Indonesian National Revolution in History Textbooks", paper presented at the 9th Annual Conference of the Historical Dialogues, Justice & Memory Network – Beyond Nuremberg: The Global Search for Accountability, 9–12 June 2022.

Utami, Indah W. P. "Discourses of the National Revolution in Indonesian History Textbooks, 1951–2017", Unpublished PhD Thesis, Nanyang Technological University, 2023.

Wahid, Abdul. "The Untold Story of the Surabaya Battle of 1945", in: *The Jakarta Post*, 12 November 2013, 6.

Wansink, Bjorn, Sanne Akkerman, and Theo Wubbles, "The Certainty Paradox of Student History Teachers: Balancing between Historical Facts and Interpretations", in: *Teaching and Teacher Education* 56 (2016), 96–105.

Wansink, Bjorn, Sanne Akkerman, and Theo Wubbles, "Topic Variability and Criteria in Interpersonal History Teaching", in: *Journal of Curriculum Studies* 49, 5 (2017), 640–662.

Wansink, Bjorn, Itzél Zuiker, Theo Wubbels, Maurits Kamman and Sanne Akkerman. "'If you had told me before that these students were Russians, I would not have believed it': An international project about the (New) Cold War", *Teaching History* 166 (2017), 30–34.

Wansink, Bjorn, Sanne Akkerman, Itzél Zuiker and Theo Wubbels. "Where Does Teaching Multiperspectivity in History Education Begin and End? An analysis of the Uses of Temporality", in: *Theory & Research in Social Education* 46, (2018), 495–527.

Widiadi, Aditya N. "Analysing Documents and Interpreting Textbooks: Students' Historical Thinking Skills in Learning About the Battle of Surabaya", Unpublished PhD Thesis, University of Wellington, 2016.

Widja, I Gde. "Pembelajaran Sejarah yang Mencerdaskan: Suatu Alternatif Menghadapi Tantangan dan Tuntutan Jaman yang Berubah", in: *Jurnal Pendidikan Sejarah Indonesia* 1, 2 (2018), 117–134.

Wineburg, Sam. *Historical Thinking and Other Unnatural Acts: Charting the Future of Teaching the Past*, Philadelphia: Temple University Press, 2001.

Wirayuda, Hasan. "Hubungan Indonesia dan Belanda 1945–1950", paper presented at a webinar Menilik Kembali Hubungan Indonesia-Belanda 1945–1950, 22 February 2022.

Sabrina Schmitz-Zerres

Die Zukunft im Geschichtsbuch? (Multi-)Perspektivische Zukunftsszenarien sowie deren bildungspolitische Funktion in international vergleichender Betrachtung

Es erscheint beinahe trivial zu betonen, dass Geschichte immer mit einer spezifischen Entscheidung für eine Perspektive verbunden ist. Die Vergangenheit ist vergangen und für die Gegenwart nicht mehr zu erreichen, sodass Geschichte(n) konstruiert werden müssen. Perspektivität ist dabei insofern bei der Beschäftigung mit Geschichte von großer Bedeutung, als sie die Konstruktionsmechanismen bestimmt und auswählt, mit deren Hilfe aus Vergangenheit Geschichte wird. Jene Prozesse zu reflektieren, zu dekonstruieren und Geschichtsdarstellungen nicht als absolut geltend hinzunehmen, gehört zu den zentralen Aufgaben modernen Geschichtsunterrichts. Deren Bedeutung erkennt man auch daran, dass der Dekonstruktion in verschiedenen geschichtsdidaktischen Kompetenzmodellen ein eigener Kompetenzbereich zugeschrieben wird. Außerdem fordern Lehrpläne sie als Unterrichtsgegenstand explizit ein.

Als zentrale Bildungsmedien für den schulischen Geschichtsunterricht spielen Schulgeschichtsbücher eine wichtige Rolle. Sie gestalten die Narrationen über Geschichte nach heuristischen und wissenschaftspropädeutischen Prinzipien der Geschichtswissenschaft. Dabei beschränken sie sich allerdings nicht nur auf Darstellungen der Vergangenheit, sondern beschreiben auch eine Zukunft.[1] Der Beitrag untersucht in einem international vergleichenden Zugang zwei deutsche und zwei britische Lehrwerke sowie ein chilenisches Geschichtsbuch[2] und stellt die entworfenen Zukunftsszenarien in den Mittelpunkt, um herauszuarbeiten, welche Perspektiven auf die Zukunft entwickelt werden. Dazu werden zunächst die geschichtsdidaktischen und geschichtstheoretischen Grundlagen zur (Mul-

---

1 Sabrina Schmitz-Zerres, *Die Zukunft erzählen. Inhalte und Entstehungsprozesse von Zukunftsnarrationen in Geschichtsbüchern von 1950 bis 1995*, Göttingen: Vandenhoeck & Ruprecht, 2019.

2 Die Auswahl der Bücher erfolgte erstens durch forschungspragmatische Beschränkungen im Rahmen dieses Beitrags, zweitens durch das Kriterium der Verbreitung der Lehrwerke durch entsprechende Statistiken des Buchmarkts und drittens durch die Tatsache, dass in Chile für jedes Fach und jede Jahrgangsstufe lediglich ein Geschichtsbuch existiert, das den Lernenden von der Regierung kostenlos zur Verfügung gestellt wird.

ti-)Perspektivität dargestellt, bevor anschließend die theoretischen Ausführungen mit der Methode der Inhaltsanalyse zur Untersuchung der Darstellungstexte verbunden werden.

Geschichtsdidaktische und geschichtstheoretische Grundlagen zur (Multi-)Perspektivität

Dem Geschichtsdidaktiker Klaus Bergmann zufolge handelt es sich bei Multiperspektivität um eines der zentralen Prinzipien zur Darstellung von Geschichte.[3] Denn Multiperspektivität stehe dem positivistischen Anspruch an Geschichtsunterricht, zu erfahren, wie es eigentlich gewesen sei, diametral entgegen.[4] Sie verneint die Rekonstruktion historischer Wahrheiten und betont die heuristische Methode der Historikerinnen und Historiker, sich den vielfältigen Zeugnissen historischer Zeitgenossen fragend anzunähernd. Damit ist das Darstellungsprinzip fundamental für einen zeitgemäßen Geschichtsunterricht, der kompetenzorientiert und – im Sinne des konstruktivistischen Paradigmas – methodisch angemessen historische Denk- und Lernprozesse anstößt, wie Michele Barricelli betont hat.[5]

Bergmann hat jene Zeugnisse als „perspektivische Brechungen der Wirklichkeit"[6] beschrieben, die „nicht – was Schülerinnen und Schüler erst lernen müssen – die objektive Spiegelung einer vergangenen Wirklichkeit"[7] seien. Perspektivität kann dabei auf drei verschiedenen zeitlichen und heuristischen Ebenen unterschieden werden: Erstens in Form der perspektivischen Wahrnehmung der zeitgenössischen Akteurinnen und Akteure, die sich in den Quellen niederschlägt, zweitens die „Perspektivität in der Deutung historischer Sachverhalte durch Nachgeborene, die sich mit den Zeugnissen der Vergangenheit auseinandersetzen"[8] und drittens die Perspektiven derjenigen, die sich mit den

---

3 Vgl. Klaus Bergmann, *Multiperspektivität. Geschichte selber denken*, Schwalbach/Ts.: Wochenschau Verlag, 2016, 15–20.
4 Vgl. ebd. Die Impulse zur geschichtsdidaktischen Hinwendung zum Konstruktivismus wurden in den 1970er-Jahren im Kontext der Debatte um die Einführung der Hessischen Rahmenrichtlinien geführt. Historisiert man die Debatte, wurde ein singuläres Zeitverständnis als „die zentrale Kategorie des bürgerlichen Geschichtsbewusstseins" beschrieben. Hans Jörg Sandkühler, *Praxis und Geschichtsbewusstsein. Studie zur materialistischen Dialektik, Erkenntnistheorie und Hermeneutik*, Frankfurt am Main: Suhrkamp, 1973, 371.
5 Vgl. Michele Barricelli, „Darstellungskonzepte von Geschichte im Unterricht", in: ders. und Martin Lücke (Hg.), *Handbuch Praxis des Geschichtsunterrichts. Band 2*, Schwalbach/Ts.: Wochenschau Verlag, 2017, 202–223, 217f.
6 Bergmann, *Multiperspektivität*, 26.
7 Ebd.
8 Ebd., 29.

Quellen sowie deren Deutungen auseinandersetzen und darauf aufbauend Orientierung erfahren.

Aus geschichtsdidaktischer Perspektive umschreibt der Begriff der Perspektivität nicht nur den Prozess der Erarbeitung einer Fragestellung oder der Wahl eines Zugangs zur Vergangenheit, sondern auch die Perspektivität von Urteilen über die Vergangenheit, die zum Unterrichtsgegenstand werden können.[9] Im Zusammenhang der historisch-politischen Bildung in einer diversen und pluralen Gesellschaft ist es von zentraler Bedeutung, verschiedene Perspektiven auf Geschichte untersuchen, vergleichen und beurteilen zu können, mit dem Ziel, sich selbst zu positionieren. Perspektiven erkennen und nachvollziehen zu können bildet die Voraussetzung für „ideologiekritisches Denken".[10] Für den Geschichtsunterricht spielt die Ausdifferenzierung von Perspektivität insofern eine Rolle, als sie bei der Annäherung an die Vergangenheit durch die Quellen sowie deren Analyse in der jeweiligen Gegenwart der Lernenden reflektiert werden sollte.[11] Neben der Sachkompetenz ist das Prinzip der Multiperspektivität also auch in Bezug auf die Methodenkompetenz von Bedeutung, wenn nicht nur die „Standortgebundenheit" der Autorin oder des Autors, sondern auch der Interpretierenden Relevanz erfährt.

Für die Textgattung der „Quellen" leuchtet dieses heuristische Vorgehen unmittelbar ein – doch wie verhält es sich mit der Perspektivität in und von Darstellungstexten, denen Schülerinnen und Schüler eine hohe Glaubwürdigkeit zuschreiben?[12]

Methodische Überlegungen zur Perspektivität in Darstellungstexten

Hinsichtlich der Perspektivität von Darstellungstexten in Geschichtsbüchern hat die Schulbuchforschung die mediale Logik jener Textgattung herausgearbeitet: Autorentexte erfüllen eine spezifische Funktion innerhalb des Schulbuches, indem sie über Inhalte informieren und historische Lernprozesse strukturieren.[13]

---

9 Vgl. Christian Winklhöfer, *Urteilsbildung im Geschichtsunterricht*, Schwalbach/Ts.: Wochenschau Verlag, 2021, 15–18.

10 Bergmann, *Multiperspektivität*, 36.

11 Vgl. Michael Sauer et al., *Geschichte unterrichten. Eine Einführung in die Didaktik und Methodik*, Stuttgart: Klett, 2017, 81.

12 Ulrike Kipman und Christoph Kühberger, *Einsatz und Nutzung des Geschichtsschulbuches. Eine Large-Scale-Untersuchung bei Schülern und Lehrern*, Heidelberg: Springer, 2019, 128f.

13 Vgl. Johannes Jansen, *Wie Geschichtsschulbücher erzählen. Narratologische, transtextuelle und didaktische Perspektiven*, Köln u. a.: Böhlau Verlag, 2021, 125–162; Gerd Stein, „Politikwissenschaft und Schulbuchforschung (Anstelle einer Einführung)", in: ders. (Hg.), *Schulbuchkritik als Schulkritik. Hinweise und Beiträge aus politikwissenschaftlicher Sicht*, Saarbrücken: Universitäts- und Schulbuchverlag, 1976, 8f.

Ihre Perspektivität hat die Forschung mithilfe literaturwissenschaftlicher Methoden gewinnbringend untersucht, um inhärente Geschichtsdeutungen herauszuarbeiten.[14] Damit nehmen nicht nur Quellen Perspektiven ein, sondern auch Darstellungstexte spiegeln Perspektivität. Die Frage, wessen Perspektive deutlich wird, ist bei Darstellungstexten allerdings weitaus schwerer zu beantworten als bei Quellen, da deren Autoren und Autorinnen eindeutig(er) festzumachen sind. Die Forschung zur Produktion von Schulbüchern hat die vielfältigen menschlichen und nicht-menschlichen Einflüsse und Faktoren herausgearbeitet, die die Entstehung eines Bildungsmediums beeinflussen. Dazu zählen beispielsweise die am Lehrwerk, im Verlag und Ministerium beteiligten Personen, aber auch curriculare Rahmenbedingungen, die Materialität und Medialität des Schulbuches sowie (gesellschaftliche) Diskurse über Bildungsmedien.[15] Ihre unterschiedlichen Perspektiven können (diskurs-)analytisch herausgearbeitet werden, sind jedoch in pragmatischer Hinsicht nicht kausal Akteursgruppen zuzuordnen. Die Annahme von Kausalität wird der Komplexität der Medienproduktion nicht gerecht und lässt beispielsweise Aushandlungsprozesse oder Machtgefälle außer Acht. Felicitas Macgilchrist hat die „Elastizität"[16] von Geschichtsbüchern hervorgehoben, die sich von verschiedenen Akteurinnen und Akteuren sowie Einflussfaktoren in verschiedene Richtungen dehnen lassen. Der Vergleich impliziert in Bezug auf die Perspektivität der Geschichtsdarstellung, dass verschiedene Perspektiven in den Texten nebeneinander bestehen oder dass Perspektiven ausgehandelt werden können. Medientheoretisch sind Schulbücher auch als „Palimpseste"[17] bezeichnet worden, in denen sich Verläufe und Aushandlungen zeitgenössischer Deutungen und politischer sowie gesellschaftlicher Diskurse nachzeichnen lassen, sodass Schulbücher neben ihrem bildungspoli-

---

14 Vgl. Christine Ott, *Sprachlich vermittelte Geschlechterkonzepte. Eine diskurslinguistische Untersuchung von Schulbüchern der Wilhelminischen Kaiserzeit bis zur Gegenwart*, Berlin: De Gruyter, 2017; Schmitz-Zerres, *Die Zukunft erzählen*.

15 Heike Hessenauer, „Die Produktion von Schulbüchern. Zwischen rechtlichen Vorgaben und unternehmerischem Kalkül", in: Saskia Handro und Bernd Schönemann (Hg.), *Geschichtsdidaktische Schulbuchforschung*, Münster: LIT Verlag, 2006, 265–282, 266; Lars Müller und Felicitas Macgilchrist, „Kolonialismus und Modernisierung. Das Ringen um ‚Afrika‘ bei der Schulbuchentwicklung", in: Manuel Aßner (Hg.), *AfrikaBilder im Wandel?*, Frankfurt am Main: Lang, 2012, 195–208; Christine Chiriac und Riem Spielhaus, „Geschichtskultureller Wandel, Migrationsgesellschaft und historisches Lernen aus der Perspektive von Akteur*innen der Bildungsmedienproduktion", in: Viola B. Georgi u. a. (Hg.): *Geschichten im Wandel. Neue Perspektiven für die Erinnerungskultur in der Migrationsgesellschaft*, Bielefeld: transcript, 2022, 227–278, 227f.

16 Felicitas Macgilchrist, „Elastic Textbooks. Pulling National Pasts Forward", in: *Public History Weekly* 9, 2 (2021), https://public-history-weekly.degruyter.com/9-2021-2/elastic-textbooks/, zuletzt geprüft am 29. April 2023.

17 Barbara Christophe, „Der Erste Weltkrieg in internationalen Schulbüchern. Kulturwissenschaftliche Analysen und geschichtsdidaktische Anregungen", in: *Eckert. Working Papers* 7 (2014), http://www.edumeres.net/urn/urn:nbn:de:0220-2014-00249.

tisch geplanten Inhalt auch Auskunft über ihre Entstehungszeit geben können.[18] Zudem werden nicht alle beteiligten Akteurinnen und Akteure im Impressum des Lehrwerken namentlich genannt: Als Beispiele dafür können Redakteurinnen und Redakteure, Gutachterinnen und Gutachter oder Mitarbeitende der Kultusministerien genannt werden, die Texte korrigieren und damit die Perspektive des Textes auf dargestellte Ereignisse oder Personen beeinflussen. Zum anderen entstehen und entstanden insbesondere die Texte der Schulbuchautoren und -autorinnen mitunter in kollaborativen Verfahren oder in Zusammenarbeit mit den Herausgeberinnen und Herausgebern, sodass auch in diesem Fall die Autorschaft – und damit die Perspektive auf die Darstellung – nicht mehr eindeutig einer Person zugeordnet werden kann.[19]

Der Beitrag verfolgt aus den genannten Gründen nicht das Ziel, Perspektiven kausal bestimmten Akteurinnen und Akteuren und ihren Geschichtsdeutungen zuzuordnen. Es scheint angesichts der Komplexität der Schulbuchproduktion unterkomplex und lässt nicht-menschliche Akteure wie beispielsweise Lehrpläne und mediale Rahmenbedingungen außer Acht. Vielmehr wird Perspektivität mit der nationalen und bildungspolitischen Funktion der Lehrwerke in ihrer gegenwärtigen Gesellschaft verbunden und geht von der Beobachtung aus, dass neben der Darstellung der Vergangenheit und der Gegenwart auch die Zukunft in Geschichtslehrwerken thematisiert wird.[20] Neben der Frage, welche Perspektiven die Darstellungen dominieren, soll auch untersucht werden, inwiefern es sich bei Zukunftsszenarien um internationale Phänomene handelt. Daher gilt es zu mithilfe der Inhaltsanalyse methodisch herauszuarbeiten, welche Perspektiven die Darstellungstexte zur Beschreibung möglicher Zukünfte einnehmen. Das mediale Verständnis, dass sich in Lehrwerken die geschichtskulturellen Diskurse der jeweiligen Entstehungs-Gegenwart spiegeln, impliziert auch, Spuren von Debatten und divergierende Perspektiven finden zu können.[21] Neben der inhaltlichen Frage, welche Perspektiven Einfluss auf die Zukunftsdarstellungen nehmen, geht es also auch in zeitlicher Hinsicht um Perspektiven: Bestimmen Erfahrungen aus der Vergangenheit die Zukunft, sind es Entwicklungen der Gegenwart oder wird die Zukunft ohne Anknüpfung an die Zeitebenen Vergangenheit und Gegenwart als offener Möglichkeitshorizont dargestellt?

Dass die Zukunft überhaupt einen Platz in einer Geschichtserzählung finden kann, liegt *erstens* an der didaktischen Verbindung der drei Zeitebenen Ver-

---

18 Vgl. Simone Lässig, „Repräsentation des ‚Gegenwärtigen' im deutschen Schulbuch", in: *Aus Politik und Zeitgeschichte* 62 (2012), 1/3, 46–54.

19 Vgl. ebd.; Schmitz-Zerres, *Zukunft erzählen*, 173–320.

20 Vgl. Schmitz-Zerres, *Zukunft erzählen*, 73.

21 Vgl. Bernd Schönemann, „Geschichtsdidaktik, Geschichtskultur, Geschichtswissenschaft", in: Hilke Günther-Arndt und Meik Zülsdorf-Kersting (Hg.), *Geschichts-Didaktik. Praxishandbuch für die Sekundarstufe I und II*, Berlin: Cornelsen 2011, 11–22.

gangenheit, Gegenwart und Zukunft und *zweitens* an der bildungspolitischen Aufgabe des Geschichtsunterrichts.

Um Zukunftsdarstellungen aus den Schulbüchern herauszuarbeiten und sie mit entsprechenden politischen oder gesellschaftlichen Diskursen der Gegenwart zu verbinden, wird vor der Analyse die theoretische Vergleichsfolie erläutert: Geschichtstheoretisch geht der Beitrag davon aus, dass die Zukunft im Geschichtsbuch als möglichkeitsoffener Zeithorizont dargestellt wird. Die Annahme basiert zum einen auf Ernst Blochs philosophischen Unterscheidung einer „echten" von einer „unechten"[22] Zukunft: Letztere sei aus der Gegenwart nicht abzuleiten und bestehe „aus nie so Gewesenem".[23] Die echte Zukunft stelle „einen unabgeschlossenen Entstehungsraum vor uns"[24] dar und ist von Kontingenz geprägt. Mit Zukunft ist in diesem Beitrag also jene Zeitebene gemeint, die sich an den Entstehungszeitpunkt des Geschichtsbuches anschließt und demnach als noch nicht eingetretene Zeitebene vor den Lernenden sowie den Akteurinnen und Akteuren der Schulbuchproduktion liegt.[25]

Im Mittelpunkt der Untersuchung steht außerdem keine ideologiekritische Überprüfung der Zukunftserzählungen im Sinne der Kategorien „geschichtswissenschaftlich richtig/falsch", da es fraglich erscheint, wie dies angesichts noch nicht eingetretener Ereignisse möglich sein sollte. Vielmehr werden induktiv Perspektiven herausarbeitet, die die Beschreibung möglicher zukünftiger Entwicklungen dominieren. Dazu bedarf es einer methodischen Operationalisierung des geschichtsdidaktischen Konzepts Multiperspektivität. Zur Textanalyse schlägt der Beitrag vor, die von Jörn Rüsen beschriebenen Dimensionen der Sinnbildung als Analysekategorien für die Multiperspektivität von Zukunftsdarstellungen zu verwenden. Auf diese Weise können in der Analyse der Darstellungstexte die inhaltlichen Dimensionen ihrer Perspektivität benannt werden, um sie anschließend vergleichend betrachten zu können. Mit Sinndimensionen umschreibt Rüsen „allgemein etablierte Dimensionen der kulturellen Orientierung"[26], die gegenwärtige Phänomene, aber auch Sinnbildungsprozesse in Bezug auf ihre zeitliche Dimension beschreiben können. Rüsen unterscheidet die kognitive, die ästhetische, die politische, die religiöse, die psychische, die moralische und die

---

22 Ernst Bloch, *Das Prinzip Hoffnung*, Frankfurt am Main: Suhrkamp, 1973, 335.
23 Ebd.
24 Ebd.
25 Es geht diesem Beitrag nicht um die Untersuchung „vergangener Zukünfte", wie sie beispielsweise Reinhart Koselleck oder Lucian Hölscher beschrieben haben. Vgl. Lucian Hölscher, *Die Entdeckung der Zukunft*, Frankfurt am Main: Fischer, 1999; Reinhart Koselleck, *Vergangene Zukunft. Zur Semantik geschichtlicher Zeiten*, Frankfurt am Main: Suhrkamp, 2013.
26 Jörn Rüsen, *Historische Sinnbildung. Grundlagen, Formen, Entwicklungen*, Wiesbaden: Springer VS, 2021, 37.

didaktische Dimension.[27] Sie betonen jeweils eine bestimmte Perspektive auf Ereignisse, die in der individuellen Auseinandersetzung ihre Deutung bestimmen. Sinnbildung geschieht demzufolge als kognitiver Prozess, der durch Impulse angeregt wird, die beispielsweise durch die kritische Auseinandersetzung mit Darstellungstexten in Geschichtsbüchern entstehen können. Denkbar ist, dass Dimensionen im Wechselspiel oder im Widerspruch zueinander stehen, wenn Ereignisse gedeutet werden, deren Darstellung ambivalent gestaltet werden kann. Verknüpft man den Sinnbildungsprozess mit der Fähigkeit der Schülerinnen und Schüler, historische Sachverhalte zu beurteilen und zu bewerten, erfordert die Urteilsbildung eine Auseinandersetzung mit Perspektiven.

Die nachfolgende Inhaltsanalyse versucht, folgende Forschungsfragen zu beantworten: Welche Zukunftsszenarien skizzieren Geschichtsbücher und welche Perspektiven werden darin in inhaltlicher Hinsicht deutlich? Wie gestalten die Darstellungstexte die zeitliche Perspektive zwischen den Verfasserinnen und Verfassern jener Texte sowie den Lernenden?

Zukunftsszenarien in britischen Geschichtsbüchern

Der dritte Band *Book 3: Twentieth century*[28] des Lehrbuchs *History* des Collins Verlags aus dem Jahr 2010 umfasst die Geschichte des 20. Jahrhunderts bis hin zur Gegenwart. Auf der ersten Seite des Kapitels zur Wirtschaftsgeschichte der 1920er- und 1930er-Jahre fragt der Darstellungstext „What makes a great power?"[29] und beschreibt Großbritannien und China im Vergleich bis ins 21. Jahrhundert. Im Präsens wird konstatiert , Großbritannien „has a permanent seat on its [the United Nations'] Security Council, the body tasked with keeping world peace.[30] Die Darstellung Chinas benennt die kommunistische Regierung, den Besitz von Atomwaffen und stellt fest, das Land sei „now one of the three wealthiest countries in the world"[31] mit „more than one billion of the world's population".[32] Durch die Wahl der sprachlichen Mittel (der Verbform im Präsens) sowie fehlender Erwähnungen alternativer Entwicklungen scheint die Darstellung der Gegenwart auf Dauer gestellt zu sein und auch für die Zukunft zu gelten. Es dominiert die (welt-) politische Perspektive im Vergleich der beiden Staaten, die beide als Mitglieder des UN-Sicherheitsrates um den Frieden bemüht seien. Die Beschreibung Chinas mit der Erwähnung des Besitzes der Atomwaffen sowie der kommunistischen Re-

---

27 Vgl. ebd., 38–53.
28 Alf Wilkinson et al., *History Book 3: Twentieth century*, Collins Learning: Glasgow, 2010.
29 Wilkinson, *History Book 3*, 52.
30 Ebd., 53.
31 Ebd.
32 Ebd.

gierung skizzieren einen dauerhaften Zustand, der als mögliche Gefährdung des Weltfriedens gedeutet werden kann, obgleich der Autorentext dieses Szenario nicht explizit benennt.

Eine weitere Zukunftsperspektive in der Darstellung der amerikanischen Geschichte umfasst auch die Menschen afroamerikanischer Herkunft. Unter der Aufgabe „Getting you thinking" werden Fragen an die Lernenden formuliert. Die letzte der insgesamt fünf Fragen stellt Bezüge zur Gegenwart her, indem in der metahistorischen Reflexion über Relevanzzuschreibungen am Beispiel von David Beckham und Nelson Mandela gefragt wird „Do they still affect us today?".[33] Die Frage konstruiert eine Gemeinschaft zwischen den lesenden Schülerinnen und Schülern sowie den Autoren und Autorinnen des Textes, der die Gegenwart betont, doch dem Kriterium der Relevanz ist eine Dauerhaftigkeit inhärent, die über die Gegenwart hinausgeht. Zugleich zeigt dieses Beispiel nicht nur die Perspektive der Schulbuchproduzierenden, sondern betont die Perspektivität der Beurteilung der Lernenden. Ähnlich wird in einer Textstelle im Kapitel „Comparison: World War One and World War Two" vorgegangen. Der Darstellungstext skizziert die Auswirkungen der Bombenangriffe und legt abschließend seinen Schwerpunkt auf die Todesopfer in der Zivilbevölkerung. Folgende Mahnung, die nicht nur die Gegenwart, sondern auch die Zukunft einschließt, macht die Perspektive der Schulbuchautorinnen und -autoren deutlich. Aus der Beschreibung der Vergangenheit leitet der Text eine Gegenwartsdiagnose ab, die implizit auch die Forderung nach einer friedlichen Zukunft einschließt: „In other combatant nations, civilian deaths from bombing were even higher. The **morality** [Hervorhebung im Original] of such tactics was questioned at the time and is still a matter of debate today."[34] Die Perspektive der Akteure und Akteurinnen, die an der Entstehung des Geschichtsbuches mitgewirkt haben, wird am folgenden Beispiel ebenfalls deutlich: Auf der Auftaktdoppelseite zum Kapitel zu „the world after 1945"[35] werden die Kriegseinsätze aufgezählt, in die Großbritannien verwickelt war: „The ‚War on Terror' included an invasion of Afghanistan in 2002; British soldiers were still being killed in 2010, fighting as allies of America".[36] Die Zukunft wird in den beiden Beschreibungen mit einer Friedensmahnung verknüpft und wird damit zur Gegenposition zur Vergangenheit und Gegenwart. Durch die Formulierung „still being killed" rücken die Todesopfer in den Mittelpunkt; die außenpolitische Entscheidung zur Beteiligung am Kampf gegen den Terrorismus wird allerdings nicht kritisiert. Im Zentrum der Zukunftsbeschreibung im Kapitel zur Zeitgeschichte steht eine friedvollere Zukunft als Ergebnis der Bemühungen der Ge-

---

33 Ebd., 60.
34 Ebd., 123.
35 Ebd., 132.
36 Ebd., 133.

genwart, Konflikte nicht kriegerisch zu lösen. Damit verknüpft wird im Schulbuchkapitel die Darstellung der „jihadis"[37] als Bedrohung, indem die ideologischen Grundlagen sowie die Terroranschläge mithilfe einer Weltkarte dargestellt werden. Im Gegensatz zur Bedrohung wird eine mögliche Entwicklung skizziert, um den Frieden in Afghanistan auch ohne die Präsenz der NATO zu wahren: „NATO leaders are hoping Afghan police and soldiers will be able to take over from their troops in resisting the Taliban. However, a Taliban spokesman said in 2009, ‚You have the watch, we have the time'".[38]

Im zweiten untersuchten britischen Geschichtsbuch *Exploring History. Trenches, Treaties & Terror*[39] wird im Kontext der Darstellung der britischen Demokratiegeschichte die Zukunft explizit in die Geschichtsdarstellung eingeschlossen und benannt: „There are people who say that more must be done to make Britain even more democratic than it is today. Maybe students in the future, completing this grid with a column for 2050, will have more changes to add."[40] Die Entwicklung der Demokratie wird als Aufgabe für die Zukunft formuliert, sodass die Perspektive der Schulbuchautorinnen und -autoren zur Aufgabe für die Generation der Lernenden wird. Ohne jene explizite Ansprache an Lernende kommt die Darstellung des Koreakrieges aus, dessen Auswirkungen auch in die Zukunft andauern sollen, so der Autorentext: „With the collapse of other communist states, such as the Soviet Union, it is increasingly isolated. Tensions remain high."[41] Die außenpolitische Position Nordkoreas wird als dauerhafter Zustand dargestellt, der seinen Ursprung in der Vergangenheit hat und bis in die Gegenwart andauert. Neben der Formulierung der „andauernden Spannungen" unterstreicht auch eine Bildunterschrift die zeitliche Ausdehnung der außenpolitischen Situation: Unter einem Foto, das Soldaten an der koreanischen Grenze zeigt, heißt es: „US soldiers patrol the DMZ (demilitarised zone) along the 38th parallel in 2007. The border remains one of the world's most heavily militarised areas."[42] Auch eine Arbeitsaufgabe berührt die Gegenwart, indem die Lernenden die gegenwärtige Situation recherchieren und Unterschiede zum Entstehungszeitpunkt des Geschichtsbuches benennen sollen. Damit wird die Perspektive der Schülerinnen und Schüler in die Geschichtsdarstellung einbezogen, um ein Urteil in weltpolitischer Hinsicht zu fällen.

Eine moralische Perspektive auf die Zukunft entwirft das Geschichtsbuch bei der Darstellung der Geschichte des Antisemitismus: 1190 brach in der Stadt York

---

37 Ebd., 154.
38 Ebd., 159.
39 Rosemary Rees et al., *Exploring History. Trenches, Treaties & Terror. A pathway to History*, London: Pearson, 2018.
40 Ebd., 35.
41 Ebd., 87.
42 Ebd.

aus ungeklärten Gründen ein Feuer aus, für das die Juden und Jüdinnen verantwortlich gemacht wurden. Aus Sorge vor den Angriffen des wütenden Mobs
flohen die jüdischen Familien in den Clifford's Tower, der daraufhin zunächst für
mehrere Tage belagert und anschließend in Brand gesteckt wurde. Mit dem
Versprechen, nicht getötet zu werden, wurden Überlebende des Brandes zur
Konversion gezwungen und aus dem Turm gelockt – um dann ebenfalls getötet
zu werden. Den Bezug zur Gegenwart und Zukunft stellt der Darstellungstext am
Ende der Beschreibung der Ereignisse dar, wenn er beschreibt:

> Today, most students learn about the events of the Holocaust and the dreadful perse-
> cution that Jews suffered in Nazi Germany. However, what happened at Clifford's Tower
> shows us that anti-Semitism existed long before the Nazis. It existed in many countries
> across Europe and the wider world.[43]

Das Beispiel zeigt eindrücklich, dass nicht nur aus der Zeitgeschichte oder der
Neuesten Geschichte Bezüge zur Zukunft hergestellt werden, sondern auch
mittelalterliche Ereignisse Einfluss auf die Gestaltung der Zukunft nehmen. Im
Hinblick auf eine Mahnung, dem Antisemitismus aufmerksam und engagiert zu
begegnen, nehmen die Autoren und Autorinnen eine kritische Beurteilung der
Vergangenheit vor. Die antisemitischen Ausschreitungen im hochmittelalterli-
chen York dienen als Vorlage, um Lernende auf judenfeindliche Äußerungen
aufmerksam zu machen und Antisemitismus zu verurteilen. Diese Aufgabe für
die Zukunft wird im weiteren Verlauf des Kapitels erneut aufgegriffen und
modifiziert. Im Kontext der Historisierung des Holocaust formuliert der Darstellungstext „it looks likely that the historical debate over the Holocaust will
continue for many years to come."[44] Verbindet man beide Formen des Zu-
kunftsbezugs, sowohl aus der jüngsten Vergangenheit als auch unter Rückgriff
auf mittelalterliche Ereignisse Zukunftsszenarien herzustellen, so wird deutlich,
dass angesichts der politischen Perspektive auf mögliche künftige Entwicklungen
durch den historischen Bezug eine moralische Perspektive betont wird, die den
Rahmen der Gestaltungsmöglichkeiten absteckt.

Zukunftsszenarien im chilenischen Geschichtsbuch

Das chilenische Lehrbuch *Historia, Geografía y Ciencias Sociales*[45] für die Jahrgangsstufe 2° medio dehnt die Geschichtsdarstellung in den Kapiteln zur Zeitgeschichte auch auf die Gegenwart und Zukunft aus. Dies ist zum einen damit zu

---

43 Ebd., 105.
44 Ebd., 129.
45 Paulo Flores Salinas und Pablo Neut Aguayo, *Historia, Geografía y Ciencias Sociales.
   2° medio. Texto del Estudiante*, Santiago de Chile: Santillana, 2020.

begründen, dass Geschichte in Chile im Fächerverbund mit Geografie und Sozialwissenschaften unterrichtet wird (vergleichbar mit dem Fach Gesellschaftslehre in einigen deutschen Bundesländern). Ausgehend von der Frage „Cual es nuestra valoración de la democracia?"[46] werden am Ende des Kapitels zur Geschichte der totalitären Regime im Europa der Zwischenkriegszeit Umfragen aus dem Jahr 2018 angeführt, in denen 57 % der chilenischen Jugendlichen angaben, dass Diktaturen „orden y seguridad"[47] fördern würden und 52 % zustimmten, dass Diktaturen gerechtfertigt seien, wenn mit ihnen „beneficios económicos"[48] verbunden seien. Davon ausgehend entwickelt der Autorentext Fragen zur Reflexion der Umfrageergebnisse und zur historischen Kontextualisierung. Der Zukunftsbezug entsteht hier insofern, als das Lehrbuch die Förderung der Demokratie als Aufgabe für die Schülerinnen und Schüler formuliert. Dazu wird die Bedrohung der Demokratie durch totalitäre Einflüsse explizit thematisiert, sodass die innenpolitische Perspektive die Zukunftsdarstellung dominiert.

Der Darstellungstext zu wirtschaftlichen und sozialen Reformen in Chile seit den 1980er-Jahren macht deutlich, dass die Aufarbeitung der Geschichte und der Folgen der Militärregierung auch die Gegenwart berührt. Die Ambivalenz zwischen der Beurteilung der eigenen Landesgeschichte sowie der Folgen der Politik macht das Geschichtsbuch an zwei Beispielen deutlich, die die Vergangenheit mit der Gegenwart verknüpfen. Es wird zum einen die Einrichtung eines Pensionsfonds im Jahr 1980 beschrieben, dessen Ergebnisse in den 1990er-Jahren sichtbar geworden seien, als dieser in den Jahren 2014 und 2015 von einer Expertenkommission evaluiert wurde. Mit dem Fonds sei „la base del sistema previsional actual"[49] geschaffen worden, sodass die Auswirkungen der Diktatur in Form der wirtschaftspolitischen Entscheidungen bis in die Gegenwart reichen und weiterhin Einfluss nehmen. Ebenso ambivalent wird auch die bildungspolitische Entwicklung dargestellt, da durch entsprechende Maßnahmen (wie dem Bau von Schulen und der Erhöhung der Einschulungszahlen) das Bildungsniveau der chilenischen Bevölkerung gestiegen sei.[50] Einen ähnlichen Gegenwartsbezug stellt der Text hinsichtlich des Gesundheitssystems her, dessen Grundlagen in den 1980er-Jahren geschaffen wurden. In allen drei Bereichen benennt der Darstellungstext keine Szenarien, wie sie sich künftig entwickeln könnten oder verurteilt die gegenwärtige Situation, sodass die innenpolitische Perspektive auf die Entwicklung des Landes entweder von einer offenen Zukunft ausgeht oder eine Fortführung der Gegenwart denkbar ist, solange die Maßnahmen weiterhin Erfolge zeigen.

---

46 Ebd., 71 („Wie beurteilen wir die Demokratie?").
47 Ebd. („Ordnung und Sicherheit").
48 Ebd. („ökonomische Vorteile").
49 Ebd., 214 („die Grundlage des derzeitigen Rentensystems").
50 Vgl. ebd., 215.

Bezüge zur Gegenwart werden vom Darstellungstext auch auf sprachlicher Ebene formuliert, wenn es nach dem „retorno de la democracia en Chile"[51] um die Forderungen von unterdrückten und diskriminierten Bevölkerungsgruppen geht. Im Präsens beschreibt der Text, dass „un proceso de Consulta Indígena"[52] begonnen habe und die Folgerungen daraus eine Annäherung an die benachteiligten Gruppen bedeuteten, auch wenn jene besonders vielfältig seien und ihre Bedürfnisse auf vielfältige Weise kommuniziert worden seien. Der Darstellungstext formuliert es als herausfordernde Aufgabe für die junge chilenische Demokratie, die Forderungen der Frauen, der Menschen mit Behinderungen, der älteren Menschen, der Kinder und Jugendlichen, der LGBTQ-Community und der indigenen Völker zu erfüllen. Für die gegenwärtige und zukünftige Entwicklung wird jedoch eine positive Entwicklung skizziert, denn als Beispiele für die innenpolitischen Erfolge und gesellschaftlichen Veränderungen in Chile werden nach dem Autorentext die 2008 ratifizierten Gesetze zur Gleichbehandlung von Männern und Frauen sowie von Menschen mit Behinderungen als Beispiele angeführt.[53] Damit entwirft das Geschichtsbuch zum Abschluss unter Rückgriff auf die jüngste Vergangenheit eine positive gesellschaftliche sowie politische Perspektive für die Entwicklung Chiles, derzufolge in zeitlicher Hinsicht die Transformation von der Diktatur zur Demokratie gelingen könnte.

Zukunftsszenarien in deutschen Geschichtsbüchern

Das deutsche Geschichtsbuch *Forum Geschichte 4: Die Welt ab 1945*[54] beschreibt auf der Auftaktdoppelseite die Auswirkungen der deutschen Einheit auf die Gegenwart und die Zukunft: „Obwohl über 30 Jahre vergangen sind, nehmen bis heute viele Menschen die vielen Unterschiede zwischen West und Ost wahr. Die Rede ist oft von einer ‚Mauer in den Köpfen'."[55] Die politische, aber auch gesellschaftliche Perspektive ist nicht auf die Gegenwart begrenzt, sondern impliziert eine Dauerhaftigkeit des beschriebenen Zustands. Als Zukunftsperspektive könnte die Gegenwartsbeschreibung auch dahingehend gedeutet werden, dass es zur Aufgabe der Schülerinnen und Schüler wird, sich für gesellschaftliche Veränderungen einzusetzen und künftig die Mauer zu überwinden. Für letztere Deutung spricht eine weitere gesellschaftliche und soziale Perspektive auf die Zukunft, die in der Zusammenfassung des Kapitels „Das Ende des ‚Ost-West-

---

51 Ebd., 290 („Wiederkehr der Demokratie in Chile").
52 Ebd., („ein Prozess zur Konsultation der indigenen Bevölkerung").
53 Vgl. ebd., 292f.
54 Hans-Joachim Cornelißen et al., *Forum Geschichte 4. Die Welt ab 1945*, Berlin: Cornelsen, 2022.
55 Ebd., 148.

Konflikts'"[56] formuliert wird. Unter den „Folgen der deutschen Einheit" werden die „zahlreichen innen-, sozial- und wirtschaftspolitischen Herausforderungen" beschrieben, vor denen die Bundeskanzler und die Bundeskanzlerin bisher standen und stehen. Im Gegensatz dazu überwiege jedoch „bei den meisten Menschen [...] die positive Bilanz" und für viele sei „eine Trennung von Ost und West kein Thema mehr."[57] Damit wird die zeitliche Perspektive hervorgehoben und die Zukunft als positive Entwicklung skizziert: Ausgehend von Schwierigkeiten in der Vergangenheit, die bis in die Gegenwart hinein andauern, skizziert der Darstellungstext deren Überwindung in der Zukunft. Die Schülerinnen und Schüler werden in die Formulierung „viele" insofern eingeschlossen, als sie nur das vereinigte und nicht das geteilte Deutschland kennen.

Der Darstellungstext eröffnet eine europäische bzw. außenpolitische Perspektive, indem er innerhalb der europäischen Staaten „anhaltende Spannungen und Konflikte"[58] beschreibt, wenn es um Fragen der Migration geht. Zudem wichen einige Staaten von den gemeinsamen demokratischen Grundwerten ab, sodass nicht nur die Gegenwart von politischen Differenzen auf europäischer Ebene geprägt, sondern aufgrund der beschriebenen Entwicklungen auch die Zukunft eingeschlossen sei. Jener Unterschied zwischen den Anstrengungen der Vergangenheit, seit 1945 eine europäische Einigung zu erzielen, und den gegenwärtigen Entwicklungen, wird auch durch die Leitfragen auf der Auftaktseite des Kapitels hervorgehoben. Sie fragen nach Entwicklungsschritten und dem Verhältnis nationaler und gemeinsamer europäischer Interessen sowie nach den „Herausforderungen und Bedrohungen", die es „gab und gibt".[59] Die Unbestimmtheit der Stabilität und Kontinuität des europäischen Staatenbundes in der Zukunft betont auch der Autorentext zur europäischen Identität und hebt ihre Ambivalenz hervor: Die Zuwanderung übersteige die europäischen Geburtenraten und es würden auf dem Kontinent 220 Sprachen gesprochen; jedoch habe man den Euro als gemeinsames Zahlungsmittel und es sei „offen, ob es etwas wie eine einheitliche europäische Identität überhaupt geben kann. Andererseits berufen sich viele Staaten auf die Grundlage gemeinsamer Werte."[60] Die europäische Zukunftsperspektive wird in dieser Darstellung als ambivalent, aber zugleich kontingent beschrieben. Es erfolgt zwar eine Anbindung an die Vergangenheit, doch der Text benennt keine explizite Entwicklung für die europäische Gemeinschaft. Konträr, vielleicht schon widersprüchlich zu dieser Deutung wird die Zusammenarbeit in der Beschreibung der europäischen Organe beschrieben, da viele „Fragen wie der Umweltschutz, die Klimapolitik, die Migration oder die

---

56 Ebd., 187.
57 Ebd.
58 Ebd., 192.
59 Ebd.
60 Ebd., 195.

Sicherheitspolitik nicht allein national gelöst werden können."[61] Die zeitliche Perspektive des Bestands der Europäischen Union wird an dieser Stelle auf die Zukunft ausgedehnt und die Notwendigkeit einer gemeinsamen europäischen Ebene betont. Explizit wird die „Zukunft der EU"[62] auf der gleichnamigen Doppelseite thematisiert, wobei als Folge der gegenwärtigen Herausforderungen gefragt wird, ob „die Gefahr eines Zerfalls"[63] bestehe oder ob die Union enger zusammenwachsen könne. Der Darstellungstext gibt keine eindeutige Antwort, sondern lässt ein Spektrum hinsichtlich der europäischen Perspektive zu.

Das Lehrwerk *Geschichte und Geschehen 3*[64] geht auf die Zukunftsperspektive hinsichtlich der Innen- und Wirtschaftspolitik der Bundesrepublik ein: Es habe sich um eine „wichtige Zukunftsentscheidung"[65] gehandelt, aus der Atomenergie auszusteigen. Der Darstellungstext betont die Potentiale für die Zukunft, die mit dieser klimapolitischen Entscheidung verbunden sind: Deutschland könne „Vorreiter für den Umstieg auf erneuerbare Energien werden" und es könnten sich „Chancen für den Export neuer Technologien und Arbeitsplätze bieten".[66] Die internationale Perspektive wird im Kapitel „Die Welt nach 1990"[67] betont und Entwicklungen der Gegenwart werden auf die Zukunft extrapoliert. Inhaltlich werden die gegenwärtigen Herausforderungen der Globalisierung, der Folgen der Dekolonialisierung in Afrika sowie des islamistischen Terrorismus auf Dauer gestellt, sodass sie auch zukünftig bewältigt werden müssen. Dabei konstruiert der Darstellungstext eine offene weltpolitische Perspektive, wenn es um die Bekämpfung des Terrorismus geht, da selbst der Einsatz militärischer Truppen in der Vergangenheit „weder die Spannungen in diesen Ländern noch den Terrorismus beseitigen"[68] konnte. Die Beschreibung einer kontingenten Zukunft für die weltpolitische Ebene bedeutet an dieser Textstelle, dass die Herausforderungen bestehen bleiben könnten. Der Darstellungstext beschäftigt sich weiter mit der Geschichte der UNO und entwirft eine Zukunftsperspektive in weltpolitischer Hinsicht, die jedoch nicht von Frieden und Zusammenarbeit geprägt ist. Vielmehr sei ein Erfolg der Reformen zur Veränderung der Zusammensetzung des Sicherheitsrates „noch nicht in Sicht".[69] Vielmehr hätten Konflikte in der Welt deutlich gemacht, „dass die Mitglieder häufig eher ihren eigenen nationalen Interessen den Vorrang geben als denen der Gemeinschaft aller Staaten".[70] Diese

---

61 Ebd., 209.
62 Ebd., 214.
63 Ebd.
64 Michael Sauer et al., *Geschichte und Geschehen 3*, Stuttgart: Klett, 2017.
65 Ebd., 219.
66 Ebd.
67 Ebd., 258.
68 Ebd., 259.
69 Ebd., 263.
70 Ebd.

Zukunftsbeschreibung ähnelt der kritischen Darstellung der Einsätze der UNO: In der Zwischenüberschrift „Krise und Zukunft der UNO"[71] wird die zukunfts- kritische Perspektive bereits deutlich, die der Darstellungstext am Beispiel des Einsatzes im Jugoslawienkrieg schildert. Aufgrund der Beschreibung der Kri- tikpunkte und potentiellen Schwierigkeiten erfährt die Zukunft bereits eine Deutung, die den Schülerinnen und Schülern die Perspektive des Autorentextes vorgibt. Ähnlich verfährt das Geschichtsbuch bei der Darstellung der Situation der Europäischen Union, wenn der Text fragt, ob der Entschluss zum Brexit im Jahr 2016 „der Anfang vom Ende eines vereinten Europas sein könnte".[72] Aus- gewogen werden zunächst die Ziele und Erfolge der Europäischen Union dar- gestellt, bevor anschließend auch die Meinungen von Kritikern erwähnt werden. Abschließend formuliert der Text eine positive europäische Zukunftsperspektive, wenn er zum einen auf Krisen hinweist, die in der Vergangenheit erfolgreich gemeistert wurden und zum anderen mahnt: „Vor allem aber muss die Einsicht reifen, dass die Aufgabe des Friedensprojektes ‚Europa' ein großer Fehler und historischer Rückschritt wäre."[73] Es wird deutlich, wie der Autorentext aus der Vergangenheit Lehren ableitet, um angesichts gegenwärtiger Krisen eine Zu- kunftsperspektive zu eröffnen, die *ex negativo* eine bessere Zukunft entwickelt. Dazu wird die politische Perspektive um eine kulturelle sowie gesellschaftliche Dimension erweitert, mit denen eine Veränderung der Zukunftsdeutung ver- knüpft ist.

Zur Funktion von Zukunftsperspektiven im Geschichtsbuch

Im Hinblick auf die Verbindung von Vergangenheit, Gegenwart und Zukunft – also die zeitliche Perspektive – in den Darstellungstexten der untersuchten Ge- schichtsbücher wird aus der „Autobiographie der Nation"[74] ein Zukunftsentwurf für die kommende Generation. Die Texte skizzieren nicht nur mögliche Ent- wicklungen, die sich im Sinne einer kontingenten Zukunft entwickeln könnten, sondern benennen konkrete Aufgaben. Damit wird die Zukunft eng an die Ge- genwart angebunden; sie kann als „verlängerte Gegenwart"[75] gelten, wie Hans- Ulrich Gumbrecht es zeittheoretisch bezeichnet hat. Gleichsam wird mit den

---

71 Ebd., 267.
72 Ebd., 274.
73 Ebd., 275.
74 Wolfgang Jacobmeyer, „Das Schulgeschichtsbuch-Gedächtnis der Gesellschaft oder Auto- biographie der Nation", in: *Geschichte, Politik und ihre Didaktik. Zeitschrift für historisch- politische Bildung, Beiträge und Nachrichten für die Unterrichtspraxis* 26, 1–2 (1998), 26–35, 26.
75 Hans-Ulrich Gumbrecht, *Unsere breite Gegenwart*, Frankfurt am Main: Suhrkamp, 2016, 132.

Perspektiven verfahren: Es sind die politischen und gesellschaftlichen Perspektiven der Gegenwart, die eine *per definitionem* multiperspektivische Zukunft inhaltlich bestimmen.

Im internationalen Vergleich zeigen sich deutliche Unterschiede in den Perspektiven auf die Zukunft und die zeitliche Dimension. Während die deutschen und die britischen Darstellungstexte außenpolitische Gegenwartsdiskurse inhaltlich auf die Zukunft ausdehnen und als Aufgabe eine Mahnung zum Frieden formulieren, wird der Geschichtsdarstellung im chilenischen Geschichtsbuch keine außenpolitische Zukunftsbeschreibung hinzugefügt. Die englischen Darstellungstexte weisen quantitativ die meisten Zukunftsbezüge auf, während das chilenische Lehrwerk nur wenige Zukunftsszenarien konstruiert. Inhaltlich berühren sie in allen drei Ländern vor allem die politische Perspektive, wobei bei deutschen Büchern das Verhältnis zwischen inner- und außenpolitischer Dimension ausgewogen ist, während chilenische Texte sich vor allem auf die Innenpolitik und britische Schulbücher auf die außenpolitische Zukunftsperspektive konzentrieren. Der britische Fokus lässt sich in historischer Perspektive möglicherweise damit erklären, dass Großbritannien in seiner Geschichte im Zentrum des Commonwealth stand. Seit Beginn der Aktivitäten im internationalen Seehandel richtete sich der politische Blick „nach außen", bedingt nicht zuletzt durch die politische Herrschaft über eine Vielzahl von Staaten. Diese Position und die damit verbundenen kulturellen Traditionen spiegeln sich auch in den Zukunftsdarstellungen, da jene mit Geschichtsdeutungen verbunden sind. Eine mögliche Deutung der chilenischen Schulbuchgestaltung ist, dass die politischen und gesellschaftlichen Transformationsprozesse eine ambivalente Gegenwartserfahrung und Zukunftserwartung hervorrufen: Im Unterschied zu anderen diktatorischen Regimen (wie beispielsweise der DDR) existiert der chilenische Staat noch und arbeitet seine Vergangenheit auf, indem Folgen der Militärdiktatur hinterfragt werden. Die Ambivalenz der Konfrontation von Vergangenheit und Gegenwart hat der Darstellungstext des chilenischen Geschichtsbuches am Beispiel der sozialen und gesellschaftlichen Auswirkungen beschrieben, doch daraus wird keine Prognose für eine Zukunft abgeleitet. Damit bleibt diese Zeitebene kontingent, sodass die Lernenden sich selbst ein Urteil bilden oder die Ausdehnung von Gegenwartserfahrungen auf Zukunftserwartungen im Geschichtsunterricht gänzlich unterlassen wird. Die Zukunft wird auf diese Weise vor dem Hintergrund der Diktaturerfahrung multiperspektivisch gestaltet. Anders als in den Darstellungstexten der deutschen Geschichtsbücher wird aus den Perspektiven derjenigen Akteurinnen und Akteure, die an der Entstehung der Autorentexte beteiligt sind, eben keine Perspektive für die Generation der Lernenden.

Beleuchtet man die Ergebnisse in einem transnationalen Zugang, wird deutlich, dass in zeitlicher Perspektive alle Geschichtslehrwerke die *agency* zur Gestaltung der Zukunft den Schülerinnen und Schülern zuschreiben. Die Zukunft wird als zu bewältigende Aufgabe skizziert, deren Inhalte aus den gegenwärtigen Herausforderungen abgeleitet wurden. Diejenigen Menschen, die zukünftig Gesellschaften und Staaten als Bürgerinnen und Bürger gestalten, werden durch politische Perspektiven auf die Zukunft vorbereitet, so die transnationale Funktionsweise von Zukunftsszenarien in Geschichtslehrwerken. Unabhängig von nationalen Diskursen wird der Horizont aller möglichen kontingenten Entwicklungen der Zukunft auf Szenarien reduziert, die von Gegenwartserfahrungen bestimmt werden.

Literatur

Barricelli, Michele. „Darstellungskonzepte von Geschichte im Unterricht", in: *Handbuch Praxis des Geschichtsunterrichts. Band 2*, ders. und Martin Lücke (Hg.), Schwalbach/Ts.: Wochenschau Verlag, 2017, 202–223.

Bergmann, Klaus. *Multiperspektivität. Geschichte selber denken*, Schwalbach/Ts.: Wochenschau Verlag, 2016.

Bloch, Ernst. *Das Prinzip Hoffnung*, Frankfurt am Main: Suhrkamp, 1973.

Chiriac, Christine und Riem Spielhaus. „Geschichtskultureller Wandel, Migrationsgesellschaft und historisches Lernen aus der Perspektive von Akteur*innen der Bildungsmedienproduktion", in: *Geschichten im Wandel. Neue Perspektiven für die Erinnerungskultur in der Migrationsgesellschaft*, Viola B. Georgi u. a. (Hg.), Bielefeld: transcript, 2022, 227–278.

Christophe, Barbara. „Der Erste Weltkrieg in internationalen Schulbüchern. Kulturwissenschaftliche Analysen und geschichtsdidaktische Anregungen", in: *Eckert. Working Papers* 7 (2014), http://www.edumeres.net/urn/urn:nbn:de:0220-2014-00249.

Cornelißen, Hans-Joachim, Moritz Burgmann, Cordula Gimbel, Thomas Kozianka, Cornelius Lehmann, Tim Lodemann, Anja Petschulat, Michael Richter, Natascha Rupp und Andrea Schallenberg. *Forum Geschichte 4. Die Welt ab 1945*, Berlin: Cornelsen, 2022.

Gumbrecht, Hans-Ulrich. *Unsere breite Gegenwart*, Frankfurt am Main: Suhrkamp, 2016.

Hessenauer, Heike. „Die Produktion von Schulbüchern. Zwischen rechtlichen Vorgaben und unternehmerischem Kalkül", in: *Geschichtsdidaktische Schulbuchforschung*, Saskia Handro und Bernd Schönemann (Hg.), Münster: LIT Verlag, 2006, 265–282.

Hölscher, Lucian. *Die Entdeckung der Zukunft*, Frankfurt am Main: Fischer, 1999.

Jacobmeyer, Wolfgang. „Das Schulgeschichtsbuch-Gedächtnis der Gesellschaft oder Autobiographie der Nation", in: *Geschichte, Politik und ihre Didaktik. Zeitschrift für historisch-politische Bildung, Beiträge und Nachrichten für die Unterrichtspraxis* 26, 1–2 (1998), 26–35.

Jansen, Johannes. *Wie Geschichtsschulbücher erzählen. Narratologische, transtextuelle und didaktische Perspektiven*, Köln u. a.: Böhlau Verlag, 2021, 125–162.

Kosellek, Reinhart. *Vergangene Zukunft. Zur Semantik geschichtlicher Zeiten*, Frankfurt am Main: Suhrkamp, 2013.

Lässig, Simone. „Repräsentation des ‚Gegenwärtigen' im deutschen Schulbuch", in: *Aus Politik und Zeitgeschichte* 62 (2012), 1/3, 46–54.

Macgilchrist, Felicitas. „Elastic Textbooks. Pulling National Pasts Forward", in: *Public History Weekly* 9, 2 (2021), https://public-history-weekly.degruyter.com/9-2021-2/elastic-textbooks/, zuletzt geprüft am 29. April 2023.

Müller, Lars und Felicitas Macgilchrist. „Kolonialismus und Modernisierung. Das Ringen um ‚Afrika' bei der Schulbuchentwicklung", in: *AfrikaBilder im Wandel?*, Manuel Aßner (Hg.), Frankfurt am Main: Lang, 2012, 195–208.

Ott, Christine. *Sprachlich vermittelte Geschlechterkonzepte. Eine diskurslinguistische Untersuchung von Schulbüchern der Wilhelminischen Kaiserzeit bis zur Gegenwart*, Berlin: De Gruyter, 2017.

Rees, Rosemary, Darryl Tomlin and Rob Bircher. *Exploring History. Trenches, Treaties & Terror. A pathway to History*, London: Pearson, 2018.

Rüsen, Jörn. *Historische Sinnbildung. Grundlagen, Formen, Entwicklungen*, Wiesbaden: Springer VS, 2021.

Salinas, Paulo Flores und Pablo Neut Aguayo. *Historia, Geografía y Ciencias Sociales. 2° medio. Texto del Estudiante*, Santiago de Chile: Santillana, 2020.

Sandkühler, Hans Jörg. *Praxis und Geschichtsbewusstsein. Studie zur materialistischen Dialektik, Erkenntnistheorie und Hermeneutik*, Frankfurt am Main: Suhrkamp, 1973.

Sauer, Michael, Tobias Dietrich, Marco Dräger, Michael Epkenhans, Benedikt Giesing, Martin Krön, Georg Langen, Josef Memminger, Martin Thunich, Nils Vollert und Peter Witzmann. *Geschichte unterrichten. Eine Einführung in die Didaktik und Methodik*, Stuttgart: Klett, 2017.

Schmitz-Zerres, Sabrina. *Die Zukunft erzählen. Inhalte und Entstehungsprozesse von Zukunftsnarrationen in Geschichtsbüchern von 1950 bis 1995*, Göttingen: Vandenhoeck & Ruprecht, 2019.

Schönemann, Bernd. „Geschichtsdidaktik, Geschichtskultur, Geschichtswissenschaft", in: *Geschichts-Didaktik. Praxishandbuch für die Sekundarstufe I und II*, Hilke Günther-Arndt und Meik Zülsdorf-Kersting (Hg.), Berlin: Cornelsen 2011, 11–22.

Stein, Gerd. „Politikwissenschaft und Schulbuchforschung (Anstelle einer Einführung)", in: *Schulbuchkritik als Schulkritik. Hinweise und Beiträge aus politikwissenschaftlicher Sicht*, ders. (Hg.), Saarbrücken: Universitäts- und Schulbuchverlag, 1976, 7–21.

Wilkinson, Alf, Dave Martin, Jo Pearson, Sue Wilkinson und Andrew Wrenn. *History Book 3: Twentieth century*, Glasgow: Collins Learning, 2010.

Winklhöfer, Christian. *Urteilsbildung im Geschichtsunterricht*, Schwalbach/Ts.: Wochenschau Verlag, 2021.

Inken Heldt / Jennifer Bloise / Manuel Theophil

Verhinderung von Perspektivenvielfalt?
Zur Auseinandersetzung mit dem Thema Digitalisierung
in aktuellen Schulbüchern der Politischen Bildung

In bildungspolitischen Debatten scheint derzeit kaum ein Thema so präsent zu sein wie das der digitalen Transformation. In einer von Digitalität geprägten Welt wird die Aufgabe, Menschen zu kritischer Selbstbestimmung zu befähigen, vor neue Bildungsanforderungen gestellt.[1] In diesem Beitrag wird analysiert, wie „digitale Medien" in Schulbüchern konstituiert werden und welche Perspektiven *auf* (respektive *durch*) digitale Medien eröffnet werden.

Die übliche, didaktisch vorherrschende Lesart des Begriffs „Perspektive" geht meist mit einem Verständnis im Sinne des Konzepts des Fachperspektivenwechsels einher. Dabei geht es darum, politisch-gesellschaftliche Fragen und Probleme aus verschiedenen Fachperspektiven – „aus moralischer, ökonomischer, rechtlicher, politischer Perspektive"[2] – zu betrachten. Uns jedoch geht es nicht nur um diese Fachperspektiven; zentraler ist im Folgenden die Frage danach, wie Schulbücher den Lerngegenstand „digitale Medien" konstruieren und welche Aspekte sie als konstitutiv annehmen und damit als relevant betrachten – und welche Aspekte eben nicht.

Vom (in Schulbüchern meist stillschweigend vorausgesetzten) Verständnis von „digitalen Medien" hängt ab, welche Problembeschreibungen und Relevanzsetzungen in Schulbüchern aufgegriffen werden. Daher unterscheiden wir im vorliegenden Beitrag zwischen Perspektiven *auf* und *durch* digitale Medien. In der ersten Hinsicht geht es um die Frage, welche Aspekte in der Auseinandersetzung mit digitalen Medien überhaupt in den Schulbüchern thematisiert werden. Anschließend wird problematisiert, dass eine Prägung der Selbst- und

---

1 Vgl. dazu Monika Oberle und Inken Heldt, „Politische Bildung in der digitalen Welt. Die digitale Transformation im Fokus der Politikdidaktik", in: Volker Frederking und Ralf Romeike (Hg.), *Fachliche Bildung in der digitalen Welt. Digitalisierung, Big Data und KI im Forschungsfokus von 15 Fachdidaktiken*, Münster: Waxmann, 2022, 311–333.
2 Tilman Grammes, „Kontroversität", in: Sabine Achour, Matthias Busch, Peter Massing und Christian Meyer-Heidemann (Hg.), *Wörterbuch Politikunterricht*, Frankfurt am Main: Wochenschau, 2020, 132–134, 134.

Weltbilder durch digitale Medien in den Schulbüchern nur unzureichend Berücksichtigung findet.[3]

Die vorliegende Schulbuchanalyse basiert auf der Untersuchung von 22 rheinland-pfälzischen Schulbüchern des Faches Sozialkunde. Das Sample umfasst offiziell durch das rheinland-pfälzische Ministerium für Bildung zugelassene Bücher für die Schulformen Gymnasium, Integrierte Gesamtschule, Realschule Plus[4] sowie für berufsbildende Schulen, die in den Jahren 2016 bis 2022 erschienen und nach Schulbuchkatalog bis mindestens 2027 lieferbar sind. Die Auswertung der Schulbuchtexte erfolgt als strukturierende qualitative Inhaltsanalyse.[5]

Eingeschränkte Perspektivenvielfalt *auf* digitale Medien

Problemstellung

Mit den folgenden drei Punkten unternehmen wir den Versuch einer Gegenstandsbeschreibung: Wodurch zeichnen sich digitale Medien in den untersuchten Schulbüchern aus? Uns interessiert, welche konkreten Aspekte thematisiert werden und damit als kennzeichnend und relevant für das Phänomen „digitale Medien" erscheinen. Es geht folglich um die Identifizierung typischer partieller Beschreibungen des Phänomens. In unserer Gegenstandsbetrachtung spielen sowohl explizite als auch implizite Bezugnahmen eine Rolle sowie ebenfalls jene Aspekte, die *nicht* thematisiert werden.

---

3 Während eine eingeschränkte Perspektivenvielfalt *auf* digitale Medien vielen von uns untersuchten Schulbüchern zur Last gelegt werden kann, so ist die eingeschränkte Perspektivenvielfalt *durch* digitale Medien in diesen selbst angelegt bzw. durch die Umstände, wie sie infrastrukturell aufgesetzt und eingebettet sind, bedingt. Es handelt sich hierbei um zwei unterschiedliche Ebenen, wobei das Problem der eingeschränkten Perspektivenvielfalt *durch* digitale Medien in Schulbüchern kaum Beachtung findet.

4 Die Realschule Plus ist eine im Bundesland Rheinland-Pfalz spezifische Schulart. Im Zeitraum von 2009 bis 2014 wurden ehemalige Haupt- und Realschulen sowie Regionale Schulen zu den sogenannten Realschulen Plus zusammengeführt. Regulär lässt sich die Realschule Plus mit dem Mittleren Schulabschluss oder der Berufsschulreife abschließen.

5 Vgl. Udo Kuckartz, *Qualitative Inhaltsanalyse: Methoden, Praxis, Computerunterstützung*, 4. Auflage, Weinheim, Basel: Beltz Juventa, 2018.

a)   Digitale Medien als Katalysatoren für Populismus, Hate Speech,
       Fake News und Verschwörungsmythen

„Lüge, Hass, Desinformation, Mobbing und Manipulation"[6] werden als zentrale
Gefahren betrachtet, die von digitalen Medien ausgehen. Insbesondere in Verknüpfung mit dem Thema Fake News werden digitale Medien als Katalysatoren
für Populismus und Hetze kontextualisiert.[7] Als Gefahr von digitalen Medien
wird auch den Themen „Cybermobbing" und „Hasskommentare" viel Platz in
den Büchern eingeräumt, aber nicht in allen Büchern geht die Thematisierung
des Gegenstands mit dem Aufzeigen von Handlungsmöglichkeiten einher; oft
wird der Umgang mit der Gefahr über eine Aufgabenstellung an die Schülerinnen
und Schüler delegiert.[8] An Beispielen wie dem Brand der Kathedrale Notre-Dame
im April 2019 werden die Gefahren verdeutlicht, welche die Veränderungen von
Kommunikation und Öffentlichkeit in sich bergen: die Schnelligkeit der Verbreitung von Falschinformationen und Verschwörungstheorien sowie die damit
einhergehende manipulative Absicht und Wirkung.[9]

   Damit wird exemplarisch deutlich, auf welches Referenzobjekt sich Texte in
Schulbüchern beziehen: auf die unmittelbaren Vernetzungs- und Verbreitungs-
effekte von Kommunikationsmedien. Dabei muss gefragt werden, inwiefern
diese (und die ihnen zugeordneten Phänomene wie Hate Speech, Fake News und
Cybermobbing) als Epiphänomene des digitalen Wandels analysiert werden
müssen, d. h. als Phänomene, die der Logik digitaler Strukturen folgen, ohne sich
selbst weiter auf diese auszuwirken. „[A]ll diese Diskussionen über Störungen
gesellschaftlicher Routinen durch die ausgreifende Digitaltechnik [...] setzen die
Digitalisierung als Phänomen letztlich voraus."[10]

   Die Verengung des analytischen Blickwinkels auf Epiphänomene läuft letztlich Gefahr, bloße Effekte der digitalen Medien in den Blick zu nehmen, dabei
aber die Erklärungsbedürftigkeit und Kontingenz digitaler Medien ihrerseits –
ihre Form, ihre Rolle und ihre grundlegenden Funktionslogiken – *nicht* als ein
untersuchungswürdiges Phänomen zu betrachten. Digitale Medien selbst als
erklärungsbedürftiges Phänomen aufzugreifen würde beinhalten, die Frage da-

---

6 Susanne Als, Christian Fringes, Philippe Hillenbrand, Marcus Müller, Michael Sauer und
   Torsten Schreier, *Politik & Co.*, Sozialkunde, 8–10, Gymnasium Rheinland-Pfalz, Bamberg:
   C.C. Buchner, 2021, 141.

7 Vgl. Als u.a., *Politik & Co* 2021, 140; Karin Herzig und Wolfgang Mattes, *Politik erleben.
   Sozialkunde*, 7–10, Gymnasium, Integrierte Gesamtschule und Realschule Plus Rheinland-
   Pfalz, Paderborn: Schöningh, 2021, 139.

8 Vgl. Christian Bachmann, Slobodan Comagic, Niels Hennrich, Georg Mohr, Stefan Müller-
   Dittloff, Dietmar Schug und Veit Straßner, *Mensch & Politik*, Sozialkunde, 8–10, Gymnasium
   Rheinland-Pfalz, Braunschweig: Schroedel, 2021, 126.

9 Vgl. ebd., 112.

10 Armin Nassehi, *Muster. Theorie der digitalen Gesellschaft*, München: C. H. Beck, 2019, 26.

nach aufzuwerfen, in wessen Namen, in wessen Auftrag, in Reaktion auf welche Bedürfnisse und entlang welcher ökonomischer Kriterien digitale Medien entwickelt werden. Dazu zählt auch die Frage, was der per Software intendierte Handlungsraum ist und welche Vorstellungen von Nutzenden sich darin erkennen lassen,[11] und welche Bedeutung ökonomischen Anreizen für die Bereitschaft der plattformschaffenden Unternehmen zukommt, polarisierende Kommunikation oder Fake News zu befördern.[12]

Der in Schulbüchern suggerierte Einfluss der digitalen Medien auf die gesellschaftliche Entwicklung[13] schreibt digitalen Medien einen Akteursstatus zu (z. B. als Katalysator von Fake News und Hate Speech), ohne zu explizieren, was oder wer im Einzelnen handelt.[14] Implizit wird ein Deutungsmuster bedient, das digitale Medien einerseits und die gesellschaftliche Entwicklung andererseits als unabhängige Variablen begreift.[15] Dass die grundlegenden Funktionslogiken digitaler Medien gesellschaftlich bedingt sind, bleibt ausgeblendet. Befördert wird damit ein Verständnis von digitalen Medien, welches diese als *unterscheidbar* von gesellschaftlicher Entwicklung auffasst und das wechselseitige Bedingungsverhältnis zwischen digitalen Medien und Gesellschaft de-thematisiert.

b)   Digitale Medien als Informations- und Kommunikationskanäle

Ebenfalls auf die Bühne der Schulbücher schaffen es die Konturierungen von digitalen Medien als Informationsträger und -vermittler. Schulbücher beziehen sich darauf, dass durch digitale Medien die Informationsbeschaffung erleichtert wird. Informationen zur eigenen Meinungsbildung können, so ein Schulbuch der Sekundarstufe I, „zum größten Teil nur aus den Medien [bezogen werden]. Deren Aufgabe besteht deshalb vor allem darin, die erforderlichen Informationen zu beschaffen, auszuwählen und so zusammenzustellen und ggf. kritisch zu kommentieren, dass ihr Publikum sie versteht und sich eine eigene Meinung bilden

---

11 Vgl. Benjamin Jörissen, „Digital/Kulturelle Bildung. Plädoyer für eine Pädagogik der ästhetischen Reflexion digitaler Kultur", in: *Kulturelle Bildung online*, 2019, https://www.kubi-on line.de/artikel/digital-kulturelle-bildung-plaedoyer-paedagogik-aesthetischen-reflexion-dig italer-kultur, zuletzt geprüft am 7. Juni 2024.
12 Vgl. Philipp Staab und Thorsten Thiel, „Privatisierung ohne Privatismus. Soziale Medien im digitalen Strukturwandel der Öffentlichkeit", in: Martin Seeliger und Sebastian Sevignani (Hg.), *Ein neuer Strukturwandel der Öffentlichkeit?*, Baden-Baden: Nomos, 2021, 275–297, 285.
13 Vgl. Als u. a., *Politik & Co.*, 2021, 111 und 127.
14 Vgl. Jeanette Hofmann, „Mediatisierte Demokratie in Zeiten der Digitalisierung. Eine Forschungsperspektive", in: Dies. (Hg.), *Politik in der Digitalen Gesellschaft. Zentrale Problemfelder und Forschungsperspektiven*, Bielefeld: transcript, 2019, 27–46, 28.
15 Vgl. Nassehi, *Muster*, 16.

kann."[16] Im Kontext von Recherche und Informationsbeschaffung diskutieren die Schulbücher kritisch verschiedene Informationsquellen, zum Beispiel YouTube[17], und stellen oftmals anwendungsorientierte Handreichungen zu Recherchen im Internet vor, um Anwendungs- und Nutzungskompetenzen der Schülerinnen und Schüler entsprechend zu fördern.[18]

Gerade die Möglichkeit, sich schneller als je zuvor über neue Geschehnisse informieren zu können (und sich dann auch in Foren und Chats mit anderen Menschen über die jeweiligen Themen auszutauschen), wird häufig als eine Chance digitaler Medien genannt.[19] Insbesondere mediengeschichtliche Abrisse, die sich vereinzelt in den analysierten Schulbüchern finden, fokussieren sehr stark die Leistungsfähigkeit von (digitalen) Medien hinsichtlich der – möglichst schnellen und verlustfreien – Übermittlung von Informationen. Die „digitale Revolution"[20] schrumpft folglich in diesen Zusammenhängen auf den Aspekt der Nutzung digitaler Medien zusammen; sie sind hier vor allem im buchstäblichen Sinne als Mittler interessant, die danach befragt werden, ob sie „Informationen schneller und billiger verbreiten"[21] können als analoge Medien.

Zugänge, die „die digitalen Medien" als quasi-neutrale Hilfsmittel zur möglichst schnellen Übertragung bestimmter Informationen oder der Erreichung bestimmter Ziele rahmen, sind jedoch irreführend. Digitale Medien (etwa Kommunikations- und Informationsdienste wie Instagram, WhatsApp oder Google) sind keine neutralen Übermittler, vielmehr haben sie selbst eine prägende Wirkung auf das Übermittelte, indem sie potenziell „ermächtigen, ermöglichen, anbieten, ermutigen, erlauben, nahelegen, beeinflussen, verhindern, autorisieren, ausschließen und so fort."[22] Darin macht sich eine in den Schulbüchern ausgeblendete Eigenschaft von digitalen Medien als Teil digitaler Infrastrukturen bemerkbar: es handelt sich weniger um einen neutralen Übertra-

---

16 Wolfgang Mattes, Birgit Ackermann und Karin Herzig, *Politik erleben*, Sozialkunde, 7–10, Gymnasium, Integrierte Gesamtschule und Realschule Plus Rheinland-Pfalz, Paderborn: Schöningh, 2016, 99.

17 Vgl. Herzig und Mattes, *Politik erleben*, 2021, 130.

18 Im Rahmen der Förderung eines kritisch-reflektierten Umgangs mit medial vermittelten Informationen wird in Schulbüchern vor Beeinflussungsversuchen von Influencerinnen und Influencern und Manipulationsstrategien allgemein gewarnt – sei es durch einseitige Meinungen, implizit vermittelte Schönheitsideale oder Beeinflussung des Konsumverhaltens. Die Rahmung von Manipulationsstrategien erfolgt meist im Sinne einer interaktionellen oder parasozialen Kommunikation; die strukturelle Bedingtheit sowohl ihrer Realisierung als auch ihrer dauerhaften Aufrechterhaltung geraten nicht in den Blick.

19 Vgl. u. a. Mattes u. a., *Politik erleben*, 2016, 232; Herzig und Mattes, *Politik erleben*, 2021, 115.

20 Yvonne Krautter und Michell Dittgen, *Trio*, Gesellschaftslehre, 7/8, Integrierte Gesamtschule und Realschule Plus Rheinland-Pfalz, Braunschweig: Westermann, 2022, 253.

21 Bachmann u. a., *Mensch & Politik*, 2021, 96.

22 Bruno Latour, *Eine neue Soziologie für eine neue Gesellschaft*, Frankfurt am Main: Suhrkamp, 2007, 124.

gungskanal als um einen eng umrissenen, „Handlungsoptionen bereitstellende[n] Möglichkeitsraum".[23] In den Formen der Konstituierung kommunikativer Infrastrukturen liegt damit ein implizit *politisches,* also streitbares Moment.[24]

Im Vergleich zur – eher passiven – Rezeption medialer Informationen spielen Schülerinnen und Schüler in anderen Kontexten eine aktivere Rolle: Sie nehmen als Akteurinnen und Akteure an interaktiver Kommunikation teil. Die Kommunikationspartnerinnen und -partner sind oftmals einzelne Personen, die individualisierte Äußerungen und Darstellungen verfügbar machen und teils in einem interpersonellen Austausch, teils in parasozialer Interaktion mit den Nutzenden stehen. Die untersuchten Schulbücher thematisieren folgerichtig neben rezeptiven Handlungen auch kommunikative und partizipative Handlungen: Als Kommunikations- und Partizipationsraum heben Schulbücher die Möglichkeiten digitaler Medien für neue Formen der gesellschaftlichen Mitbestimmung für Nutzerinnen und Nutzer hervor.[25] Als Beteiligungsformen werden in aktuelleren Schulbüchern (2021 oder neuer) besonders die Möglichkeit der Meinungsäußerung auf sozialen Medien durch Textbeiträge oder Videos sowie durch die direkte Adressierungen von Politikerinnen und Politiker genannt. Darüber hinaus geht es um neue Formen des Protests und der Vernetzung, was am Beispiel der Fridays-for-Future-Bewegung verdeutlicht wird.[26] Es wird etwa ausgeführt, das Web 2.0 erlaube eine direkte Rückmeldung zwischen Sender und Empfänger einer Nachricht, was auch die Kommunikation zwischen Politik und Bürgerschaft intensiviere.[27] Auch auf eine Veränderung in der Art der Kommunikation wird hingewiesen: *Top-down*-Strukturen würden aufgebrochen zugunsten dialogischer Formate, die an Politikerinnen und Politiker ganz neue

---

23 Hofmann, „Mediatisierte Demokratie in Zeiten der Digitalisierung", 32.

24 Vgl. Inken Heldt, „Digitalisierung, Mediatisierung, Demokratie: Politische Medienbildung als Anliegen und Auftrag der Erwachsenenbildung", in: *Magazin erwachsenenbildung.at* 44/45, Artikel 13 (2022), 1–9, https://erwachsenenbildung.at/magazin/ausgabe-44–45, zuletzt geprüft am 7. Juni 2024.

25 Feststellen lässt sich allerdings, dass die neueren Schulbücher aus den Jahren 2021 und 2022 in Hinsicht auf diese neuen Kommunikationsmöglichkeiten weit weniger Optimismus verbreiten als noch die älteren Bücher aus dem Jahr 2016: In letztgenannten werden vereinzelt auch Pilotprojekte einzelner Landkreise oder Bundesländer vorgestellt, die etwa mittels E-Petitionen oder sogenanntem Liquid-Feedback versuchten, Chancen von Digitalisierungsprozessen auszuloten. Vgl. Slobodan Comagic, Carsten Frigger, Werner Immesberger, Rainer Kohlhaas, Georg Mohr, Ursula Müller und Stefan Müller-Dittloff, *Mensch & Politik*, Sozialkunde, 8–10, Gymnasium Rheinland-Pfalz, Braunschweig: Schroedel, 2016, 72; Hartwig Riedel, *Politik & Co.*, Sozialkunde, 8–10, Gymnasium Rheinland-Pfalz, Bamberg: C.C. Buchner, 2016, 88.

26 Vgl. Als u. a., *Politik & Co.*, 2021, 140; Bachmann u. a., *Mensch & Politik*, 2021, 114; Herzig und Mattes, *Politik erleben*, 2021, 136; Krautter und Dittgen, *Trio*, 2022, 260.

27 Vgl. Comagic u. a., *Mensch & Politik*, 2016, 58; Bachmann u. a., *Mensch & Politik*, 2021, 94.

Anforderungen in Hinsicht auf Verständlichkeit und Kompaktheit ihrer Aussagen stellen würden.[28]

In den Schulbüchern werden „*die* digitalen Medien" insofern als Instrumente gerahmt, die dem Ausdruck und der selbstbestimmten Partizipation des autonomen Subjekts dienen. Damit werden die autonome persönliche Identität und die Interessenlage der Nutzenden als eine vorgängig bestimmte Offline-Entität vorausgesetzt, die bloß noch online zum Ausdruck gebracht werden muss. Es rückt hierbei aus dem Blick, dass während der eigentlichen Kommunikation – für Nutzende meist unbemerkt – Verfahren der Beobachtung, Vermessung und Personalisierung wirken, die potentiell die Bedingungen individueller Autonomie schwächen können. Damit ist zugleich die privilegierte Beobachtungsposition der Anbieterinnen und Anbieter von digitalen Medien benannt, die Nutzende analysieren und ihr Verhalten zu beeinflussen suchen.[29] Durch diese Intransparenz, so pointiert Tekster, wird eine Machtposition ermöglicht, die „jene entmächtigt, auf die sie angewandt" wird.[30] In diesem Sinne rücken erneut die durch Plattformen bereitgestellten Kommunikationsarchitekturen in den Blick. Deren Formatvorgaben determinieren die Möglichkeit dessen, *was* durch sie kommuniziert und *wie* durch sie partizipiert wird: „despite the claims of their more enthusiastic advocates – social media does not provide a free space for self-expression and creativity."[31]

c)   Digitale Medien als Gefährdung persönlicher Daten

Die Frage „Wie schütze ich meine persönlichen Daten?"[32] ist in den von uns untersuchten Sozialkundebüchern dominant vertreten. Das Thema „Daten" wird meist vor dem Hintergrund von möglichem Missbrauch angesprochen. Vor der Veröffentlichung privater Inhalte, die „zum Missbrauch einladen" und „in falsche Hände geraten"[33] können, wird gewarnt: „Man muss immer damit rechnen, dass fremde Personen auf die Informationen zugreifen können, die man über sich und andere versendet".[34] Insbesondere solche Schulbücher, die vor dem Jahr 2021 veröffentlicht wurden, neigen zu einem Datenverständnis, das Daten auf freiwillig geteilte persönliche Informationen reduziert, „dazu gehören dein Alter,

---

28 Vgl. Comagic u. a., *Mensch & Politik*, 2016, 73.
29 Vgl. Staab und Thiel, „Privatisierung ohne Privatismus", 286.
30 Thomas Tekster, „Widerständige Bildung im Zeitalter von Social Scoring", in: Harald Gapski und Stephan Packard (Hg.), *Super-Scoring? Datengetriebene Sozialtechnologien als neue Bildungsherausforderung*, Düsseldorf, München: kopaed, 2021, 223–237, 229.
31 David Buckingham, *The Media Education Manifesto*, Cambridge, Medford, MA: Polity Press, 2019, 80.
32 Comagic u. a., *Mensch & Politik,* 2016, 80.
33 Mattes u. a., *Politik erleben*, 2016, 105.
34 Ebd.

deine Adresse, Angaben über deine Familie".[35] Dass es sich bei den „sichtbaren" Eingabedaten nur um einen Teil der Datenwelt handelt, bleibt weitgehend unreflektiert.[36]

Der so entfalteten Logik ist entgegenzuhalten, dass sich Angriffe auf die Privatsphäre auf zwei Ebenen ergeben: zum einen auf der *horizontalen* Ebene (durch gleichgestellte Mitmenschen), zum anderen auch auf einer *vertikalen* Ebene (durch Institutionen und private Unternehmen, welche die Daten sammeln, analysieren und weitergeben).[37]

Schulbücher thematisieren bisher vor allem Strategien, um die *horizontale* Privatheit zu schützen. Im Fokus steht damit die Vermittlung von Kenntnissen, die im Datenschutzdiskurs üblicherweise unter „Selbstdatenschutz" zusammengefasst werden, womit die individuelle Nutzung von Verschlüsselungstools, Anonymisierungsinstrumenten und dergleichen angesprochen wird. Selbstdatenschutz zielt dabei auf das eigene Verhalten, beispielsweise auf die individuelle Einstellung von Privatsphäre-Optionen.[38]

Stärker sichtbar zu machen wäre die Logik digitaler Geschäftsmodelle im Sinne der datenbasierten Wertschöpfung. Der durch digitale Plattformen bereitgestellte Rahmen für Kommunikation hat den Zweck, Kommunikations- und Verhaltensdaten zu sammeln und damit Profit zu erzielen, „eine ökonomisch-exploitative Dimension läuft immer mit".[39] Da digitale Kommunikationsdienste eine unverzichtbare, alltagsprägende infrastrukturelle Bedeutung gewonnen haben, „verschwindet die Freiheit, sich gegen die Preisgabe der Privatsphäre zu entscheiden".[40]

---

35 Ebd.
36 Diese Engführung auf ein bestimmtes, eingegrenztes Verständnis von Daten plausibilisiert eine Akzentuierung von Gefahren: Thematisiert werden Gefahren wie Datenmissbrauch und Identitätsdiebstahl durch konkret handelnde Menschen, etwa durch Mitschülerinnen und Mitschüler (vgl. *Trio*, Gesellschaftslehre 7/8, 2022, 261) oder durch Einbrecherinnen und Einbrecher, die durch Urlaubsfotos auf sozialen Medien auf leerstehende Wohnungen schlussfolgern (vgl. Bachmann u. a., *Mensch & Politik*, 2021, 120). Entsprechende Ratschläge lauten in Schulbüchern, „anonym im Netz aufzutreten" (Comagic u. a., *Mensch & Politik*, 2016, 77), um kein Opfer des zunehmend „gläsernen, überwachten Raum[s]" (ebd., 74) zu werden, also eigene Daten nur sparsam preiszugeben und niemals Persönliches an Unbekannte weiterzugeben.
37 Vgl. Philipp K. Masur, Doris Teutsch, Tobias Dienlin und Sabine Trepte, „Online-Privatheitskompetenz und deren Bedeutung für demokratische Gesellschaften", in: *Forschungsjournal Soziale Bewegungen* 30, 2 (2017), 180–189.
38 Vgl. Harald Gapski, „Diskussionsfelder der Medienpädagogik: Datafizierte Lebenswelten und Datenschutz", in: Uwe Sander, Friederike Gross und Kai-Uwe Hugger (Hg.), *Handbuch Medienpädagogik*, Wiesbaden: Springer, 2022, 693–701.
39 Staab und Thiel, „Privatisierung ohne Privatismus", 286.
40 Jeanette Hofmann, „Digitale Infrastrukturen im Wandel", in: *Bürger im Staat* 72, 1/2 (2022), 56–62, 60.

Insofern erscheint es angebracht, neben handlungspraktischen Fragen eines „sicheren Surfens"[41] verstärkt theoretische Reflexionen über das Schutzgut der Privatheit anzuleiten.[42] Ausgangspunkt der Problematisierung kann die Inwertsetzung personenbezogener Daten sein, durch die das Grundrecht auf informationelle Selbstbestimmung untergraben wird.[43] Die Auseinandersetzung mit der Verfügungsgewalt über personengebundene Daten wirft damit eine für die Politische Bildung essentielle Frage auf: nach den Möglichkeiten und strukturellen Grenzen individueller (Daten-)Autonomie („informationelle Selbstbestimmung"). Bildung über Datenschutz sollte insofern darauf zielen, ein reflektiertes Welt- und Selbstverhältnis zu den politisch und individuell höchst folgenreichen Entwicklungen der Themen Datenerfassung und -verwertung im digitalen Raum aufzubauen.[44] Aber exakt diese Aufgabe der kritischen Reflexion bestehender sozio-technischer Strukturen von digitalen Medien erscheint wenig präsent in Schulbüchern, z. B. im Hinblick auf die Frage, inwiefern die Gestaltungen des digitalen Raums dem Anspruch auf Selbstbestimmung und Selbstverfügbarkeit von Subjekten (nicht) gerecht werden, und welche politischen Forderungen sich daraus ableiten lassen.

Zwischenfazit: Nutzung im Fokus und der omnipräsente Dualismus von Chancen und Gefahren

Perspektivenvielfalt *auf* digitale Medien setzt den Lerngegenstand stillschweigend als einen unverrückbar feststehenden voraus, der von den Schülerinnen und Schülern – unter Anleitung – gewissermaßen gewendet und somit aus verschiedenen Blickwinkeln betrachtet und in der Folge bewertet werden kann. Digitale Medien werden vorrangig in ihrer Vergegenständlichung als Intermediäre betrachtet. Schlagendes Indiz für diese vor-reflexive Setzung in den hier untersuchten Schulbüchern ist ihre nur unzureichende Bestimmung in den Medienkapiteln.[45] Was Sozialkundebücher unter digitalen bzw. „neuen" Medien (oder Online-Medien) verstehen, beschreibt eines der von uns untersuchten Schulbücher entsprechend (und bezeichnenderweise) als „alle Medien rund um das Internet"[46], womit vernetzte Geräte wie Smartphones, Tablets, Laptops,

---

41 Krautter und Dittgen, *Trio*, 2022, 261.
42 Vgl. Petra Grimm, Tobias O. Keber und Oliver Zöllner, *Digitale Ethik. Leben in vernetzten Welten*, 3. Auflage, Ditzingen: Reclam, 2021.
43 Vgl. Hofmann, „Digitale Infrastrukturen im Wandel", 60.
44 Vgl. Harald Gapski, „Mehr als Digitalkompetenz. Bildung und Big Data", in: *Aus Politik und Zeitgeschichte* 27–28 (2019), 24–29, 26.
45 Vgl. u. a. Bachmann u. a., *Mensch & Politik*, 2021, 114.
46 Comagic u. a., *Mensch & Politik*, 2016, 58.

Smart-TVs, Spielekonsolen oder Smartwatches gemeint sind.[47] Dem ist entge-
genzusetzen, dass digitale Medien weit mehr – bislang allerdings weitgehend
unberücksichtigte – Aspekte berühren als jene, die in den Schulbüchern verhandelt werden.

Mit ihrer nur unzureichenden Bestimmung korrespondiert ferner, dass digitale Medien in den Schulbüchern vornehmlich unter dem Aspekt ihrer Nutzung
behandelt werden: Die Schülerinnen und Schüler sollen einen aufgeklärten
Umgang mit ihnen einüben, um nach Möglichkeit die Chancen digitaler Medien
zu nutzen und zugleich die vielfältigen, von ihnen ausgehenden Gefahren zu
umgehen.[48] Dem Gebot der Kontroversität ist unter diesen Vorzeichen Genüge
getan, wenn dem Dualismus von Gefahren und Risiken einerseits und Chancen
und Möglichkeiten andererseits ausreichend Platz eingeräumt wurde – eine
Bedingung, die (wie im vorangegangenen Abschnitt dargelegt) im analysierten
Sample übererfüllt ist.[49]

Gestritten wird folglich – und in dieser Hinsicht spiegeln die Schulbücher im
Grunde nur eine Schieflage (respektive verkürzte Perspektive) wider, die sich
auch in gesellschaftlichen Debatten zeigt – bevorzugt über die ambivalenten
Folgen des Gebrauchs digitaler Medien. In Bezug auf Fake News etwa – um ein
Beispiel aus den Schulbüchern herauszugreifen – interessieren nicht so sehr
deren Ursachen und Entstehung als vielmehr die Frage, „warum so viele Menschen auf Fake News im Netz hereinfallen"[50] und wie kompetente Mediennut-
zende Falschmeldungen entlarven können.[51]

Eingeschränkte Perspektivenvielfalt *durch* digitale Medien

Dass es nicht unproblematisch ist, Digitalisierungsprozesse im Allgemeinen und
digitale Medien im Speziellen vor allem unter dem Vorzeichen ihrer Anwendung
sowie der Ausbildung einer instrumentell verstandenen Medienkompetenz zu
didaktisieren, ist bereits vielfach angemerkt worden.[52] Einher geht diese Kritik

---

47 Vgl. Bachmann u. a., *Mensch & Politik,* 2021, 117.
48 Vgl. sehr eindeutig in: Mattes u. a., *Politik erleben,* 2016, 97.
49 Vgl. Comagic u. a., *Mensch & Politik,* 2016, 72–81; Krautter und Dittgen, *Trio,* 2022, 250.
50 Herzig und Mattes, *Politik erleben,* 2021, 133.
51 Vgl. ebd., 134.
52 Vgl. u. a. Benjamin Jörissen und Lisa Unterberg, „Digitalität und Kulturelle Bildung. Ein
    Angebot zur Orientierung", in: Benjamin Jörissen, Stephan Kröner und Lisa Unterberg (Hg.),
    Forschung zur Digitalisierung in der Kulturellen Bildung, München: kopaed, 2019, 11–24, 19;
    Werner Friedrichs, *„Electric Voting Man.* Ausblicke auf posthumanistische politische Bil-
    dungen in der *augmented democracy",* in: Lara Möller und Dirk Lange (Hg.), *Augmented
    Democracy in der Politischen Bildung. Neue Herausforderungen der Digitalisierung,* Wies-
    baden: Springer, 2021, 7–29, 20.

zumeist mit begrifflichen Justierungen, die von den nur vage umrissenen „digitalen Medien" bzw. der noch weit schwammigeren „Digitalisierung" abrücken und stattdessen die wechselseitige Vermittlung und Einwirkung von sozialer Praxis und (digitaler) Technologie fokussieren. Im wissenschaftlichen Diskurs hat sich die Einsicht durchgesetzt, Mensch und Technik nicht auseinanderdividieren zu können: So sortieren sich neben die praxeologischen Ansätze der Soziologinnen und Soziologen[53] etwa der politikwissenschaftliche Begriff der digitalen Konstellation[54] sowie – aus der Kultur- und der Medienwissenschaft – die Begriffe des Post-Digitalen und der Digitalität. Letztgenanntem soll im Folgenden der Vorzug gegeben werden, da er missverständliche Konnotationen vermeidet,[55] die etwa mit dem Begriff des Post-Digitalen verknüpft sein können und zunächst ausgeräumt werden müssten.[56]

Mittels des Begriffs der Digitalität erfasst Felix Stalder Prozesse der Digitalisierung als einen fundamentalen Kulturwandel, der auf sämtliche Vorgänge sozialer Bedeutungsentstehung und -aufrechterhaltung,[57] d.h. auf individuelle Identitätsbildungen (Subjektivation) und auf gesellschaftliche Ordnungsbildungen Auswirkungen hat. Hierüber erst wird deutlich, inwieweit *durch* digitale Medien – noch bevor sie auf diese oder jene Weise in Anwendung kommen – vielfach eine Art der Einschränkung von Perspektivenvielfalt stattfindet, die weitaus tiefgreifender ist als eine bloß einseitige Betrachtung eines Lerngegenstandes (s. o.). Denn immer schon ist der Mensch auf systematische Weise von Technologie bedingt und beeinflusst[58]: Technik – ganz gleich welcher Art – ist niemals nur ein neutrales Gegenüber, für das lediglich Umsicht in der Anwendung angezeigt ist. Vielmehr stellt sie gewisse Kommunikations- und Handlungsoptionen zur Verfügung (Affordanzen), während sie zugleich andere (mitunter gezielt) ausschließt.

So koordiniert Technik das Handeln, bahnt das Verhalten der Menschen, indem sie deren Lebenswelt dergestalt präfiguriert, dass bestimmte Reaktionen wahrscheinlich und andere gleich von vornherein ausgeschlossen werden.

---

53 Exemplarisch vgl. Hilmar Schäfer, „Der Gebrauch des Digitalen. Zur praxeologischen Analyse digitaler Kultur", in: *Mittelweg 36. Zeitschrift des Hamburger Instituts für Sozialforschung* 30, 1 (2021), 3–14.

54 Vgl. Sebastian Berg, Daniel Staemmler und Thorsten Thiel, „Political Theory of the Digital Constellation", in: *Zeitschrift für Politikwissenschaft* 32 (2021), 251–265.

55 Vgl. Felix Stalder, *Kultur der Digitalität*, 3. Auflage, Berlin: Suhrkamp, 2016, 20.

56 Vgl. Benjamin Jörissen, „Subjektivation und ästhetische Bildung in der post-digitalen Kultur", in: *Vierteljahresschrift für wissenschaftliche Pädagogik* 94 (2018), 51–70, 51; Friedrichs, „Electric Voting Man", 18.

57 Vgl. Stalder, *Kultur der Digitalität*, 16.

58 Vgl. Werner Friedrichs, „Radikale Demokratiebildung im postdigitalen Zeitalter", in: Matthias Busch und Charlotte Keuler (Hg.), *Politische Bildung und Digitalität*, Frankfurt am Main: Wochenschau, 2023, 42–50.

„Plattformen normieren Verhaltensweisen und versehen sie mit einem eigenen Vokabular: ‚liken', ‚teilen', ‚folgen', ‚befreunden', ‚bewerten'. Sie haben das Potential, die gewachsene Bedeutung gesellschaftlicher Institutionen wie etwa die der Freundschaft zu überformen."[59] Durchwirkung und Vorprägung des Menschen dürften hinsichtlich digitaler Medien, die nicht zu Unrecht häufig vom Gemeinplatz begleitet werden, sie würden in sämtliche Lebensbereiche eindringen, besonders ausgeprägt sein. Eine mögliche Folge kann darin bestehen, dass sich die Technik gewissermaßen eine Welt nach ihrem Bildnis schafft, sodass die soziale Konfiguration, die sie hervorgebracht hat, den Menschen wie eine zweite Natur erscheint.[60] Die „weltbildende[n] Wirkungen"[61] digitaler Medien – d. h. die Tatsache, dass Welt durch sie „nicht mehr repräsentiert [...] [, sondern] für jeden User eigens generiert und anschließend präsentiert"[62] wird – dringt gar nicht mehr in das Bewusstsein der Menschen ein. Folglich gilt, dass der Beitrag digitaler Medien auf gesellschaftliche Ordnungen „sich nicht in materiellen Vorleistungen wie Schienen, Kanälen, Strom- und Datenleitungen [erschöpft], er erstreckt sich auch auf die Normalisierung spezifischer Nutzungsweisen und Handlungsroutinen".[63]

In dieser Konstellation nun ist der Herstellung von Perspektivenvielfalt zunächst die Notwendigkeit vorgeschaltet, Einseitigkeit und Enge der *durch* digitale Medien vermittelten Perspektive deutlich zu machen. In den analysierten Schulbüchern geschieht dies in nur unzureichendem Maße; Digitalität im oben skizzierten Sinne wird nicht adäquat mitberücksichtigt, was sich einmal mehr am Beispiel des Themas Datenschutz illustrieren lässt: Die Schulbücher – insbesondere die älteren aus dem Jahr 2016 – legen eine Nutzung digitaler Medien nahe, die sich durch äußerste Vorsicht hinsichtlich der Eingabe personenbezogener Daten auszeichnen soll. An die Schülerinnen und Schüler geht häufig die Mahnung, in der Nutzung etwa sozialer Medien sparsam bei der Preisgabe personenbezogener Daten zu sein (sogenannter Selbstdatenschutz). So soll verhindert werden, dass Fremde Einsicht bekommen oder sich gar zum Missbrauch der Daten eingeladen fühlen.[64] Adressiert sind die Lernenden hier wiederum in ihrer Rolle als Nutzende, denen zwecks Vermeidung von Gefahren und Unannehmlichkeiten geraten wird, digitale Medien möglichst anonym zu nutzen.[65] Ein

---

59 Hofmann, „Digitale Infrastrukturen im Wandel", 58.
60 Vgl. Nick Couldry und Andreas Hepp, „Datafizierung. Wie digitale Medien und ihre Infrastrukturen unsere Praktiken, unser Wissen und unsere soziale Welt verändern", in: *Mittelweg 36. Zeitschrift des Hamburger Instituts für Sozialforschung* 30, 1 (2021), 85–101, 91.
61 Markus Baum, „Freiheit in datafizierten Kontexten? Politische Betrachtungen des digitalisierten Neoliberalismus", in: *Zeitschrift für Politikwissenschaft* 32 (2021), 481–505, 492.
62 Stalder, *Kultur der Digitalität*, 189.
63 Hofmann, „Digitale Infrastrukturen im Wandel", 58.
64 Vgl. u. a. Mattes u. a., *Politik erleben,* 2016, 105.
65 Vgl. u. a. Comagic u. a., *Mensch & Politik,* 2016, 77.

Bereich, in dem Unannehmlichkeiten entstehen können und der in den Schulbüchern häufiger genannt wird, ist die Suche nach einem Ausbildungs- oder Arbeitsplatz. Paradigmatisch hierfür lässt sich ein Cartoon aus einem Schulbuch für die Sekundarstufe I der gymnasialen Oberstufe anführen: Unter dem sarkastischen Titel „Informationsgesellschaft" erkundigt sich ein junger Mann bei seinem – offensichtlich niedergeschlagenen – Freund nach dem Stand einer Bewerbung, worauf letzterer aus seiner Absage zitiert: „nach Auswertung der über Sie im Netz befindlichen Informationen, bedauern wir Ihnen mitteilen zu müssen [...]"[66] Im Begleittext zur Zeichnung wird erklärend ausgeführt, Personalleitungen würden im Internet – vor allem in den sozialen Netzwerken – gezielt nach Informationen über Bewerberinnen und Bewerber suchen.

Was sich – wie es in einem anderen Schulbuch der Fall ist – pejorativ als ein „Ausspähen" potentieller Mitarbeitenden betiteln lässt,[67] einzig mit der Mahnung zu einem vorsichtigen Umgang mit den eigenen Daten zu verbinden, greift zu kurz. Neben Hinweisen auf Vermeidung und Achtsamkeit bedürfte es hier der Problematisierung der Tatsache, dass Personalerinnen und Personaler von Suchalgorithmen und sozialen Netzwerken selbstredend kein authentisches Bild von Bewerbenden vermittelt bekommen. Den ökonomischen Rationalitäten großer Tech-Unternehmen folgend, sind digitale Räume derart *vor*-gestaltet, dass Plakatives und Aufmerksamkeitsheischendes dominiert. Es wäre folglich darauf hinzuweisen, dass der infrastrukturelle Aufbau digitaler Medien von Vornherein eine aufmerksamkeitsökonomisch verzerrte, weil einseitige Perspektive bedingt. Diese resultiert zudem in erheblichem Maße aus dem personalisierten Zuschnitt des Internets: Suchmaschinenanbietende und Social-Media-Dienste generieren diesen aus Metadaten und algorithmisch erzeugten Daten,[68] die bei der Nutzung ihrer Dienste anfallen.

Ferner müsste problematisiert werden, dass die Recherche zu anderen Personen oftmals nur mehr mittelbar in menschlicher Hand liegt. In vielen Fällen übernehmen bereits Algorithmen – in Gestalt sogenannter ADM-Systeme (ADM = *Automatic Decision Making*) – sowohl die Aufgabe einer Vorsortierung der Bewerbungen als auch einen Hintergrund-Check über die potentiellen neuen Angestellten. Hieran lässt sich ganz grundsätzlich die Frage anschließen, ob Menschen – mit ihren vielschichtigen Facetten und Eigenschaften – überhaupt auf eine solche Weise zum Objekt von Datenerhebung und (algorithmischer) Datenauswertung werden sollten: Ist ein solches Vorgehen mit den Idealen von

---

66 Ebd., 76. Im untersuchten Sample taucht die Zeichnung ein weiteres Mal auf in Riedel, *Politik & Co.*, 2016, 81.

67 Vgl. Bachmann u.a., *Mensch & Politik*, 2021, 120.

68 Zur Unterscheidung der Datenarten vgl. Simone van der Hof, „I agree, or do I? A rights-based analysis of the law on children's consent in the digital world", in: *Wisconsin International Law Journal* 34, 2 (2017), 409–445, 412–414.

Autonomie und Menschenwürde vereinbar? Ist hier nicht die Gefahr um ein Vielfaches potenzierter, den eigenen Lebensweg an antizipierten wie an verbürgten Unternehmensinteressen auszurichten, anstatt auf Autonomie zu beharren? Spezifischer gilt es zu fragen, inwieweit auf diese Weise vermeintlich festgestellte Persönlichkeitsmerkmale überhaupt mit erfolgreichem Arbeiten in Verbindung gebracht werden können, ob ferner private Daten für derartige Zwecke grundsätzlich genutzt werden dürfen, wie mit etwaigen Falschzuordnungen umgegangen wird, wer für Fehlentscheidungen der Algorithmen haftet oder was auf politischer Ebene in diesem Zusammenhang zu unternehmen ist.[69] Gewiss ist, dass die Gefahr besteht, Klischees, Vorurteile, auch Diskriminierungen algorithmischen Entscheidungsfindungen (mit-)einzuschreiben und jene Missstände hierdurch zu perpetuieren.

Zu der hier beispielhaft skizzierten Einschränkung von Perspektivenvielfalt *durch* digitale Medien – genauer: durch ihre algorithmisch geprägte Funktionsweise – muss einschränkend noch Zweierlei angemerkt werden: Zum einen gilt es zu betonen, dass die hier formulierte Kritik nicht derart zu verstehen ist, dass (klassische) Medienkompetenz oder auch – um beim angeführten Beispiel zu bleiben – Selbstdatenschutz kleingeredet oder diesem gar eine Absage erteilt werden soll. Im Gegenteil, beides bleibt wichtig und behält auch im Zusammenhang mit digitalen Medien unverändert seine Daseinsberechtigung. Nur müsste dies in den Schulbüchern eben um die Auseinandersetzung mit infrastrukturellen und welt- wie sinnerzeugenden Zügen digitaler Medien – d. h. mit ihrer konstituierenden Kraft – ergänzt werden. Deutlich würde hierüber etwa, dass die Affordanzen digitaler Medien sich passgenau sowie verstärkend zu analogen Bedürfnisstrukturen zeigen (z. B. in Hinsicht auf die Inszenierung von Einzigartigkeit, Wunsch nach Bestätigung etc.).[70] Erst diese Perspektivenweitung machte es überhaupt erst möglich, Perspektivenvielfalt in einem umfassenderen wie tiefgreifenderen Sinn in Anschlag zu bringen. Zum anderen ist anzumerken, dass es in den analysierten Schulbüchern durchaus Ansätze zu eben dieser Perspektivenweitung gibt, etwa wenn unter der Überschrift „Unser ganz persönliches Internet: die Allmacht der Algorithmen"[71] der individuelle Zuschnitt digitaler Welten thematisiert wird oder in Auseinandersetzung mit Big Data die Aussicht auf ein vollends von digitaler Technik kuratiertes Leben in den Blick gerät, in dem die Menschen sich geborgen fühlen *in* und *durch* Technologie und

---

69 Katharina Zweig, Marc Hauer und Franziska Raudonat, *Anwendungsszenarien – KI-Systeme im Personal- und Talentmanagement*, 2020, https://testing-ai.gi.de/fileadmin/PR/Testing-A I/ExamAI_Publikation_Anwendungsszenarien_KI_HR.pdf, zuletzt geprüft am 7. Juni 2024.
70 Vgl. Staab und Thiel, „Privatisierung ohne Privatismus", 288.
71 Herzig und Mattes, *Politik erleben*, 2021, 118.

in der Folge die massenhafte Erhebung, Speicherung und Auswertung von Daten gar nicht mehr als problematisch wahrnehmen.[72]

Fazit

Virulent erscheint in den Schulbüchern die Vorstellung von „den Medien" als gegenständlich zugängliche Informations- und Kommunikationsdienste, die für Nutzerinnen und Nutzer in der Form von medialen Erzeugnissen, Produkten oder Diensten unmittelbar handhabbar sind. In Schulbüchern besteht zwar die Annahme, dass die Verwendung digitaler Medien zu mehr Perspektivenvielfalt führen könnte, insofern auf vielfältige Informationsquellen zugegriffen werden kann. Durch den Fokus auf Gefahren und die Außerachtlassung der digitalen Infrastruktur sind diese Perspektiven *auf* digitale Medien jedoch verengt und bleiben einseitig, während Perspektiveneinschränkungen bzw. Vorprägungen *durch* digitale Medien (im Sinne von Digitalität) weitestgehend unreflektiert bleiben. Mit einer solchen Verengung des Blickwinkels auf ein überwiegend technisch-instrumentell geprägtes Verständnis von Medien wird eine für den Phänomenbereich relevante analytische Differenz übergangen: Digitale Medien sind nicht nur als gegenständlich zugängliche Informationslieferanten und Dienste aufzugreifen, sondern auch im Sinne einer „digitalen Medialität", d. h. als grundlegende, nur reflexiv einholbare Ausgangsbasis des eigenen Selbst- und Weltverstehens und damit der Identitätsgenese.[73]

Aufgrund solcher Analysen kann eine Veränderung der Relevanzstruktur wahrgenommener bzw. gegenwärtiger Aspekte des Lerngegenstandes bewirkt werden. Die digitale Infrastruktur ist als Aspekt des Phänomens „digitale Medien" für eine sozialwissenschaftliche Deutung konstitutiv. Ohne Bezug auf bestimmte Eigenschaften der sie ermöglichenden Infrastruktur ist eine differenzierte Deutung von digitalen Medien nicht möglich. Wenn nun Schulbücher die Infrastruktur digitaler Medien (im Sinne des Blicks hinter die „Nutzeroberfläche"), ausblenden, d. h. die Infrastruktur nicht als Teil des Phänomens „digitale Medien" behandeln, besteht hiermit eine deutliche, zu problematisierende Differenz zwischen der Zurichtung des Lerngegenstandes „digitale Medien" und dem Status Quo der sozialwissenschaftlichen Auseinandersetzung. Was unterbelichtet bleibt, ist eben digitale Medialität – also die (vorreflexive) Durchdringung und Vorprägung von Wahrnehmung und Vorstellungen der Lernenden

---

72 Vgl. Bachmann u. a., *Mensch & Politik*, 2021, 124.
73 Vgl. Inken Heldt, „Medienbildung im Zeitalter der Digitalisierung", in: Wolfgang Sander und Kerstin Pohl (Hg.), *Handbuch politische Bildung*, Frankfurt am Main: Wochenschau, 2022, 374–381, 376.

durch digitale Medien. Diese Perspektive ist vom Bildungsmedium Schulbuch noch weit stärker einzuholen. Die hier vorgenommene Schulbuchanalyse lässt folglich eine wesentliche didaktische Herausforderung konturiert hervortreten: Es gilt, das Infrastrukturelle digitaler Medien, das bis dato nur unzureichend Berücksichtigung in Schulbüchern findet, thematisch werden zu lassen.

Literaturverzeichnis

Baum, Markus. „Freiheit in datafizierten Kontexten? Politische Betrachtungen des digi-
    talisierten Neoliberalismus", in: *Zeitschrift für Politikwissenschaft* 32 (2021), 481–505.
Berg, Sebastian, Daniel Staemmler und Thorsten Thiel. „Political Theory of the Digital
    Constellation", in: *Zeitschrift für Politikwissenschaft* 32 (2021), 251–265.
Buckingham, David. *The Media Education Manifesto*, Cambridge, Medford, MA: Polity
    Press, 2019.
Couldry, Nick und Andreas Hepp. „Datafizierung. Wie digitale Medien und ihre Infra-
    strukturen unsere Praktiken, unser Wissen und unsere soziale Welt verändern", in:
    Mittelweg 36. Zeitschrift des Hamburger Instituts für Sozialforschung 30, 1 (2021), 85–
    101.
Friedrichs, Werner. „*Electric Voting Man*. Ausblicke auf posthumanistische politische
    Bildungen in der *augmented democracy*", in: *Augmented Democracy in der Politischen
    Bildung. Neue Herausforderungen der Digitalisierung*, Lara Möller und Dirk Lange
    (Hg.), Wiesbaden: Springer, 2021, 7–29.
Ders. „Radikale Demokratiebildung im postdigitalen Zeitalter", in: *Politische Bildung und
    Digitalität*, Matthias Busch und Charlotte Keuler (Hg.), Frankfurt am Main: Wochen-
    schau, 2023, 42–50.
Gapski, Harald. „Mehr als Digitalkompetenz. Bildung und Big Data", in: *Aus Politik und
    Zeitgeschichte* 27–28 (2019), 24–29.
Ders. „Diskussionsfelder der Medienpädagogik: Datafizierte Lebenswelten und Daten-
    schutz", in: *Handbuch Medienpädagogik*, Uwe Sander u. a. (Hg.), Wiesbaden: Springer,
    2022, 693–701.
Grammes, Tilman. „Kontroversität", in: *Wörterbuch Politikunterricht*, Sabine Achour u. a.
    (Hg.), Frankfurt am Main: Wochenschau, 2020, 132–134.
Grimm, Petra, Tobias O. Keber und Oliver Zöllner. *Digitale Ethik. Leben in vernetzten
    Welten*, 3. Auflage, Ditzingen: Reclam, 2021.
Heldt, Inken. „Digitalisierung, Mediatisierung, Demokratie: Politische Medienbildung als
    Anliegen und Auftrag der Erwachsenenbildung", in: *Magazin erwachsenenbildung.at*
    44/45, Artikel 13 (2022), 1–9, https://erwachsenenbildung.at/magazin/ausgabe-44-45,
    zuletzt geprüft am 7. Juni 2024.
Dies. „Medienbildung im Zeitalter der Digitalisierung", in: *Handbuch politische Bildung*,
    Wolfgang Sander und Kerstin Pohl (Hg.), Frankfurt am Main: Wochenschau, 2022, 374–
    381.

Hofmann, Jeanette. „Mediatisierte Demokratie in Zeiten der Digitalisierung. Eine Forschungsperspektive.", in: *Politik in der Digitalen Gesellschaft. Zentrale Problemfelder und Forschungsperspektiven*, dies. (Hg.), Bielefeld: transcript, 2019, 27–46.

Dies. „Digitale Infrastrukturen im Wandel", in: *Bürger im Staat* 72, 1/2 (2022), 56–62.

Jörissen, Benjamin. „Subjektivation und ästhetische Bildung in der post-digitalen Kultur", in: *Vierteljahresschrift für wissenschaftliche Pädagogik* 94 (2018), 51–70.

Ders. „Digital/Kulturelle Bildung. Plädoyer für eine Pädagogik der ästhetischen Reflexion digitaler Kultur", in: *Kulturelle Bildung online*, 2019, https://www.kubi-online.de/arti kel/digital-kulturelle-bildung-plaedoyer-paedagogik-aesthetischen-reflexion-digitaler -kultur, zuletzt geprüft am 7. Juni 2024.

Jörissen, Benjamin und Lisa Unterberg. „Digitalität und Kulturelle Bildung. Ein Angebot zur Orientierung", in: *Forschung zur Digitalisierung in der Kulturellen Bildung*, Benjamin Jörissen u. a. (Hg.), München: kopaed, 2019, 11–24.

Kuckartz, Udo. *Qualitative Inhaltsanalyse: Methoden, Praxis, Computerunterstützung*, Weinheim, 4. Auflage, Basel: Beltz Juventa, 2018.

Latour, Bruno. *Eine neue Soziologie für eine neue Gesellschaft*, Frankfurt am Main: Suhrkamp, 2007.

Masur, Philipp K., Doris Teutsch, Tobias Dienlin und Sabine Trepte. „Online-Privatheitskompetenz und deren Bedeutung für demokratische Gesellschaften", in: *Forschungsjournal Soziale Bewegungen* 30, 2 (2017), 180–189.

Nassehi, Armin. *Muster. Theorie der digitalen Gesellschaft*, München: C.H. Beck, 2019.

Oberle, Monika und Inken Heldt. „Politische Bildung in der digitalen Welt. Die digitale Transformation im Fokus der Politikdidaktik", in: *Fachliche Bildung in der digitalen Welt. Digitalisierung, Big Data und KI im Forschungsfokus von 15 Fachdidaktiken*, Volker Frederking und Ralf Romeike (Hg.), Münster: Waxmann, 2022, 311–333.

Schäfer, Hilmar. „Der Gebrauch des Digitalen. Zur praxeologischen Analyse digitaler Kultur", in: *Mittelweg 36. Zeitschrift des Hamburger Instituts für Sozialforschung* 30, 1 (2021), 3–14.

Staab, Philipp und Thorsten Thiel. „Privatisierung ohne Privatismus. Soziale Medien im digitalen Strukturwandel der Öffentlichkeit", in: *Ein neuer Strukturwandel der Öffentlichkeit?*, Martin Seeliger und Sebastian Sevignani (Hg.), Baden-Baden: Nomos, 2021, 275–297.

Stalder, Felix. *Kultur der Digitalität*, 3. Auflage, Berlin: Suhrkamp, 2016.

Tekster, Thomas. „Widerständige Bildung im Zeitalter von Social Scoring", in: *Super-Scoring? Datengetriebene Sozialtechnologien als neue Bildungsherausforderung*, Harald Gapski und Stephan Packard (Hg.), Düsseldorf, München: kopaed, 2021, 223–237.

Van der Hof, Simone. „I agree, or do I? A rights-based analysis of the law on children's consent in the digital world", in: *Wisconsin International Law Journal* 34, 2 (2017), 409–445.

Zweig, Katharina, Marc Hauer und Franziska Raudonat. *Anwendungsszenarien – KI-Systeme im Personal- und Talentmanagement*, 2020, https://testing-ai.gi.de/fileadmin/PR/Testing -AI/ExamAI_Publikation_Anwendungsszenarien_KI_HR.pdf, zuletzt geprüft am 7. Juni 2024.

Schulbücher

Als, Susanne, Christian Fringes, Philippe Hillenbrand, Marcus Müller, Michael Sauer und Torsten Schreier. *Politik & Co.*, Sozialkunde, 8–10, Gymnasium Rheinland-Pfalz, Bamberg: C.C. Buchner, 2021.

Bachmann, Christian, Slobodan Comagic, Niels Hennrich, Georg Mohr, Stefan Müller-Dittloff, Dietmar Schug und Veit Straßner. *Mensch & Politik,* Sozialkunde, 8–10, Gymnasium Rheinland-Pfalz, Braunschweig: Schroedel, 2021.

Comagic, Slobodan, Carsten Frigger, Werner Immesberger, Rainer Kohlhaas, Georg Mohr, Ursula Müller und Stefan Müller-Dittloff. *Mensch & Politik,* Sozialkunde, 8–10, Gymnasium Rheinland-Pfalz, Braunschweig: Schroedel, 2016.

Herzig, Karin und Wolfgang Mattes. *Politik erleben,* Sozialkunde, 7–10, Gymnasium, Integrierte Gesamtschule und Realschule Plus Rheinland-Pfalz, Paderborn: Schöningh, 2021.

Krautter, Yvonne und Michell Dittgen. *Trio,* Gesellschaftslehre, 7/8, Integrierte Gesamtschule und Realschule Plus Rheinland-Pfalz, Braunschweig: Westermann, 2022.

Mattes, Wolfgang, Birgit Ackermann und Karin Herzig. *Politik erleben*, Sozialkunde, 7–10, Gymnasium, Integrierte Gesamtschule und Realschule Plus Rheinland-Pfalz, Paderborn: Schöningh, 2016.

Riedel, Hartwig. *Politik & Co.*, Sozialkunde, 8–10, Gymnasium Rheinland-Pfalz, Bamberg: C.C. Buchner, 2016.

Bildungsmedien *Out of the Box*

Alexandra Totter / Rico Cathomas

Entwicklungs- und Forschungsperspektiven *in* und *über* Minderheiten-Sprachlehrmittel am Beispiel des neuen rätoromanischen Sprachlehrmittels in der Schweiz

Einleitung

In der Schweiz gibt es vier Landessprachen: Deutsch, Französisch, Italienisch und Rätoromanisch. Letzteres wird landesweit noch von etwa 60.000 Personen als sprachliche Minderheit gesprochen. Im Schweizer Kanton Graubünden werden rund 3.600 Schülerinnen und Schüler in dieser Minderheitensprache alphabetisiert (Stand 2023). Die autochthone und rechtlich geschützte Minderheitensprache Rätoromanisch verfügt seit jeher auch über Sprachlehrmittel in ihrer Sprache. Diese wurden meist von engagierten Lehrpersonen in ihrer Freizeit entwickelt, waren jahrzehntelang im Einsatz und wurden weder systematisch evaluiert noch wissenschaftlich begleitet. Im Zusammenhang mit der Einführung eines verstärkt kompetenz- und feedbackorientierten, schülerzentrierten und digitalisierten Unterrichts werden seit 2017 auch für den Unterricht von Rätoromanisch als Erstsprache entsprechende neue Lehrmittel entwickelt und in die Unterrichtspraxis eingeführt (Lehrmittel als Innovationstreiber in der Schulentwicklung). Dabei wurden auch die Arbeitsprozesse bei der Lehrmittelerstellung und die Funktion der Lehrmittelautorinnen und -autoren professionalisiert und der konkrete Einsatz dieser romanischen Lehrmittel durch die Lehrpersonen und ihre Klassen soll wissenschaftlich untersucht werden.

Sprachliche Minderheiten sind in der Bildungsmedienforschung (zwar) ein Thema. Der Schwerpunkt liegt dabei allerdings primär auf inhaltlichen, historischen und vergleichenden Analysen der Darstellung von Minderheiten in Lehrmitteln.[1] Forschung, welche die Entwicklung von verbindlichen Lehrmitteln[2] für

---

1 Imke Rath und Riem Spielhaus, „Schulbücher und Antiziganismus: Zur Darstellung von Sinti und Roma in aktuellen deutschen Lehrplänen und Schulbüchern", *Eckert. Dossiers* 3 (2021), https://repository.gei.de/bitstream/handle/11428/323/11428.pdf?sequence=13&isAllowed=y.

2 Die Begriffe Schulbuch, Lehrmittel und Bildungsmedien werden synonym verwendet und hier wie folgt definiert: Ein (analoges und/oder digitales) Schulbuch, Lehrmittel bzw. Bildungsmedium ist ein kombiniertes Lehr- und Arbeitsbuch für Schülerinnen und Schüler sowie Lehrpersonen, das verschiedene Quellengattungen beinhaltet und aus einem Medienmix zum

den Erwerb der Minderheitssprache wissenschaftlich begleitet und die Nutzung durch die Schülerinnen und Schüler sowie die Lehrpersonen untersucht (Lehrmittelnutzungsforschung) hat sich bislang noch nicht etabliert. Das Lehrmittelprojekt „Mediomatix" für den Rätoromanischunterricht ermöglicht es erstmalig, sich einem Minderheiten-Sprachlehrmittel sowohl aus einer Entwicklungsperspektive als auch aus der Perspektive der Lehrmittel- bzw. Bildungsmedienforschung anzunähern. Ziel des Beitrages ist es theoriegeleitet aufzuzeigen, welche spezifischen Anforderungen sich bei der Entwicklung eines Minderheiten-Sprachlehrmittel ergeben und wie diese im sozio-edukativen Kontext der rätoromanischen Sprachgruppe in der Schweiz konkret umgesetzt wurden. Ebenso wird dargelegt, welche zukünftigen Forschungsvorhaben sich daraus ableiten lassen. Dabei wird insbesondere der Fokus auf Forschung zur tatsächlichen Nutzung der Minderheiten-Sprachlehrmittel durch die Schülerinnen und Schüler sowie die Lehrpersonen (Lehrmittelnutzungsforschung) gelegt.

Sprachminderheiten

Der Begriff der Sprachminderheit lässt sich nicht eindeutig bestimmen. Er kann unter verschiedensten Blickwinkeln betrachtet und semantisch konnotiert werden. Bei der theoretischen Analyse des Begriffes lassen sich aber mindestens vier Grundpositionen unterscheiden[3]. Die erste Position bleibt bei der Grundbedeutung des Begriffes und betont die quantitative Unterlegenheit einer Sprachgruppe gegenüber einer anderen. Die absolute Minderzahl gegenüber einer zahlenmäßig stärkeren Gruppe ist hier das Hauptkriterium. Eine Minderheitensprache kann zweitens auch unter dem Aspekt ihres funktionalen Wertes gesehen werden. Von einer Minderheitensprache wird dann gesprochen, wenn ihre Sprechenden diese nicht in allen Tätigkeitsbereichen, die zu ihrem Leben gehören, verwenden. Sie kann beispielsweise auf den familiären Bereich, das religiöse und literarische Leben beschränkt sein, während in Erziehung und öffentlicher Verwaltung eine andere Sprache verwendet wird. Die dritte Position untersucht die Machtverhältnisse, unter denen verschiedene Sprachgruppen leben. Sprachliche Minderheiten haben inferioren Charakter: Hoher Assimilationsdruck, Stigmatisierung, Chancenungleichheit, Schlechterstellung und Diskriminierung sind hier tragende Elemente der Definition. Das heißt, es gibt Bevölkerungsgruppen, die aus den unterschiedlichsten Gründen gezwungen

---

Aufbau von mindestens dem Jahresstoff besteht, welcher gemäß Lehrplan strukturiert ist und ein staatliches Zulassungsverfahren durchlaufen hat.

3 Frauke Kraas, *Die Rätoromanen Graubündens. Peripherisierung einer Minorität*, Stuttgart: Franz Steiner Verlag, 1992, 29–32.

sind, sich sprachlich und kulturell anzupassen. Diese Anpassungen werden insbesondere von nicht dominanten Bevölkerungsgruppen geleistet, die aus spezifischen Entwicklungsverläufen heraus einem erhöhten Assimilationsdruck ausgesetzt sind. So gesehen ist die Minderheit immer die „non dominant group".[4] Eine vierte Position betont das Kriterium der Selbstdefinition und der Selbstaktualisierung. Diese besagt, dass eine Minderheit dann als eine solche anzusprechen ist, wenn sie sich selbst so einstuft und sich aus diesem Bewusstsein heraus auch für ihren Fortbestand einsetzt.

In Anlehnung an diese Ausführungen werden in diesem Beitrag Rätoromanen als eine zahlenmäßig unterlegene Sprachgruppe (statistische Minderheit) verstanden, deren Sprache nicht in allen Tätigkeitsbereichen verwendet werden kann (funktionale Minderheit). Die Tatsache, dass die Bündnerromanen (im Kanton Graubünden der Schweiz lebende Rätoromanen) über kein sprachliches „Hinterland" verfügen[5], wie etwa Italienisch oder Französisch in der Schweiz, vermindert den funktionalen Wert der Sprache und schwächt diese zusätzlich. Als Folge davon ist bei den Rätoromanen der kulturelle und sprachliche Anpassungsdruck bedeutend ausgeprägter als bei statistisch größeren und prestigevollen Sprachgruppen. Daher ist ein typisches Kennzeichen der rätoromanischen Minderheit ihre Mehrsprachigkeit. Um eine vollständige Teilhabe an der Gesellschaft zu gewährleisten, muss sie einerseits den Schweizer Dialekt sprechen, aber auch über angemessene schriftsprachliche Kompetenzen in Deutsch verfügen. Anders als die Mehrheit der Minderheiten weltweit ist Rätoromanisch aber in einer privilegierten Lage, da es rechtlich als Landessprache anerkannt ist und der Sprachgebrauch in bündnerromanischen Schulen gefördert wird.[6]

Rätoromanisch – eine Minderheitensprache mit Landessprachenstatus

Die Rätoromanen – in Abgrenzung zu Dolomitenladinern und Friaulern auch Bündnerromanen genannt[7] – stellen selbst in der Schweiz mit ihren 8.7 Millionen Einwohnerinnen und Einwohnern (Stand 2023) eine Kleinstminderheit dar.

4 Sylvia Elisabeth Osswald, *Stabilitätsmindernde Faktoren bei einer sprachlichen Minderheit. Die Rätoromanen in Graubünden*, Hannover, Dissertation, 1988, 6.
5 Gion Deplazes, „Rätoromanische Literatur", in: *Historisches Lexikon der Schweiz* (HLS), Version vom 16. Dezember 2011, https://hls-dhs-dss.ch/de/articles/024573, zuletzt geprüft am 14. Dezember 2023.
6 Auf die insgesamt und im internationalen Vergleich supportive Situation von Rätoromanisch in der Schweiz weist auch der im Juni 2022 erschienene Bericht hin: Committee of Experts of the European Charter for Regional or Minority Languages, *Eighth Evaluation Report on Switzerland*, Straßburg: European Charter for Regional or Minority Languages, 2022.
7 Ricarda Liver, *Rätoromanisch. Eine Einführung in das Bündnerromanische*, Tübingen: Gunter Narr, 1999.

Gemäß der letzten Erhebung zu sprachlichen Praktiken in der Schweiz[8] machen sie mit etwa 60.000 Sprechenden nicht einmal ein Prozent der gesamtschweizerischen Bevölkerung aus. Ihr Stammland liegt im alpinen Ostteil der Schweiz, im Kanton Graubünden (Abbildung 1) und ist das Ergebnis eines sehr langen, großräumig erfolgten Schrumpfungsprozesses, der über einen Zeitraum von rund 2.000 Jahren zum heutigen Zustand extremer Peripherisierung und Minorisierung der Rätoromanen führte.[9]

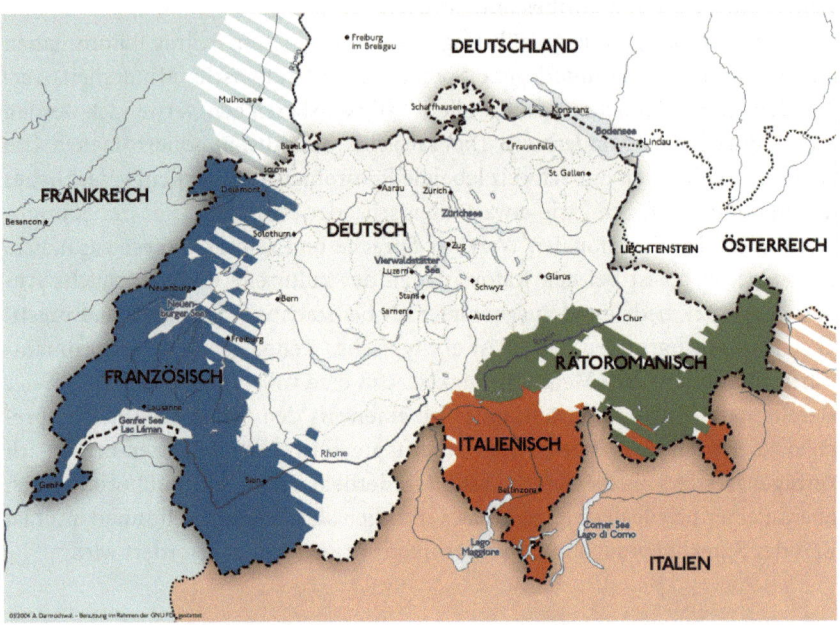

Abbildung 1: Landessprachen der Schweiz[10]

Nichtsdestotrotz hat Rätoromanisch seit 1938 den Status einer Landessprache. Die Schweiz hat in Art. 70 Abs. 1 der Bundesverfassung folgendes verankert: „Die Amtssprachen des Bundes sind Deutsch, Französisch und Italienisch. Im Verkehr mit Personen rätoromanischer Sprache ist auch das Rätoromanische Amtssprache des Bundes".[11] Aufgrund der spärlichen Sprachenregelung auf Bundesebene fällt die Sprachenhoheit den Kantonen zu. Der Kanton Graubün-

---

8 Bundesamt für Statistik (BFS), „Sprachliche Praktiken in der Schweiz – Erste Ergebnisse der Erhebung zur Sprache, Religion und Kultur 2019", Statistik der Schweiz, Neuchâtel: Bundesamt für Statistik (BFS), https://www.bfs.admin.ch/asset/de/15324909, zuletzt geprüft am 29. Dezember 2022.

9 Kraas, *Die Rätoromanen Graubündens.*

10 Quelle: Vielsprachige Schweiz, https://switzerland.org/landessprachen, zuletzt geprüft am 6. Dezember 2023.

11 *Bundesverfassung der Schweizerischen Eidgenossenschaft*, 1999, Art. 70, Abs. 1.

den hat in Art. 3 seiner Verfassung die drei Landessprachen Deutsch, Rätoromanisch und Italienisch als gleichwertige Amtssprachen festgeschrieben.[12] Er überlässt es aber den Gemeinden, ihre Amts- und Schulsprache im Einklang mit dem Sprachengesetz zu bestimmen.

Aus den Sprachregelungen des Bundes und des Kantons Graubünden wird ersichtlich, dass die rechtlichen Grundlagen für die Wahrung und Förderung der rätoromanischen Sprachminderheit durchaus gegeben sind. Die konkrete Umsetzung der Sprachenregelungen wird allerdings dadurch verkompliziert, dass sich im Laufe der letzten 400 Jahre insgesamt fünf verschiedene regionale rätoromanische Schriftformen, Idiome genannt, herausgebildet haben. Diese werden sowohl als Amts- als auch als Schulsprachen in ihren jeweiligen Einzugsgebieten verwendet. Erst 1980 konnte aus den fünf Varietäten eine einheitliche Schriftsprache, Rumantsch Grischun, entwickelt werden, die vor allem im überregionalen Schriftverkehr, in einigen wenigen Gemeinden aber auch als Schulsprache eingesetzt wird. Diese Entwicklungen führten schließlich dazu, dass der Kanton Graubünden für die obligatorische Schulzeit Lehrmittel in nicht weniger als acht autochthonen Sprachen bereitstellen muss: Auf Deutsch (für rund 13.000 Schülerinnen und Schüler), auf Italienisch (für rund 2.000 Schülerinnen und Schüler) und in den sechs rätoromanischen Versionen Sursilvan, Sutsilvan, Puter, Vallader, Surmiran und Rumantsch Grischun (für rund 3.600 Schülerinnen und Schüler).

Sprachgebrauch an den bündnerromanischen Schulen

Obwohl es im Kanton Graubünden, wie in der übrigen Schweiz, ein kantonales Schulgesetz sowie kantonale Lehrpläne gibt, sind die einzelnen Gemeinden in Bezug auf die Wahl ihrer Amts- und Schulsprache im Rahmen der rechtlichen Vorgaben autonom. So entstand in den bündnerromanischen Schulen ein unterschiedlicher Sprachgebrauch, der für Außenstehende oft schwer verständlich ist. Wie aus Abbildung 2 hervorgeht, lassen sich aber im Wesentlichen drei Grundformen des Sprachgebrauchs in den Volksschulen Graubündens unterscheiden:[13] Ein deutscher (in Abbildung 2 rot dargestellte politische Gemeinden), ein italienischer (in Abbildung 2 dunkelgrün dargestellte politische Gemeinden) und ein rätoromanischer Sprachgebrauch mit verschiedenen Varietäten (in Abbildung 2 blau, hellgrün, violett und gelb dargestellte politische Gemeinden).

---

12 *Verfassung des Kantons Graubünden*, 2003, Art. 3.
13 Manfred Gross, *The Romansh language in education in Switzerland*, Mercator European Research Centre on Multilingualism and Language Learning, 2017, 12–31.

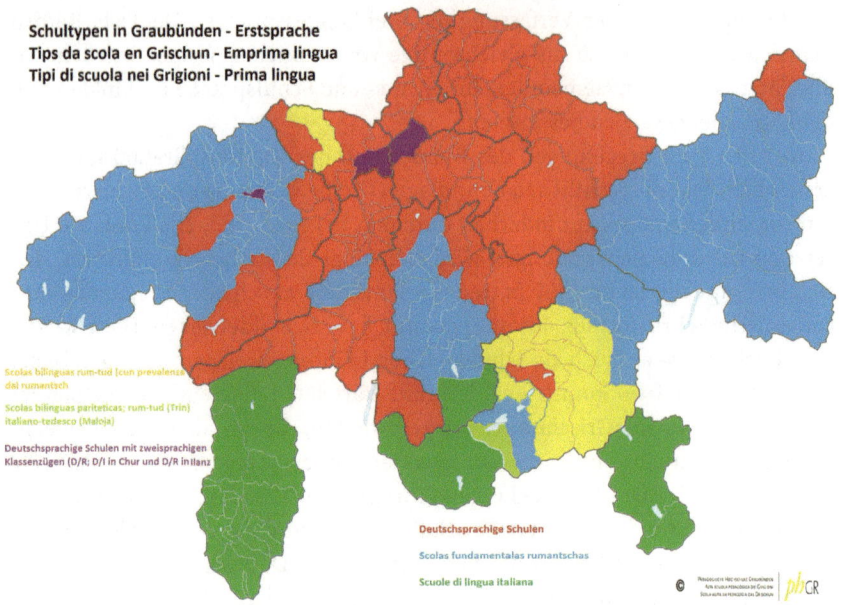

Abbildung 2: Schultypen in Graubünden[14]

Im rätoromanischen Sprachgebiet wird der Kindergarten grundsätzlich auf Rätoromanisch geführt. Der Besuch ist fakultativ und kann ab dem fünften Lebensjahr für ein oder zwei Jahre erfolgen. Auf der Primarschulstufe haben sich im Laufe der letzten Jahre zwei Typen entwickelt: Die rätoromanisch-deutsche Immersionsschule (RDI, in Abbildung 2 blau dargestellte politische Gemeinden) und die bilinguale rätoromanisch-deutsche Schule (in Abbildung 2 gelb dargestellte politische Gemeinden). Zusätzlich zu diesen gibt es noch Schulen, in denen ausschließlich Deutsch in allen Schulstufen als Schulsprache gesprochen wird und Rätoromanisch als Unterrichtsfach geführt wird (in Abbildung 2 violett dargestellte politische Gemeinden).[15]

Die RDI-Schule zeichnet sich dadurch aus, dass der Unterricht in der Primarschulstufe für alle Kinder, ungeachtet ihrer Erstsprachen, ausschließlich in Rätoromanisch erfolgt. Ab der dritten Klasse wird Deutsch, ab der 5. Klasse zusätzlich Englisch als erste Fremdsprache eingeführt. In der Oberstufe wechselt die Schulsprache von Rätoromanisch zu Deutsch. Alle Fächer, außer Rätoromanisch (zwei bis drei Wochenstunden) und Biologie (zwei Wochenstunden), werden in der Oberstufe auf Deutsch unterrichtet. Rätoromanisch und Deutsch werden mit einem Anteil von je 10 % auch weiterhin als Unterrichtsfächer ge-

---

14 Gross, *The Romansh language in education in Switzerland*, 13.
15 Rico Cathomas, *Schule und Zweisprachigkeit*, Münster: Waxmann, 2005, 169–177.

führt. Das sprachliche Ziel der RDI-Schulen ist eine ausgeglichene funktionale Zweisprachigkeit Rätoromanisch-Deutsch.

Die bilinguale rätoromanisch-deutsche Schule (in Abbildung 2 gelb dargestellte politische Gemeinden) entwickelte sich ab 1996 in mehreren Regionen des rätoromanischen Sprachgebietes, in denen Deutsch heute eine vorherrschende Stellung einnimmt. Die Alphabetisierung erfolgt auf Deutsch und beide Sprachen (Deutsch und Rätoromanisch) werden sowohl als Schulsprache als auch als Fach ab der ersten Primarschulstufe geführt. Dieser zweisprachige Schultyp ermöglicht es anderssprachigen Kindern, neben Rätoromanisch auch Deutsch früher zu lernen.

Die rätoromanischen Schulen können in einer Typologie bilingualer Schulen als „strong form of education for bilingualism and biliteracy" bezeichnet werden.[16] Sie stellen für Kinder der rätoromanischen Sprachminderheit ein Sprachschutzprogramm, für Kinder der deutschsprachigen Bevölkerungsgruppe ein Bereicherungsprogramm der Ausprägung „total, early immersion" dar. Typologisch lässt sich die RDI-Schule am ehesten der Gruppe der so genannten „two-way immersion programs"[17] zuordnen. Neben der Sprachschutzfunktion müssen bilinguale Schulen für sprachliche Minderheiten aber auch dafür sorgen, dass ihre Schülerinnen und Schüler keine Nachteile in der schulischen Entwicklung der Mehrheitssprache gegenüber Kindern aus einsprachig geführten Schulen erleiden. Studien zum Sprachstand ergaben, dass die rätoromanischen Schultypen die Entwicklung beider Sprachen ermöglichen.[18]

Lehrmittelentwicklung für Rätoromanisch im Kanton Graubünden

Im Evaluationsbericht *Massnahmen zur Erhaltung und Förderung der rätoromanischen und der italienischen Sprache und Kultur im Kanton Graubünden,* 2019 publiziert vom Zentrum für Demokratie im Auftrag des Bundesamtes für Kultur,[19] wird auf die prekäre Situation der rätoromanischen Sprache hingewiesen und an verschiedenen Stellen die große Bedeutung und Notwendigkeit der Entwicklung von Lehrmitteln für den Erhalt des Rätoromanischen hervorgehoben.

---

16 Colin Baker, *Foundations of Bilingual Education and Bilingualism*, 2. Aufl., Clevedon, UK: Multilingual Matters, 1996, 175.
17 Kathryn J. Lindholm, „Two-way Bilingual Education Programs in the Unites States", in: J. Cummins and D. Corson (Hg.), *Encyclopedia of Language and Education, Volume 5: Bilingual Education,* Dordrecht: Springer, 1997, 271–280, 271.
18 Cathomas, *Schule und Zweisprachigkeit,* 217f.
19 Corsin Bisaz, Emilienne Kobelt, Caroline Rausch, Michael Strebel, Andreas Glaser und Daniel Kübler, *Massnahmen zur Erhaltung und Förderung der rätoromanischen und der italienischen Sprache und Kultur im Kanton Graubünden. Evaluationsbericht im Auftrag des BAK,* Aarau: Zentrum für Demokratie (ZDA), 2019.

In der Schweiz tragen die 26 Kantone die Verantwortung für Bildung und Kultur. Somit hat der Kanton Graubünden die Hoheit über Bildungsanliegen, finanziert und bestimmt diese auch inhaltlich. Die Entwicklung, Zulassung und Einführung eines Lehrmittels im Kanton Graubünden erfolgt durch die Zusammenarbeit verschiedener Akteurinnen und Akteure. Die Regierung des Kantons Graubünden ist die oberste Lehrmittelbehörde. Sie fungiert als Auftraggeberin hinsichtlich Entwicklung und Einsatz von Lehrmitteln, spricht Empfehlungen und ein Lehrmittel-Obligatorium für bestimmte Fächer aus. Als obligatorisch erklärte Lehrmittel müssen im Unterricht verwendet werden. Neu- bzw. Eigenentwicklungen werden vor allem für die Fächer Rätoromanisch, Italienisch sowie auf Graubünden bezogene Inhalte in Natur-Mensch-Gesellschaft gemacht. In diesen Fällen entwickelt das Amt für Volksschule und Sport (AVS) ein Konzept für ein neues Lehrmittel bzw. eine Lehrmittelreihe. Es begründet darin, was das geplante Lehrmittel aus bildungspolitischer, schulpraktischer, fachlicher und fachdidaktischer Sicht zu leisten hat und beantragt bei der Regierung den für die Umsetzung nötigen Kredit. Die Fachstelle „Lehrmittel des AVS", welche auch den Verlag „Lehrmittel Graubünden" führt, ist verantwortlich für die Umsetzung eines bewilligten Projektes, die Mitwirkung bzw. das Miteinbeziehen von Lehrpersonen und die Einführung des neuen Lehrmittels. Gemeinsam mit dem Schulinspektorat ist sie auch zuständig für die Qualitätssicherung.

Das Minderheiten-Sprachlehrmittelprojekt „Mediomatix"

Neben der Bedeutung, die dem Lehrmittel zum Erhalt des Rätoromanischen zugeschrieben wird, kam es in den letzten Jahren in der Schweiz noch zu weiteren bildungsrelevanten Entwicklungen und Perspektivenwechsel. Zum einen gab die Deutschschweizer Erziehungsdirektoren-Konferenz den ersten gemeinsamen Lehrplan (Lehrplan 21) für die Volksschule in Auftrag, welcher kompetenzorientiert aufgebaut ist und neu auch explizit Medienkompetenzen fördert.[20] Zum anderen kam es in der Sprachendidaktik zu einer Weiterentwicklung in Richtung Aufgabenorientierung[21] und zur kompetenzorientierten Output-Fokussierung des (Fremd-)Sprachenunterrichts als Folge der Etablierung des Gemeinsamen

---

20 Erziehungs-, Kultur- und Umweltschutzdepartement Graubünden, „Lehrplan 21 Graubünden", https://gr-d.lehrplan.ch/index.php, zuletzt geprüft am 29. Dezember 2023.
21 Ingo Thonhauser, „Was macht gute Aufgaben für den Fremdsprachenunterricht aus? Charakteristik guter Aufgaben und Einsichten aus der Unterrichtsbeobachtung", in: Stefan Keller, Christian Reintjes und Viktor Abt (Hg.), *Aufgaben als Schlüssel zur Kompetenz: didaktische Herausforderungen, wissenschaftliche Zugänge und empirische Befunde*, Münster: Waxmann, 2016, 179–196.

Europäischen Referenzrahmens für Sprachen (GER).[22] Aufgrund dieser Entwicklungen beauftragte die Regierung des Kantons Graubünden im Jahr 2014 eine Arbeitsgruppe bestehend aus Vertreterinnen und Vertretern verschiedener rätoromanischer Institutionen und Organisationen mit der Erarbeitung eines Konzepts für die Realisierung neuer Sprachlehrmittel in den rätoromanischen Idiomen, das 2015 vorgelegt wurde.[23]

Auf der Grundlage dieses Konzeptes startete das Projekt „Mediomatix" (Akronym aus „meds d'instrucziun idiomatics/idiomatische Lehrmittel"), welches zum Ziel hat, mit dem Lehrplan 21 kompatible, innovative, analog und digital einsetzbare Lehrmittel für den rätoromanischen Unterricht der zweiten bis neunten Klasse zu erarbeiten. Dabei sollte auf bereits bestehende Lehrmittel aufgebaut und strukturell eine für alle Idiome möglichst einheitliche Lehrmittelreihe geschaffen werden (siehe auch www.mediomatix.ch).

Ein Team der Pädagogischen Hochschule Graubünden entwickelte unter der Gesamtprojektleitung des Autors dieses Beitrages in Zusammenarbeit mit Lehrpersonen der rätoromanischen Professur aus den verschiedenen Sprachregionen in den Jahren 2016 bis 2021 neue Sprachlehrmittel in den rätoromanischen Idiomen Sursilvan, Sutsilvan, Puter und Vallader. Seit 2022 und bis 2029 wird analog dazu auch für das fünfte rätoromanische Idiom, dem Surmiran, ein Sprachlehrmittel erstellt.

Entwicklungsprozess

Ein zentrales Anliegen im Entwicklungsprozess war, die unterschiedlichen Interessen der verschiedenen Stakeholder niederschwellig und in einem gleichzeitigen Top-down- und Bottom-up-Verfahren zu berücksichtigen. So wurden z. B. Hearings zu möglichen Inhalten und Formaten mit Lehrpersonen durchgeführt. Es zeigte sich, dass sich die Mehrheit eine vereinfachte explizite Schulgrammatik und das A4-Format für die Arbeitsbücher wünschte. Zudem bestand eine Mehrheit darauf, die Lehrmittel nicht nur als E-Books, sondern auch in gedruckter Form zur Verfügung zu haben. Das entsprechend angepasste Konzept wurde durch den kantonalen Auftraggeber bewilligt und im Anschluss umgesetzt.

Ein weiterer wichtiger Aspekt war die koordinierte Zusammenarbeit von muttersprachlichen Autorinnen und Autoren mit mehrjähriger Schulstufenerfahrung als Lehrperson, wodurch eine Differenzierung nach Region, Idiom

---

22 *Gemeinsamer Europäischer Referenzrahmen für Sprachen (GER)*, https://europaeischer-refe renzrahmen.de/, zuletzt geprüft am 29. Dezember 2023.

23 Pädagogische Hochschule Graubünden, *Detailkonzept für ein neues Sprachlehrmittel in den romanischen Idiomen zu Handen des Erziehungsdepartementes des Kantons Graubünden*, Chur: Pädagogische Hochschule Graubünden, 2015.

(Sprache) und Schulstufe vorgenommen werden konnte. Auch konnte so ge-
währleistet werden, dass die Themen und der gewählte Sprachstil altersgemäß
war. Das Redaktionsteam begutachtete die verschiedenen Teile des Lehrmittels
und legte die Abfolge der Inhalte fest. Es erfolgten mehrere Lektoratsrunden
durch professionelle Linguistinnen und Linguisten. Vor der Entwicklung der
finalen Endversion wurden regelmäßig Erfahrungen aus der Praxis eingeholt,
eine Onlinebefragung der Lehrpersonen durchgeführt und sämtliche Produkte
mittels Qualitätscheckliste durch zwei Vertreterinnen und Vertreter des kantonalen Auftraggebers AVS abgenommen. Die Evaluationsstelle der Pädagogischen Hochschule Graubünden führte eine anonymisierte Befragung durch, bei
der die Teilnehmenden unter anderem explizit die Möglichkeit hatten, Fehler
und Unzulänglichkeiten des Lehrmittels zu benennen. Diese Rückmeldungen
flossen wiederum in die Weiterentwicklung der Lehrmittel, bis das Werk zum
Druck freigegeben werden konnte.

Produkte

In den ersten vier Idiomen wurden für die zweite bis neunte Klasse insgesamt 260
Produkte der Sprachlehrmittelreihe „Mediomatix" entwickelt: 128 digitale und
analog einsetzbare Arbeitsbücher für Schülerinnen und Schüler, 128 digitale
Kommentare für Lehrpersonen und vier didaktisierte Schulgrammatiken. Die
rätoromanischen Sprachlehrmittel wurden erstmals hybrid – als E-Books und
druckbare Arbeitsbücher – konzipiert. Sämtliche Aufgaben, Texte, Audios, Videos, Bilder und Grafiken wurden systematisch in einem digitalen Content
Management System (CMS) abgelegt. Über dieses Tool kann nicht nur auf Audio-
und Videodateien und digitale Übungen und Spiele zugegriffen werden, sondern
es können damit auch die druckfertigen Arbeitsbücher erstellt werden. Der
Aufbau dieses CMS ermöglicht zudem die zeitnahe Aktualisierung der Inhalte
und das Drucken kleiner Auflagen. Da aus Kostengründen zuvor relativ große
Auflagen gedruckt werden mussten, hatte dies zur Folge, dass die gleichen
Lehrmittel über Jahrzehnte unverändert eingesetzt und genutzt wurden.

Pro Schuljahr stehen jeweils vier aufeinander aufbauende Arbeitsbücher mit
100–120 Seiten zur Verfügung. Ein Arbeitsbuch besteht aus jeweils zwei bis vier
thematisch aufgebauten Kapiteln, die durch eine grammatikalische Progression
strukturiert und miteinander verbunden sind.

Aus der Perspektive der Lehrmittelentwicklung wurden insbesondere der Fokus
auf Möglichkeiten zur Selbstevaluation und die Formulierung von Aufgaben gelegt, die nicht nur Wissen und Verstehen, sondern auch Fähigkeiten und Fertig-
keiten zum Entwickeln, Gestalten und Weiterdenken fördern (Kompetenzorientierung). Darüber hinaus leisten die neuen Lehrmittel durch die E-Book Version

auch einen Beitrag zur bildungspolitisch geforderten verstärkten Auseinandersetzung von Lehrpersonen, Schülerinnen und Schüler mit digitalen Medien.

Der digitale Kommentar für Lehrpersonen enthält zusätzliche Aufgaben und Übungen, aber auch didaktische Vorschläge und Anregungen zur Durchführung von Unterrichtslektionen, entsprechenden Bezüge zum Lehrplan 21, Lösungen, Kopiervorlagen und formative Prüfungsbeispiele. Schließlich wurden 222 Frage- und Antwortkarten als spielerisches Format der Selbst- und Fremdkontrolle zu sieben Sprachebenen realisiert.

Fachdidaktische Konzepte als Basis der Lehrmittelentwicklung und Lehrmittelforschung

Lehrmittel sind für sprachliche Minderheiten wichtige Hilfsinstrumente schulischer Lehr- und Lernprozesse. Sie unterstützen die Gestaltung von Unterricht und bieten Schülerinnen und Schülern eine reichhaltige Lernbasis.[24] Auch sollen in Lehrmitteln Erkenntnisse der fachdidaktischen und lerntheoretischen Forschung einfließen und dadurch die methodische und didaktische Gestaltung des Unterrichts unterstützt werden.[25]

Im Rahmen der Entwicklung der neuen Lehrmittelreihe „Mediomatix" wurden zwischen 2016–2022 zwei fachdidaktische Konzepte (weiter) erarbeitet. Es handelt sich um (i) den „Sprach(en)garten"[26] und (ii) den „Qualitätsquadrant für Lernaufgaben und Lernziele".[27]

Der „Sprach(en)garten" ist ein fachdidaktisches Basiskonzept, welches sich in Terminologie und Strukturierung der Inhalte am Lehrplan 21 und dem GER anlehnt. Damit lassen sich die Lehr- und Lernaktivitäten (eines Lehrmittels) hinsichtlich vier Sprachfertigkeiten (Hören, Lesen, Sprechen und Schreiben) und sieben Sprachebenen systematisieren: Sprachtext (Semantik), Lexik (Semantik), Syntax, Morphologie (Grammatik/Rechtschreibung), Orthografie (Grammatik/

---

24 Kurt Reusser, „Von der Bildungs- und Unterrichtsforschung zur Unterrichtsentwicklung – Probleme, Strategien, Werkzeuge und Bedingungen", in: *Beiträge zur Lehrerbildung* 27, 3 (2009), 295–312.

25 Alexandra Totter, „Lehrmittel als Gegenstand der Forschung", in: *Dossier ilz.fokus* 9 (2021), 1–12.

26 Rico Cathomas, Irina Lutz und Annalisa Cathomas, „Der Sprach(en)garten: Eine didaktische Visualisierungshilfe zur Systematisierung des Sprachenunterrichts", in: Franca Caspani, Valeria Manna, Vincenzo Todisco und Marco Trezzini (Hg.), *Mehrsprachiger Unterricht im Fokus. Atti del Convegno sui modelli d'insegnamento verticolare delle lingue straniere*, Chur: Pädagogische Hochschule Graubünden, 2018, 196–204.

27 Rico Cathomas und Myriam Gessler, „Der CAS Lehrmittelautor*in an der PH Graubünden". Lehrmittelentwicklung mittels Modellierung: Der Qualitätsquadrant für Lernaufgaben und Lernziele", in: *Magazin ilz.ch*, 1 (2021), 4–9.

Rechtschreibung), Prosodie (Sprachmelodie und Akzente) und Pragmatik (angemessener Gebrauch). Daraus ergeben sich insgesamt 28 sprachdidaktische Bereiche, anhand derer sprachübergreifend die linguistische Struktur jede einzelnen Lehr- und Lernaktivität erkennbar gemacht werden kann, welche in einem Lehrmittel zur Verfügung steht, über die verschiedenen Idiome hinweg.

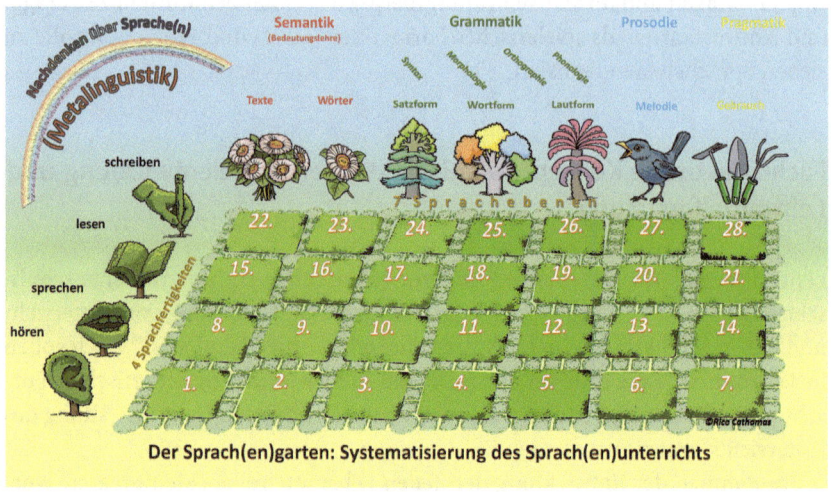

Abbildung 3: Das fachdidaktische Konzept des Sprach(en)gartens[28]

Das zweite fachdidaktische Konzept, der „Qualitätsquadrant für Lernaufgaben und Lernziele", basiert unter anderem auf dem fachdidaktischen Konzept von Jim Cummins.[29] Mit Hilfe dieses Konzeptes lässt sich die Qualität jeder Lehr- und Lernaktivität bestimmen. Es werden vier Primärfunktionen unterschieden:

(1) Bewegen, in Beziehung treten: Lehr- und Lernaktivität, welche aktuelle Themen aus der Lebenswelt der Schülerinnen und Schüler aufgreift und regionale und kulturelle Gegebenheiten berücksichtigt.

(2) Automatisieren/vertiefen: Automatisierungsaktivität als sinnvolle Vorstufe für den Transfer (hierzu stehen spezifische digitale Vertiefungsübungen zur Verfügung).

(3) Transferieren/adaptieren: Lehr- und Lernaktivität, welche die adaptive Sprachverwendung ermöglicht (kontextadäquater Transfer von Vorwissen und Können auf neue und/oder komplexere Situationen).

(4) Kreieren: Lehr- und Lernaktivität, welche das dekontextualisierte, divergente und kategoriale Denken anregt.

---

28 Cathomas, Lutz und Cathomas, *Der Sprach(en)garten*, 197.

29 Jim Cummins, „BICS and CALP: Empirical and Theoretical Status of the Distinction", in: Nancy H. Hornberger (Hg.), *Encyclopedia of Language and Education*, Boston: Springer US, 2008, 487–499.

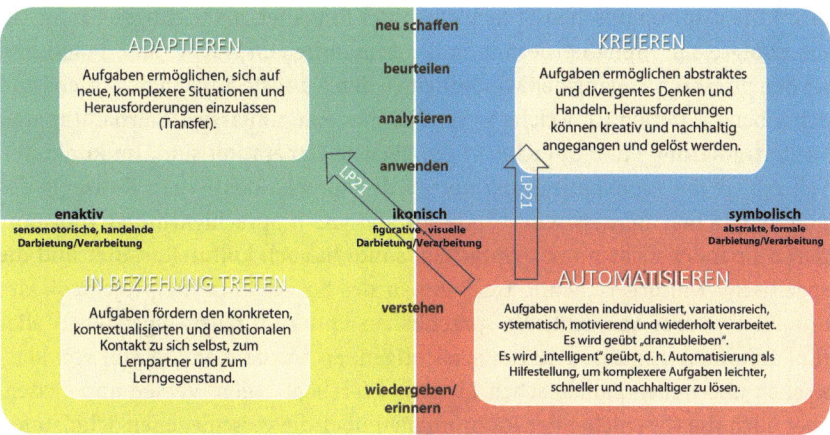

Abbildung 4: Qualitätsquadrant für gute Lernaufgaben und Lernziele[30]

Wie aus Abbildung 4 hervorgeht, soll der Qualitätsquadrant sicherstellen, dass die neuen rätoromanischen Sprachlehrmittel insbesondere auch, wie vom Lehrplan 21 (LP21) gefordert, Aufgaben und Aktivitäten anbieten, welche die Kompetenzen in den Bereichen adaptiver und kreativer Umgang mit Sprache fördern.

Funktionen von Minderheiten-Sprachlehrmitteln

Den rätoromanischen Sprachlehrmitteln lassen sich drei zentrale Funktionen von Lehrmitteln zuordnen: eine gesellschaftliche, eine instrumentelle-didaktische und eine Innovationsfunktion.[31]

Die gesellschaftliche Funktion des Lehrmittels kommt in der selektierenden und normierenden Auswahl von Inhalten zum Ausdruck und repräsentiert den gesellschaftlichen Bildungsauftrag.[32] So müssen die rätoromanischen Sprachlehrmittel wie alle obligatorischen Lehrmittel mit den bildungspolitischen Vorgaben einhergehen und diese Ziele unterstützen. Darüber hinaus sind die rätoromanischen Sprachlehrmittel für die Umsetzung der bildungspolitischen Vorgabe des Sprachschutzes zentral. Entsprechende Studien und Berichte weisen auf die wesentliche Bedeutung von Lehrmitteln für den Erhalt bedrohter Sprachen

---

30 Cathomas und Gessler, „Der CAS Lehrmittelautor*in an der PH Graubünden", 8.
31 Hartmut Hacker, *Das Schulbuch: Funktion u. Verwendung im Unterricht.*
32 Eckhardt Fuchs, Inga Niehaus und Almut Stoletzki, *Das Schulbuch in der Forschung. Analysen und Empfehlungen für die Bildungspraxis,* Göttingen: V&R unipress, 2014, 22 f.

hin.[33] Die rätoromanischen Sprachlehrmittel fungieren als wichtiger Faktor für die erfolgreiche Alphabetisierung in der Minderheitensprache. So ermöglichen sie den primären Zugang der Minderheit zu den Kulturtechniken des Lesens und Schreibens (Literalität), welche wesentlich für eine umfassende Erhaltung und Weitertradierung einer Sprache an die nächste Generation sind. Im konkreten Fall erfolgt die Alphabetisierung mittels des sprachdidaktischen Konzepts des phonologischen Bewusstseins.[34] Als Minderheiten-Sprachlehrmittel transportieren sie indes nicht nur die Sprachen, sondern auch kulturelle Güter und die spezifische Kulturgeschichte. Im Rahmen des Sprachlehrmittelprojektes „Mediomatix" wurde versucht, die sprachlichen und kulturellen Eigenheiten aller fünf Idiome angemessen zu berücksichtigen. So wurde eine Vielzahl von klassischen und neuen romanischen Liedern, Märchen, Sagen, Versen und Texten, aber auch die Geschichte der Rätoromanen über die verschiedenen Schulstufen in die Lehrmittel integriert. Mit der Integration von authentischem Material soll einerseits die Identifikation mit der eigenen Sprache und Kultur ermöglicht werden, anderseits soll durch die sich daraus ergebende Kontextualisierung der Lerninhalte auch die Lernmotivation erhöht werden.

Ein typisches Kennzeichen von Minderheitensprachen ist auch die weniger ausgeprägte formale Normierung der Schriftsprache. Sofern diese über eine Schrift verfügt, ist sie meist wenig(er) formalisiert. Dies gilt auch für die rätoromanische Sprache. Hier haben sich seit dem 16. Jahrhundert im Zuge der Reformation und der katholischen Gegenreformation vorerst drei, im 20. Jahrhundert zwei weitere regionale Schriftformen, Idiome genannt, entwickelt, die nicht auf einer gemeinsamen übergeordneten Normierung gründen, wie beispielsweise die deutsche, französische oder italienische Sprache, und die bedeutend „liberaler" angewendet werden. So übernimmt vielfach das Minderheiten-Sprachlehrmittel diese Normierungsfunktion. Im Rahmen des Projektes wurden daher zuerst vereinheitlichte didaktisierte Schulgrammatiken entwickelt. Diese dienen den Schülerinnen und Schülern bzw. den Lehrpersonen als formale Referenz und bilden für die Erstellung der neuen rätoromanischen Sprachlehrmittel die sprachlich-formale Grundlage.

Neben der gesellschaftlichen Funktion hat das Lehrmittel im Laufe der Zeit immer mehr instrumentell-didaktische Funktionen übernommen. So gibt das Lehrmittel eine grundlegende Struktur und Lernfelder vor, fungiert als Pla-

---

33 Bisaz et al., *Massnahmen zur Erhaltung und Förderung der rätoromanischen und der italienischen Sprache und Kultur im Kanton Graubünden.*
34 Melanie Y. Fischer und Maximilian Pfost, „Wie effektiv sind Maßnahmen zur Förderung der phonologischen Bewusstheit? Eine meta-analytische Untersuchung der Auswirkungen deutschsprachiger Trainingsprogramme auf den Schriftspracherwerb", in: *Zeitschrift für Entwicklungspsychologie und pädagogische Psychologie* 47, 1 (2015), 35–51.

nungshilfe für die Lehrperson und übernimmt als „Leitmedium"[35] eine zentrale didaktische Rolle im Unterricht. Auch im rätoromanischen Sprachlehrmittel wurden neuere didaktische Strömungen wie Aufgaben- und Kompetenzorientierung, bzw. Output- und Feedbackorientierung, oder die Möglichkeiten der Individualisierung aufgenommen. Besonders viel Zeit wurde in die Entwicklung didaktischer Begleitbücher (Kommentare für Lehrpersonen) investiert, nicht zuletzt mit dem Ziel, eine erhebliche zeitliche Entlastung bei der Unterrichtsvorbereitung wie auch bei der Unterrichtsdurchführung zu ermöglichen. Die Forderung der Praxis nach einer „Entlastungsfunktion" der rätoromanischen Sprachlehrmittel basiert auf einer Reihe von Umständen. So sind Lehrpersonen der Volksschule grundsätzlich thematische Generalisten und der Rätoromanischunterricht war bislang mit einem hohen zeitlichen Aufwand verbunden, da das Unterrichtsmaterial zu wesentlichen Teilen selbst hergestellt werden musste. In den rätoromanischen (alpinen) Schulen werden zudem sehr oft zwei oder mehrere Klassen gleichzeitig unterrichtet (Mehrklassenunterricht). Auch muss davon ausgegangen werden, dass im Zuge der sogenannten „kommunikativen Wende"[36] und der zunehmenden Germanisierung des rätoromanischen Sprachgebietes zumindest die formal-sprachlichen Kompetenzen der Lehrpersonen (im jeweiligen rätoromanischen Idiom) in den letzten Jahrzehnten eher abgenommen haben.

Neben der grundsätzlichen Orientierung am Lehrplan 21 und der Förderung der Kompetenzentwicklung werden in den rätoromanischen Sprachlehrmitteln auch die von Beat Meyer genannten innovativen Aspekte der Kompetenzorientierung durch aktivierende Lernaufgaben, die Berücksichtigung des Vorwissens der Schülerinnen und Schüler und Instrumente zur Selbst- und Fremdbestimmung berücksichtigt.[37] Als Innovationstreiber sollen durch das Lehrmittel Veränderungen der methodischen und didaktischen Gestaltung des Unterrichts, aber auch gesellschaftliche Wandlungsprozesse in den Unterricht transferiert werden.[38]

---

35 Jürgen Oelkers, Kurt Reusser, Esther Berner, Ueli Halbheer und Stephanie Stolz, *Expertise, Qualität entwickeln – Standards sichern – mit Differenz umgehen. Bildungsforschung*, Bonn: Bundesministerium für Bildung und Forschung, 2008, 338.

36 Rico Cathomas, „Neue Tendenzen der Fremdsprachendidaktik. Das Ende der kommunikativen Wende?", in: *Beiträge zur Lehrerinnen- und Lehrerbildung* 25, 2 (2007), 180–191.

37 Beat Mayer, *Kompetenzorientierung in Lehrmitteln*, Fachbericht. Rapperswil: Interkantonale Lehrmittelzentrale, 2012.

38 Fuchs, Niehaus und Stoletzki, *Das Schulbuch in der Forschung*; Schmidt, *Zur Bedeutung didaktischer Artefakte im Rechtschreibunterricht*; Alexandra Totter, Daniela Müller-Kuhn, Enikö Zala-Mezö und Simona Marti, „Schulbuch und Innovation? Die Einführung eines neuen Lehrmittels als (kein) Anlass zum Innovationstransfer", in: *DDS – Die Deutsche Schule* 111, 3 (2019), 294–309.

Diskussion und Ausblick – Entwicklungs- und Forschungsperspektiven in und für
Minderheiten-Sprachlehrmittel

Lehrmittel, insbesondere im Zusammenhang mit sprachlichen Minderheiten,
haben in der Schweiz in den letzten Jahren einen Perspektivenwechsel erfahren.
Zum einen hat ein Wechsel von der Input- zur Output-Orientierung stattge-
funden. Nicht mehr das Durcharbeiten der in den Lehrmitteln angebotenen
Inhalte steht im Vordergrund, sondern das Erreichen und Überprüfen der damit
verbundenen Kompetenzen. Auch der Umgang mit digitalen Medien wird in den
neuen Lehrmitteln verstärkt und bewusst gefördert. Auf der Seite der Autorinnen
und Autoren hat die Lehrmittelentwicklung einen Professionalisierungsschub
erfahren. Es sind nicht mehr einzelne engagierte Lehrpersonen, welche Lehrmittel in ihrer Freizeit entwickeln, sondern es haben sich qualifizierte Teams von
Autorinnen und Autoren gebildet. Diese Professionalisierung zeigt sich unter
anderem darin, dass es mittlerweile einen eigenen CAS-Ausbildungsgang zum
Lehrmittelautor bzw. zur -autorin gibt. Bildungspolitisches Ziel ist es auch, die
Lehrmittelentwicklung verstärkt zu koordinieren und zu evaluieren. Dazu wurden Instrumente zur Qualitätsprüfung und -sicherung entwickelt, wie das webbasierte Instrument „levanto®"[39] der Interkantonalen Lehrmittelzentrale der
Schweiz zur Beurteilung von Lehrmitteln.

Lehrmittelprojekte wurden bisher überwiegend als Entwicklungsprojekte
konzipiert. Sie wurden nur selten von entsprechender Forschung begleitet. Obwohl die Bildungsforschung mittlerweile auf die Bedeutung von Lehrmitteln für
die Steuerung von Lehr- und Lernprozessen hinweist, ist in der rätoromanischen
Bildungslandschaft die Lehrmittelforschung bisher jedoch kaum präsent. Das
hier vorgestellte und diskutierte Lehrmittelentwicklungsprojekt „Mediomatix"
bietet eine einmalige Gelegenheit für einen Perspektivenwechsel in der Lehrmittelforschung: Eigens für eine Sprachminderheit über (fast) alle Jahrgangs-
stufen der Volksschule entwickelte Lehrmittel finden sich bislang selten. Aufgrund dieses Umstandes beschränkt sich die bisherige Lehrmittel- bzw. Bildungsmedienforschung primär auf inhaltliche, historische und vergleichende
Analysen der Darstellung von Minderheiten in Lehrmitteln[40] und weniger auf die
Analyse der tatsächlichen Nutzung solcher Lehrmittel im Schulalltag im Sinne
einer Lehrmittelnutzungsforschung.[41] An dieser Stelle sollten zukünftige Forschungsvorhaben ansetzen und im Rahmen der Lehrmittelnutzungsforschung
von rätoromanischen Sprachlehrmittel prüfen, wie die Lehrmittel seitens der
Lehrpersonen, Schülerinnen und Schüler konkret eingesetzt und genutzt werden.

---

39 https://www.ilz.ch/lehrmittel/lehrmittelevaluation.
40 Rath und Spielhaus, *Schulbücher und Antiziganismus*.
41 Totter, „Lehrmittel als Gegenstand der Forschung".

Ausgangspunkt für ein solches Forschungsvorhaben soll zum einen die strukturelle Analyse der in den Arbeitsbüchern zur Verfügung gestellten Aufgaben, Übungen und Aktivitäten sein. Die Analyse kann mit Hilfe eines Rasters zur Struktur von Lehrmitteln bezüglich fachdidaktisch-linguistischer sowie fachdidaktisch-lehr-lernprozessorientierter Dimensionen erfolgen, welche auf dem Konzept des kurz präsentierten Sprach(en)gartens basieren und mit Hilfe des ebenfalls vorgestellten Qualitätsquadranten bestimmt werden. Ergänzend dazu kann eine empirische Untersuchung zur Nutzung der rätoromanischen Lehrmittel durch Lehrpersonen, Schülerinnen und Schüler erfolgen. Dazu kann zum einen erhoben werden, wie häufig die im Lehrmittel zur Verfügung gestellten Aufgaben, Übungen und Aktivitäten tatsächlich genutzt werden und inwiefern individuelle Merkmale der Lehrpersonen, Schülerinnen und Schüler die Nutzungspraxis beeinflussen. Zum anderen lassen sich die Ergebnisse aus der Analyse der Struktur der rätoromanischen Sprachlehrmittels mit den Daten zur Nutzungspraxis verbinden und prüfen, inwiefern die intendierte Nutzung mit der tatsächlichen Nutzung korrespondiert.

Ein entsprechendes Forschungsprojekt von der Autorin und dem Autor dieses Beitrags wurde beim Schweizerischen Nationalfonds zur Förderung der wissenschaftlichen Forschung (SNF) eingereicht, um erstmals empirisch fundierte Aussagen über die Nutzungspraktiken von rätoromanischen Sprachlehrmitteln für die rätoromanische Minderheit in der Schweiz machen zu können.

Literaturverzeichnis

Baker, Colin. *Foundations of Bilingual Education and Bilingualism*, 2. Aufl., Clevedon, UK: Multilingual Matters, 1996.

Bisaz, Corsin, Emilienne Kobelt, Caroline Rausch, Michael Strebel, Andreas Glaser und Daniel Kübler. *Massnahmen zur Erhaltung und Förderung der rätoromanischen und der italienischen Sprache und Kultur im Kanton Graubünden. Evaluationsbericht im Auftrag des BAK*, Aarau: Zentrum für Demokratie (ZDA), 2019.

Bundesamt für Statistik (BFS). „Sprachliche Praktiken in der Schweiz – Erste Ergebnisse der Erhebung zur Sprache, Religion und Kultur 2019", Statistik der Schweiz, Neuchâtel: Bundesamt für Statistik (BFS), https://www.bfs.admin.ch/asset/de/15324909, zuletzt geprüft am 29. Dezember 2023.

Cathomas, Rico. „Neue Tendenzen der Fremdsprachendidaktik. Das Ende der kommunikativen Wende?", *in: Beiträge zur Lehrerinnen- und Lehrerbildung* 25, 2 (2007), 180–191.

Ders. *Schule und Zweisprachigkeit*. Münster: Waxmann, 2005.

Cathomas, Rico und Myriam Gessler. „Der CAS Lehrmittelautor*in an der PH Graubünden. Lehrmittelentwicklung mittels Modellierung: Der Qualitätsquadrant für Lernaufgaben und Lernziele", in: *Magazin ilz.ch* 1 (2021), 4–9.

Cathomas, Rico, Irina Lutz und Annalisa Cathomas. „Der Sprach(en)garten: Eine didaktische Visualisierungshilfe zur Systematisierung des Sprachenunterrichts", in: *Mehrsprachiger Unterricht im Fokus. Atti del Convegno sui modelli d'insegnamento verticolare delle lingue straniere,* Franca Caspani, Valeria Manna, Vincenzo Todisco und Marco Trezzini (Hg.), Chur: Pädagogische Hochschule, 2018, 196–204.

Committee of Experts of the European Charter für Regional or Minority Languages. *Eighth Evaluation Report on Switzerland,* Straßburg: European Charter for Regional or Minority Languages, 2022.

Cummins, Jim. „BICS and CALP: Empirical and Theoretical Status of the Distinction", in: *Encyclopedia of Language and Education,* Nancy H. Hornberger (Hg.), Boston: Springer US, 2008, 487–499.

Deplazes, Gion. „Rätoromanische Literatur", in: *Historisches Lexikon der Schweiz* (HLS), Version vom 16. Dezember 2011, https://hls-dhs-dss.ch/de/articles/024573, zuletzt geprüft am 14. Dezember 2023.

Erziehungs-, Kultur- und Umweltschutzdepartement Graubünden. „Lehrplan 21 Graubünden", https://gr-d.lehrplan.ch/index.php, zuletzt geprüft am 29. Dezember 2022.

Fischer, Melanie Y. und Maximilian Pfost. „Wie effektiv sind Maßnahmen zur Förderung der phonologischen Bewusstheit? Eine meta-analytische Untersuchung der Auswirkungen deutschsprachiger Trainingsprogramme auf den Schriftspracherwerb", in: *Zeitschrift für Entwicklungspsychologie und pädagogische Psychologie* 47, 1 (2015), 35–51.

Fuchs, Eckhardt, Inga Niehaus und Almut Stoletzki. *Das Schulbuch in der Forschung. Analysen und Empfehlungen für die Bildungspraxis,* Göttingen: V&R unipress, 2014.

Gemeinsamer Europäischer Referenzrahmen für Sprachen (GER). https://europaeische r-referenzrahmen.de/, zuletzt geprüft am 29. Dezember 2023.

Gross, Manfred. *The Romansh language in education in Switzerland,* Mercator European Research Centre on Multilingualism and Language Learning, 2017.

Hacker, Hartmut. *Das Schulbuch: Funktion und Verwendung im Unterricht,* Bad Heilbrunn: Klinkhardt, 1980.

Kraas, Frauke. *Die Rätoromanen Graubündens. Peripherisierung einer Minorität,* Stuttgart: Franz Steiner Verlag, 1992.

Lindholm, Kathryn J. „Two-way Bilingual Education Programs in the Unites States", in: *Encyclopedia of Language and Education, Volume 5: Bilingual Education,* Jim Cummins and David Corson (Hg.), , Dordrecht: Springer, 1997, 271–280.

Liver, Ricarda. *Rätoromanisch. Eine Einführung in das Bündnerromanische,* Tübingen: Gunter Narr, 1999.

Mayer, Beat. *Kompetenzorientierung in Lehrmitteln,* Fachbericht, Rapperswil: Interkantonale Lehrmittelzentrale, 2012.

Oelkers, Jürgen, Kurt Reusser, Esther Berner, Ueli Halbheer und Stephanie Stolz. *Expertise, Qualität entwickeln – Standards sichern – mit Differenz umgehen. Bildungsforschung,* Bonn: Bundesministerium für Bildung und Forschung, 2008.

Osswald, Sylvia Elisabeth. *Stabilitätsmindernde Faktoren bei einer sprachlichen Minderheit. Die Rätoromanen in Graubünden,* Hannover, Dissertation, 1988.

Pädagogische Hochschule Graubünden. *Detailkonzept für ein neues Sprachlehrmittel in den romanischen Idiomen zu Handen des Erziehungsdepartementes des Kantons Graubünden,* Chur: Pädagogische Hochschule Graubünden, 2015.

Rath, Imke und Riem Spielhaus, „Schulbücher und Antiziganismus: Zur Darstellung von Sinti und Roma in aktuellen deutschen Lehrplänen und Schulbüchern", *Eckert. Dossiers* 3 (2021), https://repository.gei.de/bitstream/handle/11428/323/11428.pdf?sequence=1 3&isAllowed=y.

Reusser, Kurt. „Von der Bildungs- und Unterrichtsforschung zur Unterrichtsentwicklung – Probleme, Strategien, Werkzeuge und Bedingungen", in: *Beiträge zur Lehrerbildung* 27, 3 (2009), 295–312.

Thonhauser, Ingo. „Was macht gute Aufgaben für den Fremdsprachenunterricht aus? Charakteristik guter Aufgaben und Einsichten aus der Unterrichtsbeobachtung", in: *Aufgaben als Schlüssel zur Kompetenz: didaktische Herausforderungen, wissenschaftliche Zugänge und empirische Befunde*, Stefan Keller, Christian Reintjes und Viktor Abt (Hg.), Münster: Waxmann, 2016, 179–196.

Totter, Alexandra. „Lehrmittel als Gegenstand der Forschung", in: *Dossier ilz.fokus* 9 (2021), 1–12.

Totter, Alexandra, Daniela Müller-Kuhn, Enikö Zala-Mezö und Simona Marti. „Schulbuch und Innovation? Die Einführung eines neuen Lehrmittels als (kein) Anlass zum Innovationstransfer", in: DDS – Die Deutsche Schule 111, 3 (2019), 294–309.

Anwesha Sengupta / Debarati Bagchi

Alternative History Books for Children in Bengali: A Reflection on Writing and Reception

Curricula and syllabi for central government schools have always been fertile ground for a tussle between competing ideologies in India. Since a Hindu nationalist, authoritarian regime came to power in 2014, there have been blatant attacks on left-liberal education ideals and a persistent effort to dismantle social science university education.[1] Past controversies over curricula have consequently resurfaced. The present political atmosphere in India and the ruling regime's consistent attempts in recent years to control the curricula and promote right-wing histories has concerned us as much as many of our fellow historians. Moreover, the widespread and unchecked circulation of distorted histories on television and social media platforms, which has been emboldened by a disturbing dismissiveness of the involvement of professionally trained history writers or researchers, is absolutely unprecedented. We realised that children are now growing up in an atmosphere where non-expert versions of fake histories have become normalised. We were thus driven by the need to rethink and revisit the craft of writing histories for young readers, particularly in regional languages in order to ensure a wider reach. As professional academics, our aim was to at least draw a clear boundary between critically reflected, nuanced histories and the unresearched, fake and dangerous content that circulates on social media platforms masquerading as history and is easily accessible to children. Our

---

1 There were three initiatives, in 2017, 2019 and 2022, by the National Council of Educational Research and Training (NCERT) to revise existing textbooks. In the name of "rationalising" the curricula to reduce pressure on students, many chapters from history textbooks for secondary and higher secondary levels have been removed from teaching in classrooms and examinations, such as chapters on "Kings and Chronicles: The Mughal courts" and "Understanding Partition: Politics, Memories, Experiences" for year 12, the chapter on "The Central Islamic Lands" for year 11 and the chapter on "India after Independence" for year 8. Also, certain sentences that contradict the Hindutva ideology have also been omitted from reprinted editions of existing textbooks. For details see "'Historical' Changes: Here is what the NCERT has dropped from textbooks", *Business Standard*, 5 April 2023. A new textbook committee was formed by NCERT in 2023 and it has been entrusted to write new textbooks that will be published in 2024.

project on "Revisiting the Craft of History Writing for Children"[2] has undeniably been motivated by a certain anxiety currently experienced by historians. We wanted to write accessible histories that could provide a critical perspective of the subcontinent's past and to challenge the majoritarian perspective that is taught to many Indian students right now.

Part 1: Writing the Books

a)   The Authors and Artists

We planned to produce three books during the first year of our project. The authors of the books are trained historians whose doctoral and postdoctoral research addresses issues that are discussed in the books. Two pre-publication workshops with experts on specific subjects were held as part of a peer-review process. The workshops helped us discuss the manuscripts with others in the field and gather feedback. We also conducted one pre-publication workshop with a group of children to gauge their reaction and assess the accessibility of the texts.

The books were illustrated by scroll painters from rural Bengal, known as *patachitra* artists or, colloquially, as *Patuas*. Bengali *Patuas* were historically 'a community of wandering bards, whose hereditary occupation was less to paint scrolls than to display them in villages as illustrations to accompany their story-telling.[3] Over time, however, their orientation has shifted and, as argued by Hauser, "Patua art", as it exists now, is primarily a "visual tradition" and no longer an "oral tradition".[4] It has been appropriated as a visual tradition for various other mediums including book illustrations. *Patuas* are Muslims but their drawings and songs also feature Hindu gods and goddesses, which has led to them being both honoured and ostracised by various sections of society. We considered their syncretic art form to be well suited to the project's larger political ideals.

---

2 This paper is based on the books published during the first year of a three-year project entitled "Revisiting the Craft of History Writing for Children" which is funded by the Rosa Luxemburg Stiftung and housed at the Institute of Development Studies Kolkata (IDSK), India.
3 Beatrix Hauser, "From Oral Tradition to 'Folk Art': Reevaluating Bengali Scroll Paintings", in: *Asian Folklore Studies* 6 (2002), 105–122.
4 Ibid., 107.

b)   Language

As mentioned above, we decided at the outset to write in the vernacular in order to reach a non-English-speaking audience. Bengali being our mother tongue, this was the language chosen in which to write the books. An examination of the available books on the market also revealed that there was a dearth of so-called "children's history books" in Bengali, compared to a greater number of such books in English. We also decided that the new Bengali books should be translated into English and Assamese, another regional language. While the pan-Indian context is relevant for the overall themes, the books (particularly those on citizenship and language) focus primarily on the regional specificities of Eastern India, more precisely the states of Assam and Bengal. The history of these two neighbouring states is inseparable. Both belong to the region that was acutely affected by partition and both have been at the centre of recent debates on citizenship due to their specific histories of migration. Bengal and Assam also have an entangled history of linguistic politics that has seen various shifts in the post-colonial era. We therefore decided to focus on the Assam-Bengal region both in terms of content and languages.

c)   Content

When deciding on the themes for the first three books, we opted to cover some of the most controversial, most circulated and most misinformation-prone policies and discourses that have affected every Indian in recent times. Authoritarian changes in policies related to citizenship and language are being unmistakably pushed by citing provocative, one-sided and inaccurate histories. We therefore felt it important to deal with some of the hugely debated issues that children were bound to hear around them all the time. The three resulting books address the histories of partition, citizenship and linguistic politics respectively, and are bound by their overarching focus on introducing children to a critical understanding of the notion of borders and boundaries of a nation state.

The first book, *Itihase Hatekhari: Deshbhag* (First History Lessons: The Partition), authored by Anwesha Sengupta, focuses on British India's partition.[5] In 1947, British rule over the subcontinent ended and British India was divided into two nation-states: India (a Hindu majority country, though officially secular) and

---

5 Anwesha Sengupta, *Itihase Hatekhari: Deshbhag* [First History Lessons: The Partition], Kolkata: RLS-IDSK, 2022.

Pakistan (an Islamic country).[6] The event was accompanied by mass migration and massive communal upheaval in various parts of the subcontinent. For the last seventy-five years, partition has consistently been an issue that has been used and abused at various junctures to polarise Indian people. The right-wing forces in India perceive partition as an unfinished moment in time, as a substantial number of Muslims stayed in India and India never defined itself as a Hindu country. Moreover, partition has produced widely divergent nationalist histories in India and Pakistan, making it a complex and provocative topic to teach in schools. This book discusses the academic discourse around partition and multiple experiences of it along the lines of caste, class, region, religion and gender. Propaganda around partition has also been used to define who is identified as a "true" Indian citizen.

In the second book, *Itihase Hatekhari: Desher Manush* (First History Lessons: The People of Our Country), authored by Tista Das, the central question is, who is a citizen of India?[7] The Citizenship Act was passed in India in 1955 and has since been routinely amended to narrow down the definition of a citizen. The most recent amendment, the Citizenship Amendment Act 2019 (CAA), is blatantly exclusionary towards Muslims. The declaration of the CAA was followed by countrywide protests in 2019. The amendment generated further complications for Muslims in Assam – an Indian state bordering Bangladesh – due to a particular state policy called the National Register of Citizens (NRC). The NRC is a register kept by the state to identify and deport "illegal immigrants" from Bangladesh and the Central Government has repeatedly declared its intention to prepare similar lists for West Bengal, another state bordering Bangladesh. The book places the recent debates around the CAA and the NRC in the longer history of citizenship in postcolonial India.

The third book, *Itihase Hatekhari: Desher Bhasha* (First History Lessons: The Languages of Our Country), authored by Debarati Bagchi, reflects on how hierarchies have been historically produced within individual languages and between various languages in India.[8] The book explores how region, religion and nation are intertwined with language. There have been repeated attempts to change the language policy in post-independence India and impose one "national language", denying the diverse and multilingual reality of the country. Time and again demands have been made for Hindi, a language that is dominant

---

6 Between 1947 and 1971 Pakistan had two wings: East Pakistan and West Pakistan. After a violent civil war, East Pakistan became an independent country in 1971, which is now known as Bangladesh while West Pakistan is now known as Pakistan.

7 Tista Das, *Itihase Hatekhari: Desher Manush* [First History Lessons: The People of Our Country], Kolkata: RLS-IDSK, 2022.

8 Debarati Bagchi, *Itihase Hatekhari: Desher Bhasha* [First History Lessons: The Languages of Our Country], Kolkata: RLS-IDSK, 2022.

in Northern and Western India, to be declared the national language. Such demands have recently gained currency through the ruling party's active advocacy for the promotion of Hindi and attempts to label it as the language of Hindus. Other parts of India, where Hindi remains a marginal language, have strongly resisted such a move. The book addresses the contentious question of whether there should be one "national language" in a multilingual country such as India.

Part 2: Positioning our Work and Reflections on Methodology

In this section we will discuss two connected points – where to position our work and what methodological approach was adopted – in the context of two broader themes. The first theme being the "formal" and "alternative" initiatives for textbook reform in India and the second the persistent fight against distorted histories.

a)   "Formal" and "Alternative" Education

There is a rich history in post-independence India of attempts by educationists and historians to reform the curricula, to experiment with pedagogic models and to negotiate with the state over curricula design. These attempts follow two distinct trajectories. In the first are the initiatives that have taken place within the ambit of formal public education and have mostly been regulated by various institutions of the state, both at the central and regional levels. In the second are the "alternative education" initiatives that have endeavoured to create a parallel, alternative space for curriculum reform outside the direct control of the state.

The first trajectory can be traced in the various attempts to rethink, revise and rewrite the school textbooks published by the National Council of Educational Research and Training (NCERT), the central agency that was formed in 1961 to take charge of structuring the curricula for the new nation. In 1961, the then education minister invited renowned historians including Romila Thapar to reform the colonial-era history textbooks. Thapar and a team of historians wrote new textbooks that attempted to "decolonise" how India's history was addressed. An attempt was also made to promote secular democratic ideals and to counter communal views of history. These textbooks were in use until the mid-2000s, although they came under repeated attacks from right-wing groups at various junctures. In 2005, a national curriculum framework was drafted under the supervision of the then NCERT director Krishna Kumar, a stalwart in the field of Indian education. Kumar believed that:

> Although the political orientation of the NCERT series [of the 1960s and 70s] was modernist and progressive, its pedagogic character was quite conventional. The authors were committed to the teaching of history as a means of promoting rational thinking, but their own style and approach provided little room for children to participate in historical analysis and judgement. [...] none of them were designed to make children think.[9]

Moreover, Kumar insisted there was a need to create alternatives to the epistemic structure of colonial education that created classroom teaching that was disconnected from the children's everyday lives in India.[10]

Kumar entrusted a group of historians, teachers and educationalists with the task of bringing new ideas and pedagogic methods to social science teaching. They adjudged the previous textbooks to be largely "nationalist" in character, in the sense that they did not necessarily question the idea of the nation itself or the method of writing India's history as that of an emerging nation-state.[11] The new NCERT books published from 2006 onwards aimed to introduce school children to a more critical approach to history writing.

The second trajectory is discernible in the various "alternative education" initiatives that experimented with innovative models of child pedagogy. These were not attempts to reform the formal education system, but "to provide opportunities to those who were pedagogically challenged by, and socially and economically excluded from, most existing educational systems in the country."[12] In the 1970s, an "Alternative Education Group" was formed by dedicated teachers in Southern India, some of whom established small-scale experimental schools in and around Bangalore for underprivileged children living in villages, slums and forests. One of the biggest efforts in innovative education initiatives was started in 1972 in Madhya Pradesh, where a non-governmental initiative, called Eklavya, was launched, initially as a programme for teaching natural sciences (Hoshangabad Science Teaching Programme or HSTP) but later branching out to cover social sciences too. In 1995, the government of Madhya Pradesh invited the Eklavya Foundation to reform the curricula for state-run schools. While the smaller alternative schools functioned in parallel with formal education, Eklavya was given a chance to intervene in the space of public education. Eklavya tried to create the right conditions for the programmes to be adopted by the Education Department of Madhya Pradesh and reformed the curricula for

---

9 Krishna Kumar, *Prejudice and Pride: School Histories of the Freedom Struggle in India and Pakistan*, New Delhi: Penguin Books, 2001, 53–54.

10 Ibid., 59.

11 Neeladri Bhattacharya, "Teaching History in Schools: The Politics of Textbooks in India", in: *History Workshop Journal* 67 (2009), 106.

12 Janaki Nair (ed.), *Un/Common Schooling: Educational Experiments in Twentieth-Century India*, New Delhi: Orient Blackswan, 2022.

state-run primary and middle schools.[13] They published a number of social science books with various experimental approaches. However, this arrangement terminated in 2002 when the state government closed down the programme saying "since everyone needs the same uniform curricula, Eklavya cannot be allowed a separate parallel space [...]".[14]

Of course, in terms of scale and the overall intent of bringing about structural change, there could be no comparison between a small initiative like our series of children's history books and those referred to above. However, the existing landscape of formal and informal initiatives to reform curricula and textbooks and the challenges they had to deal with helped us envision where to position ourselves and how to define our aims during the books' conception in terms of readability, audience and scope.

From the outset, we were quite clear on one particular point; we had no intention of "reforming" school textbooks. And even if we had wanted to, we did not have the infrastructure or capacity to do so. Such projects are usually initiated by state governments and their chosen committees. Neither did we wish to actively negotiate with the state textbook committees in an attempt to introduce the books to classrooms as subsidiary readings alongside curriculum-oriented textbooks. However, we were also quite clear that we wanted the books to reach teachers and students of both formal and alternative schools in West Bengal.

We had examined the books that were used in schools and developed an understanding of the curricula and how they were connected to the system of examinations and job markets. However, the project did not stem from any discomfort with the curricula-oriented framework, neither was our fight specifically against the various models of formal education or their dependence on curriculum-based history teaching. That being said, we definitely wanted to conceive the series in a non-textbook way, at least in terms of how a child would perceive the books. Our aim was to avoid covering vast timelines and themes just because these were history books. The books would focus on one small episode, story or theme from history and a couple of relatable historical questions connected to it. It was envisaged that all three books would keep returning to these core questions through stories, anecdotes, familiar tropes and the build-up of logic. We realised that the general structure of school education in India and the textbooks written for classrooms and examinations leave very little scope for history books to follow this kind of structure. We wished to exercise the freedom to do so and thus explore a different approach to writing history.

---

13 Rashmi Paliwal, "Eklavya's Work in and Around Government Schools: Resistance, Resilience and Impact", in: Nair (ed.), *Un/Common Schooling* (2022), 49–74. Also see Sarada Balagopalan, "Understanding Educational Innovation in India: The Case of Eklavya Interviews with Staff and Teachers", in: *Contemporary Education Dialogue*, 1, 1 (2003), 97–121.

14 Ibid., 53.

The books are designed to be leisure reads for children, who should not feel they will be examined or their knowledge assessed in any formal way based on what they learn from the books. Being outside the ambit of state-regulated curricula, we wanted to introduce critical histories of nation and nationalism and yet create something pleasurable to read. To achieve this, the books needed to be visually attractive and the language accessible and engaging. For this reason, we decided against including activities or exercises. The NCERT school textbooks invite readers to actively participate in learning the subject. The chapters end with small sections called "let's imagine", "let's recall", "let's discuss", "let's understand" and "let's do". Each section imaginatively encourages the child to participate in the writing and learning of history. We feared that if we included activities, the books would look much more like classroom textbooks. When the books were published, we received feedback from many school teachers in West Bengal. Some suggested that our approach risked not engaging children at all. They advised us to think of imaginative ways to make children reflect on the text. "Even a blank page at the end might encourage her to write or draw something that will make her attachment to the book stronger", a senior school teacher suggested. It was also suggested that children might want to leave a mark that showed they had read the book, liked or disliked it. Maybe they could write, draw or add stories to the text to express how it resonated with them or changed certain ideas that they already had, or had compelled them to think about certain things that they had not thought about before. The project has benefited greatly from input from many school teachers in West Bengal who took an active interest and wanted to circulate the books among their students and to find ways in which they could use these books as supplementary texts to the school history syllabi. But we realised that the teachers were thinking more in terms of classroom pedagogy, which requires them to ensure, firstly, that there is effective com- munication with the students and secondly, that there is some way of judging whether that communication has helped the student to "learn". However, we were not too keen to incorporate the suggestion of including activities in our books, precisely because we wanted to avoid the so-called textbook or classroom ap- proach.

b)   The Fight against "Distorted Histories"

Each time the NCERT history books were reformed during former regimes, they came under attack from right-wing Hindutva propagandists. They opposed what they believed to be largely secular, socialist/left-leaning narratives by historians who were acting as custodians of the discipline of history, under the patronage of the Indian National Congress government. The books released in the 1960s and

1970s were attacked for questioning and partly dismissing the central categories through which communal histories of the Hindu right were framed.[15] The new textbooks that came after 2005 on the other hand, refused to take the frame of the nation-state and nationalism for granted. They showed "how nations were constituted through political, economic and social processes" and that "our sense of belonging to the nation too, was a product of a history". Also, the focus was shifted to "community" and "locality" to break the frame of the homogenous national and highlight particularities instead. This time, the earliest opposition came from a section of the left. The older generation involved in the textbook revision of the 1960s worried that this shift might threaten the unity of the nation. Being the champions of "grand histories", they also thought this shift of focus to everyday histories to be producing "histories of trivia".[16] The post-2005 textbooks believed that "criticality is the ground on which we can build the premises of the child's understanding of the world".[17] But criticality is also the biggest enemy of the hyper-nationalist Hindutva brigade, who thrive on a wilful suspension of reason and the acceptance of majoritarian versions of history among the public. Naturally, they were always uncomfortable with the emphasis on criticality in these new books, which were subsequently subjected to repeated attempts to erase and replace content, the most recent being in 2020 and 2022.

Although we were not writing textbooks and thus did not want to replicate the structure and framework of the post-2005 NCERT books, we did take some cues from what the historians, teachers and activists had envisioned to be an effective way to make history accessible for children. Firstly, the lens of "criticality" was undoubtedly fundamental for us while working on the content. We tried to keep recurrent questions related to power, hierarchy and multiplicity at the core of the books around which such criticality could be premised on. All three books are intended to make the reader question the givenness of the idea of a nation and national belonging. Secondly, we wanted to start with the history of the familiar and then link it to bigger issues. We therefore focused on regional narratives and then connected them to the core questions in order for them to resonate with what we understand as "national".

The new NCERT books claimed to move away from what they called the "authoritative" tone of history that was present in the books of the 1960s. They wanted to show children that "historians construct history" and there can be multiple interpretations. Of course, we agree that there could be multiple interpretations and that there are many conceptual, philosophical and ideological traditions that have shaped the discipline of history. However, we are currently in

---

15 Bhattacharya, *Teaching History in Schools,* 104.
16 Ibid., 107.
17 Ibid., 109.

an environment that is trying to obscure the difference between professional history and biased propaganda. Children are easy targets. So, the anxiety underpinning the question of who has the right to write history has resurfaced and we were and are greatly driven by this anxiety. We agree that children need to feel empowered to think critically when reading the stories we tell, but how do we make them understand the dangers of public opinion masquerading as history? This is a question that has plagued historians in recent times.

There is a body of scholarly research that analyses the educational models of Rashtriya Swayamsevak Sangh (RSS) run private schools and the texts used in these schools, which are declaredly affiliated to the institutionalised formal educational model of Hindutva pedagogy.[18] However, the market has also recently been flooded by a growing number of "bestsellers" on history and mythology, both fiction and non-fiction, that have found a huge readership and are feeding into the majoritarian views of history. These books camouflage inaccurate histories and present them in market-friendly, accessible English. The right wing now has its own "experts", who write their own versions of history. Many historians have analysed these books and shown how insidiously this new genre of history writing is expanding and securing its space. Kumkum Roy cites the novel *Scion of Ikshvaku*, Book I of the Rama Chandra Series by Amish Tripathi which is set in the India of 3400 B.C. and was published in 2015. Tripathi is one of the bestselling fiction writers on historical and mythological themes. Roy breaks down the narrative style and points out how the book stays far away from the rich historical complexities of the time, manipulates the chronology at will and celebrates "benevolent despotism – run by a king who follows the *shastras*, whose chronological order, complexity, and contradictions are erased by assimilating them to the Vedas located in a virtually timeless past"[19] as an ideal polity. "In this neat scenario," Roy reminds us, "the messiness of democracy is irrelevant."[20]

Apart from fiction writers, there is also a burgeoning breed of self-appointed "experts" in history. Sanjeev Sanyal is one such example. He is an economist, a banker and an advisor to the present government and publishes "researched" histories. Meera Viswanathan recently carried out an in-depth reading of his works and called out his ignorance of the protocols of historical research and the fundamental flaws in his narratives. Citing his reimagining of the figure of Asoka

---

18 Nandini Sundar, "Teaching to Hate: RSS' Pedagogical Programme", in: *Economic and Political Weekly* 39, 16 (2004), 1605–1612; Tanika Sarkar, "Educating the Children of the Hindu Rashtra: Notes on RSS Schools", in: *Comparative Studies of South Asia, Africa and the Middle East* XIV, 2 (1994), 10–15.

19 Kumkum Roy, "The Uses and Teaching of History", in: *The Routledge Handbook of Education in India: Debates, Practices and Policies*, Krishna Kumar (ed.), New York: Routledge, 2018, 131–142.

20 Ibid.

in his 2016 book *The Ocean of Churn*, Viswanathan reasoned that Sanyal completely dismisses the craft of source criticism and uses stories based in legends that would never be used uncritically by trained historians. Viswanathan cautions that "experts" like Sanyal want us to believe that "the age of narrow expertise is over", but, she adds, "perhaps there is also a case to be made for the rigours of disciplinary training and scholarly expertise?"[21]

There is no denying that we were motivated to join Viswanathan and many of our fellow historians in making such a case. And this was perhaps why, in order to strongly communicate that history has to be based on "verifiable sources", we decided to include a brief section on sources and a list of further reading in our books, to indicate the necessary rigour that all historical writing should have and to demonstrate that we did not make up the "stories" that are told in these books.

Moreover, we wanted to motivate children to question certain symbols, emblems and ideas that were surreptitiously being normalised by schools, families and the wider social environment. We had a vague sense of this phenomenon from everyday social interactions long before we started writing the books. We gained a clearer sense of it once the books had been published and we began to conduct interactive reading sessions with students at alternative and regular schools. During these sessions, our fears were reinforced. We could see that many children had internalised a majoritarian, uncritical idea of nation and national belonging from their everyday surroundings and social media platforms.

During one such session, a ten-year-old girl, named Paulami,[22] drew a picture of who she considered to be "the people of India" after listening to stories from the book on citizenship. Quite strikingly, her painting included the national flag of India alongside the sign "Om", a clear emblem of the Hindu religion, as a "national symbol". In another session, thirteen-year-old Asmara casually showed us how she and her friends were supposed to touch their forehead and chest with their right hand (a Hindu sign of devotion) after singing the national anthem in school. Asmara, ironically, is Muslim by birth. From Paulami and Asmara's response, it was evident how the majoritarian agenda of using "Hindus" and "Indians" interchangeably and equating devotion to Hindu religion with nationalism was being internalised by children. In a further example from a

---

21 Meera Viswanathan, "Against History: Sanjeev Sanyal's Attempts to Rewrite India's Past", in: *The Caravan*, 1 October 2021. For more such reflections and assessments of the works by the "pseudo-historians", see Rohan D' Souza, "The Risks of Looking at India's History through the Eyes of Pseudo-historians", in: *The Wire*, 21 October 2021; Anandaroop Sen, "J Sai Deepak's *India that is Bharat: Coloniality, Civilisation, Constitution.* Bloomsbury 2021", in: *Social Dynamics* 49, 2 (2023), 376–385; Akash Bhattacharya, "How Historian Vikram Sampath Uses Decolonisation Rhetoric to Make Hindu Domination Sound Reasonable", in: *Scroll.in*, 13 November 2021.

22 The names of the children have been changed to maintain anonymity.

different session, twelve-year-old Arindam confidently told us that he knew that the "real name of [the] Hindu religion was *sanatana* (eternal) religion". When asked how he came to know this, he cited a YouTube video that teaches the "real histories" of our nation.

Paulami comes from a well-to-do, Hindu upper-caste family and attends a private English-medium school in a district of West Bengal. Asmara attends a government school and her parents are daily wage earners, living in an urban slum in eastern Kolkata. Arindam is the son of a sex-worker, and he is Hindu by birth. He attends a government school in South Kolkata. Their varied backgrounds – in terms of class, religion, region and educational standard – reflect how widespread these majoritarian views are. Interestingly, the word *sanatana* is now being widely used by the government and can be frequently spotted in policy discourses. The word aims to establish India's Hindi-Hindu past as timeless, incorruptible and unchanged. This undermines the idea of learning about the shifting histories that make and shape "national identities" – something that we wanted to foreground in the books.

Part 3: The Books' Reception

a)   Workshops and Schools

To what extent did we succeed in conveying the core message of the books about nation, national belonging and the idea that national symbols are not sacrosanct but historically constructed? Did we manage to make the students question the majoritarian understanding of India and Indians? Did the books make the students curious about the past? Did they help them perceive history as a subject to engage with, rather than a subject that requires mindless memorisation? The answers to these questions could help us understand how the books would be received. While we do not yet have concrete and final answers, it is worth sharing the preliminary observations gathered from a few reading sessions with children that were conducted soon after the books' publication.

Once the books had been published in October 2022, we organised four reading sessions with children which took place in November 2022. In total, the sessions were attended by more than 130 students. For three of the sessions we brought together pupils from a number of Kolkata-based community schools with whom we collaborated on this project – from various Sanghati schools (schools in the slums of North Kolkata), Anandagoshthi (an initiative run by a research institute for slums in Salt Lake, East Kolkata), Rokeya Shiksha Kendra (a school for slum children of the Patuli locality in South Kolkata) and Batighar Pathshala (an evening school for the children of sex workers living near Hazra,

South Kolkata). The fourth session was held at Sishutirtha, a private English-medium school in the Birbhum district of West Bengal. This school is affiliated with the central government's school board (Central Board of Secondary Education or CBSE) and follows their curricula.

Although the books were written primarily for students between years VI and VIII (12 to 14 years of age), the sessions in community schools were attended by students from all classes, ranging between primary and high school level. We generally presented one book at each reading and illustration session. During the first session with the children of the Sanghati and Anandagoshthi schools, we presented the book on partition. At the second session at Rokeya Shiksha Kendra, we read the book on the languages of our country. At our third session at Batighar Pathshala, we presented two books – the one on partition and the one on languages. At our fourth and final session at Sishutirtha School, we presented the book on the people of our country.

To make the context a little clearer, it would be helpful here to explain what is meant by community schools. These are not regular schools affiliated to any government board. The children who attend these schools are also enrolled in local government schools. Hence, these schools can be seen as "shadow schools" that provide supplementary assistance to students attending regular schools. However, unlike conventional "shadow schools" (more commonly known as the private tutorial system), students do not generally pay to attend these schools. Thus, they cater to children who cannot afford private tuition in a country where "private tuition at the primary stage has become as necessary a chapter as going to school."[23] The other difference between a conventional "shadow school" and a community school is that the latter is usually an ideologically driven initiative.

For example, those that run the Sanghati schools with whom we collaborated, are activists associated with Bastibashi Sramajibi Adhikar Raksha Committee (The Committee to Protect the Rights of Working-Class Slum Dwellers). This is a political organisation that has been working for slum dwellers' rights in Kolkata since 2016. They run five slum schools in three localities of Kolkata (two in Salt Lake in East Kolkata, two in Tala in North Kolkata and one in Gariahat in South Kolkata) under a registered trust named Solidarity School. They have a unique model. The teachers are also mostly from the same slums with varying educational qualifications. Some of them completed school, others are college graduates and a few have completed a master's degree. They all have various day jobs in the informal sector in the city and they teach the children of the slums in the evening two or three times a week. Some of these schools also hold literacy classes for the elderly women of the slums. The schools are sites where slum dwellers can

---

23 Manabi Majumdar, *The Shadow School System and New Class Divisions in India*, TRG Poverty and Education Working Paper 2, London: German Historical Institute London, 2014.

build networks. They also aim to assist first-generation learners by providing them with a safe space and exposure to information that they would not generally have access to. The students take drawing, music and dance classes, there are occasional story-telling and film screening sessions as well as educational games and sports events. Through such sessions, group activities are encouraged, gender stereotypes are questioned and some attempts are made to go beyond the conventional curriculum. Rokeya Shiksha Kendra and Batighar Pathshala are also community schools. However, they are run by volunteers who come from outside the community and many of them are working professionals in various fields. Sishutirtha, on the other hand, is a private school affiliated to the school board run by the central government. Birbhum is a famous university town established by Rabindranath Tagore. The school authority claims that their school promotes Tagore's pedagogical philosophy with an emphasis on "learning from nature". The school's curriculum prominently features nature walks, nature camps and environment studies, which are not part of the central government curriculum. Thirteen students from years IV and V (last two years of primary level) attended our session in this school.

Each reading session lasted half a day and the children did not get a chance to read the books beforehand. During the sessions, we read sections of the books with the children and then encouraged them to pick a particular story or a theme that they found interesting. We asked them how they would like to express that theme in their own way, either through writing or drawing. In all sessions, the children chose to draw pictures. We have used their illustrations to try to understand how they engaged with the texts.

b)   How the Books Were Received

First History Lessons: The Partition

In the book *First History Lessons: The Partition*, several chapters are dedicated to the migration experiences of partition refugees. At our first and third sessions, we presented sections from two chapters that tell the stories of two different experiences of migration, both resulting from communal violence during partition. Chapter four (Food, and the Home Left Behind) is about a young boy, Deshraj, who was forced to leave West Pakistan and subsequently had to move from one place to another in Northern India in search of enough to eat. Chapter five (Bithi's Tale) centres on the life of a refugee woman from East Pakistan who, against all odds, became a school teacher in India. After each reading session, the children were asked to draw or write about themes that they found interesting and could relate to. We noticed that a recurrent theme in many illustrations was rural-urban and urban-rural migration. A large section of the students who attended the workshops and lived in urban slums have personal experiences of migration. Their families had migrated to Kolkata from rural West Bengal in search of work. Some of them have extended families and friends in their ancestral villages who they occasionally visit. Therefore, leaving one place and settling down elsewhere – be it because of partition or due to poverty – is something these children were familiar with. Drawing migration was therefore an obvious choice for many of them. The pictures of migration that they drew were often very detailed. They drew themselves and their family members, the transport they took to or from Kolkata, and sometimes included the names of their villages. Below is an example of such a drawing.

Figure 1: Illustration by Mohon, year VI

The above illustration (figure 1) shows a train, a railway station named Joynagar and two people with luggage. Joynagar, a small town in the district of South 24 Parganas in the state of West Bengal, is the nearest railway station to Mohon's village. Several daily trains connect Joynagar to Kolkata. By drawing the specific station and the train, he has documented his journey, his family's journey and many journeys like theirs. While we did not necessarily anticipate that the children would draw their own journeys from their villages to Kolkata (or the other way around), once they did so, the connections with our books were quite apparent.

First History Lessons: The Languages of Our Country

During the second and third sessions we read the book *First History Lessons: The Languages of Our Country*. Linguistic plurality emerged as one of the major themes during these sessions. The students enthusiastically engaged with the book on three specific issues:

a) The possibility of announcing Hindi as India's national/official language. (India's right-wing ideologists have repeatedly advocated for Hindi to be declared the national language of the entire country. The Minister of Home Affairs has supported such a demand on more than one occasion.) The book discusses how the imposition of Hindi marginalises various communities and languages and privileges one group above others in the field of education and employment. The students, particularly those who go to Bengali-medium government schools, expressed their discomfort with Hindi imposition and their fears that it may reduce opportunities for them.

b) The Language Movement of Bangladesh: Some of the students who attended the session at Rokeya Shiksha Sadan had prior knowledge of the Language Movement of Bangladesh, an issue the book touches upon. They celebrate International Mother Language Day on 21 February each year and commemorate the language movement of East Pakistan. When we read the section about how people fought wars for their linguistic rights and how international boundaries were redrawn, the students sang a song about the language movement that they had learnt at this school.

c) India is a country of people speaking various languages: an idea the students were quick to grasp. They enthusiastically gave us examples of places and situations where they have encountered people who speak different languages and interact with each other either in Hindi, English or other local languages. Examples they gave included factories, markets, football matches between different countries, political rallies and hospitals. In the drawing session most of them drew pictures of two or more people talking to each other. They used speech bubbles to convey their linguistic identities.

Interestingly, we observed that in some of the illustrations, the children conflated or saw a connection between one's linguistic identity and religious identity. The two illustrations below demonstrate this point. Suhani's picture (figure 2) connects language and religion. Her caption says "people from different religions wish to live together". A Hindu man, with a temple behind him, greets a Muslim man by saying "*namaskar*" and referring to him as "*bhaijaan*" (elder brother). The Muslim man, with a mosque behind him, uses what is commonly known as Islamic greeting "*as-salamu alaykum*".

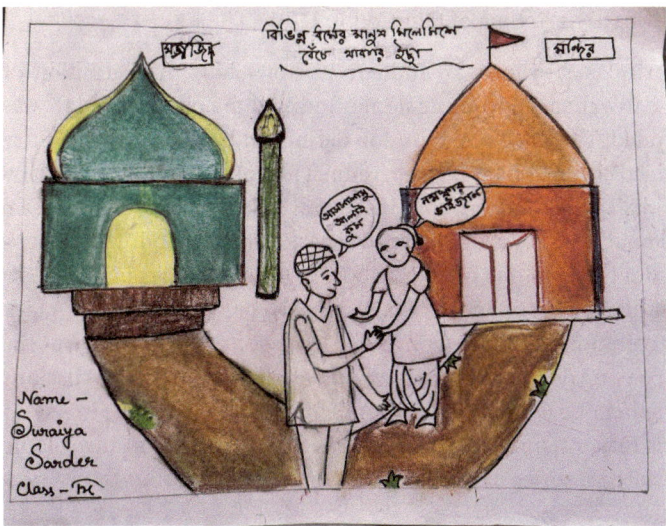

Figure 2: Illustration by Suhani, year IX

Sonia's picture (figure 3) speaks of how people of different languages live in the same locality or neighbourhood in India and how they greet each other in their own ways when they meet. Her picture depicts a woman using an eastern Bengali dialect to ask a man if he is doing well. The two other men in the picture are exchanging greetings that are associated with Sikhs and Muslims living in different regions.

Figure 3: Illustration by Sonia (school year unknown)

First History Lessons: The People of Our Country

This book primarily asks, who is an Indian? It shows how the definition of citizenship frequently changed in postcolonial India as the citizenship law was periodically amended. Though its constitution defined India as a secular country which acknowledged citizenship by birth, perennial fear of illegal immigration by Muslims from India's neighbouring countries (East Pakistan, now Bangladesh, and West Pakistan, now Pakistan) shaped consecutive amendments. Consequently, a Muslim living in one of India's border states who has no papers to prove his or her Indian origin or ancestry can be denied citizenship status. A lack of papers is very common in India among the poorer sectors of society, but the experience of not having documents can have potentially different repercussions depending on whether one is Hindu or Muslim. This is particularly true in Assam where, for historic reasons, immigration from Bangladesh is a politically volatile issue and has resulted a series of state policies that have increased the vulnerability of Muslims.

At the fourth reading session at Sishutirtha, the English medium private school in Birbhum, we focused on this book. The children's drawings dwelt on the idea of the Indians. Interestingly, while drawing Indians, many students from the community schools highlighted the religious plurality of the country. But in all the illustrations by students from the Sishutirtha school (barring Paulami's illustration that has been mentioned above), the religious identity of the individuals had no significance. Let us elaborate with an example of each.

Figure 4: Illustration by Tara, year VI

In Tara's illustration (figure 4) we see three men from three religions holding hands. She drew a Muslim man on the right wearing a fez and a Sikh man on the left wearing a turban as markers of their religion, whereas the Hindu man in between has nothing on his head.

In Abdul's illustration (figure 5) we see a labourer, most probably carrying coal. The flag of India forms the backdrop of his picture. In imagining the people of the country, Abdul clearly identified the labourer in the nation.

Figure 5: Illustration by Abdul, year V

It is of course difficult to analyse the two different approaches taken by the children on the basis of just a few reading sessions. However, a possible reason for such differences could be the orientation of the schools and their pedagogic culture. The community schools that we engaged with are overtly political and have a substantial Muslim presence. The students probably hear about the precarity of the Muslims through their families, neighbourhood and in the community school. Although the most draconian citizenship rules targeting Muslims are limited to Assam, the central government often threatens to extend them to West Bengal, which has consequently generated considerable fear among the minorities in the state. Similar fear is probably not present among the relatively well-off families of the children attending the English-medium private school. It is also important to remember that unlike the community schools, where the Hindu-Muslim ratio is almost equal, the English-medium school is overwhelmingly a Hindu space. Among the 13 students we interacted with, only one was from a Muslim family – and a very well-to-do one.

Conclusion

For us, as authors, the reading and illustration sessions with the children were indeed a learning experience. Our understanding of the readership and reception has been shaped by a few observations during these sessions. The first is that many attendees could relate to the themes covered by the books due to their own life experiences, anxieties and issues they had been exposed to. Secondly, although we primarily had students in years VI–VIII (12 to 14 years of age) in mind as our targeted readership while writing the books, the workshops were also attended by students who were both younger and older. In this paper we have included only a few selected responses. Many illustrations made by students at the first session were generic village scenes that had no direct relationship with the reading session, suggesting the students had not entirely grasped the content. Such illustrations did not come exclusively from the younger students, even some of the older ones could not comprehend the discussion. We realised that it is problematic to identify a narrow age group as the target readership as comprehension abilities vary greatly within the same age-group, particularly in the case of underprivileged children in the slum schools. Finally, comprehension ability is directly linked with the opportunities available to students. The students from Sishutirtha, coming from upper middle-class families, did not appear to have difficulty following our discussion. They had not experienced profound disruption during the Covid lockdown as classes continued online and they had access to the internet. The children of one particular community school (Rokeya Shiksha Kendra) were quick to understand and analyse our discussion. Although they come from poor, marginalised families, they had regular classes at this community school after the rigorous lockdown was over. Moreover, Rokeya Shiksha Kendra operates in a three-storey building where the students are divided into separate classrooms according to their learning standards, there are 52 teachers for 100 students and classes take place 7 days a week, in both morning and afternoon sessions. On the other hand, Sanghati and Batighar Pathshala, the other community schools we collaborated with, had poorer infrastructure. They operate from small garage spaces or single rooms where students from all classes sit together and a handful of teachers help them with their work.

To conclude, we shall discuss some of the questions we faced while writing and that arose from the feedback received from readers. We do not have ready answers to them, but they are crucial to the process of rethinking the craft of history writing for children and adopting pedagogical methods. Firstly, as mentioned, the books deal with partition, citizenship and linguistic identity. All three books mention violent historical processes, but do not directly address the question of violence. While writing, we were faced with the dilemma of how to address violence in a children's history book. The book on partition mentions riots, displacement and the effect on people's lives, the book on citizenship mentions detention camps and the state's exclusionary policies. But explicit reference to violent acts was avoided in all three books. After the books were published, we received feedback from readers who questioned the logic of omitting such information as well as how best to address, both politically and pedagogically, the bloodshed, rapes and genocides that are such a major element of these historical events.

Secondly, while working on the content of the book on languages, we realised that the connection between language and hierarchy is quite an abstract concept for a child to grasp. It appeared to be relatively challenging to communicate what is meant by cultural capital. Power relations based on one's spoken tongue are not as apparent to children as class difference or gender hierarchy, in spite of the fact that they internalise this hierarchy from a very early age.

Finally, one more problem that became apparent after publication was the drawback of the approach of telling history through stories. The aim of the book on partition was to communicate how various kinds of people experienced partition in different ways and that there can never be one singular narrative of the partition. However, this approach became problematic when many readers started bringing up all kinds of stories, personal anecdotes and memories that they viewed as equally valid histories. Can any story or any memory become a source of history? This is certainly not a novel question and is one that historians have been addressing for a very long time. However, this experience made us realise that in any future books or revisions, we will need to communicate the question of methodology in an accessible but unambiguous manner.

The Books Resulting from the Project

Bagchi, Debarati. *Itihase Hatekhari: Desher Bhasha* [First History Lessons: The Languages of Our Country], Kolkata: RLS-IDSK, 2022.

Das, Tista. *Itihase Hatekhari: Desher Manush* [First History Lessons: The People of Our Country], Kolkata: RLS-IDSK, 2022.

Sengupta, Anwesha. *Itihase Hatekhari: Deshbhag* [First History Lessons: The Partition], Kolkata: RLS-IDSK, 2022.

Bibliography

Balagopalan, Sarada, "Understanding Educational Innovation in India: The Case of Eklavya Interviews with Staff and Teachers", in: *Contemporary Education Dialogue* 1, 1 (2003), 97–121.

Bhattacharya, Akash. "How Historian Vikram Sampath Uses Decolonisation Rhetoric to Make Hindu Domination Sound Reasonable," in: *Scroll.in*, 13 November 2021.

Bhattacharya, Neeladri. "Teaching History in Schools: The Politics of Textbooks in India", in: *History Workshop Journal* 67 (2009), 106.

D' Souza, Rohan. "The Risks of Looking at India's History through the Eyes of Pseudo-historians," in: *The Wire*, 21 October 2021.

Hauser, Beatrix. "From Oral Tradition to 'Folk Art': Reevaluating Bengali Scroll Paintings", in: *Asian Folklore Studies* 6 (2002), 105–122.

"'Historical' Changes: Here is what the NCERT has dropped from textbooks", *Business Standard*, 5 April 2023.

Kumar, Krishna. *Prejudice and Pride: School Histories of the Freedom Struggle in India and Pakistan*, New Delhi: Penguin Books, 2001.

Majumdar, Manabi. *The Shadow School System and New Class Divisions in India*, TRG Poverty and Education Working Paper 2, London: German Historical Institute London, 2014.

Nair, Janaki (ed.). *Un/Common Schooling: Educational Experiments in Twentieth-Century India*, New Delhi: Orient Blackswan, 2022.

Paliwal, Rashmi. "Eklavya's Work in and Around Government Schools: Resistance, Resilience and Impact", in: *Un/Common Schooling: Educational Experiments in Twentieth-Century India*, Janiki Nair (ed.), New Delhi: Orient Blackswan, 2022.

Roy, Kumkum. "The Uses and Teaching of History", in: *The Routledge Handbook of Education in India: Debates, Practices and Policies*, Krishna Kumar (ed.), New York: Routledge, 2018, 131–142.

Sen, Anandaroop. "J Sai Deepak's India that is Bharat: Coloniality, Civilisation, Constitution. Bloomsbury 2021", in: *Social Dynamics* 49, 2 (2023), 376–385.

Sarkar, Tanika. "Educating the Children of the Hindu Rashtra: Notes on RSS Schools", in: *Comparative Studies of South Asia, Africa and the Middle East* XIV, 2 (1994), 10–15.

Sundar, Nandini. "Teaching to Hate: RSS' Pedagogical Programme", in: *Economic and Political Weekly* 39, 16 (2004), 1605–1612.

Viswanathan, Meera. "Against History: Sanjeev Sanyal's Attempts to Rewrite India's Past," in: *The Caravan*, 1 October 2021.

Zu den Autorinnen und Autoren

Debarati Bagchi is a senior research fellow at and deputy director of the Max Weber Forum for South Asian Studies Delhi. She completed her PhD at Delhi University. Her research areas include the connections between language, regional identity, ideas of mass education, history pedagogy and connections between education and urban transformation. She is currently working on a project exploring the history of production and regulation of textbooks in India. She is also co-editing a series of history books for middle school children with Anwesha Sengupta.

Jennifer Bloise, M.Ed., war von 2020 bis 2023 wissenschaftliche Mitarbeiterin an der Juniorprofessur für die Didaktik der Politischen Bildung an der Rheinland-Pfälzischen Technischen Universität Kaiserslautern-Landau und hat hier zu Mensch-Tier-Verhältnissen als Gegenstand der Politischen Bildung promoviert. Sie arbeitet als Lehrkraft u. a. für das Fach Sozialkunde an einem rheinland-pfälzischen Gymnasium.

Rico Cathomas ist Professor für Rätoromanisch, Fachdidaktik Rätoromanisch und Mehrsprachigkeitsdidaktik an der Pädagogischen Hochschule Graubünden in der Schweiz. Er studierte Pädagogische Psychologie an der Universität in Fribourg und promovierte zum Themenfeld Sprachkompetenzen und Immersion. Er war Professor für Allgemeine Didaktik und Didaktik der Mehrsprachigkeit an der Freien Universität in Bozen, Italien. Cathomas leitet(e) verschiedene Lehrmittelprojekte und forscht im Bereich der Lehrmittelentwicklung, der Sprachtestung und der Mehrsprachigkeitsdidaktik.

Christine Chiriac arbeitet seit 2015 am Leibniz-Institut für Bildungsmedien | Georg-Eckert-Institut (GEI), aktuell im Projekt „Christliche Signaturen des zeitgenössischen Antisemitismus". Von 2018 bis 2022 hat sie „Erinnerungspraktiken, Geschichtskulturen und historisches Lernen in der deutschen Migrationsgesellschaft" untersucht und ihre Dissertation über die Produktion von

Bildungsmedien für den Geschichtsunterricht erstellt. Von 2016 bis 2018 hat sie ebenfalls am GEI zu „Holocaust und Genozid in der aktuellen Bildung" geforscht. Sie ist Politik- und Erziehungswissenschaftlerin und hat in Cluj, Hannover, Göttingen und Luxemburg studiert.

Philipp Hagemann ist wissenschaftlicher Mitarbeiter an der Philipps-Universität Marburg am Institut für Erziehungswissenschaften. In seiner Dissertationsarbeit untersucht er mögliche Implikationen rassismuskritischer Theorie für den Philosophie-und Ethikunterricht. Zuvor hat er als Lehrkraft für Philosophie und Englisch an der Wilhelm-Kraft-Gesamtschule in Sprockhövel sowie als wissenschaftlicher Mitarbeiter im Bereich der Philosophiedidaktik an der Universität Paderborn gearbeitet.

Inken Heldt ist Inhaberin des Lehrstuhls für das Politische System der Bundesrepublik Deutschland und Politische Bildung an der Universität Passau und war zuvor Juniorprofessorin für die Didaktik der Politischen Bildung an der Rheinland-Pfälzischen Technischen Universität Kaiserslautern-Landau, mit Gastaufenthalten an der Universität Wien und an der Universität Leipzig. Ihre Schwerpunkte sind Digitalität, Menschenrechte und Global Citizenship Education.

Stefan Müller ist Professor für Bildung und Sozialisation unter Bedingungen sozialer Ungleichheiten an der Frankfurt University of Applied Sciences und arbeitet im Forschungsbereich „Gesellschaftliches Erbe des Nationalsozialismus". Seine Forschungsschwerpunkte umfassen soziologische Grundlagen politischer Bildung, sozialwissenschaftliche Fachdidaktik, reflexive Lehrer/-innenbildung und Antisemitismusprävention. Er ist Mitherausgeber der Buchreihen „Antisemitismus und Bildung" (Wochenschau Verlag), „Gesellschaftsforschung und Kritik" (Beltz Juventa) und „Kleine Reihe Soziologie" (Wochenschau Verlag).

Grace Sahota is a doctoral researcher at the University of Birmingham, UK. Her PhD traces and examines processes of racialization and ideas of national identity conveyed through England's school history and citizenship education – policy, practice and materials – from 1991 to the present. She visited the GEI as a fellow in 2023 to scope and collect a sample of textbooks.

Sabrina Schmitz-Zerres studierte Geschichte, Germanistik, Philosophie und Politikwissenschaft an der Heinrich-Heine-Universität Düsseldorf und der Universität Duisburg-Essen. Dort wurde sie 2019 bei Prof. Dr. Markus Bernhardt mit einer Arbeit zur Produktion von Zukunftserzählungen in deutschen Geschichtsbüchern im Kontext des Graduiertenkollegs „Vorsorge, Voraussicht, Vorhersage: Kontingenzbewältigung durch Zukunftshandeln" promoviert. Nach ihrem Referendariat ist sie seit 2022 wissenschaftliche Mitarbeiterin am Institut für Didaktik der Geschichte an der Universität Münster.

Daniel Schumann studierte Soziologie an der Albert-Ludwigs-Universität Freiburg. Er ist wissenschaftlicher Mitarbeiter am Institut für Erziehungswissenschaft der Ruhr-Universität Bochum. Von 2019 bis 2022 war er als wissenschaftlicher Mitarbeiter am Institut für Diversitätsforschung der Georg-August-Universität Göttingen tätig, wo er auch seine Promotion abschloss. Er war Guest Scholar am GHI Pacific Office an der University of California, Berkeley, und Fellow am Forschungsinstitut Gesellschaftlicher Zusammenhalt in Leipzig.

Sonja Schwarze studierte Englisch und Geografie für das Lehramt an Gymnasien und Gesamtschulen (M.Ed.) sowie Humangeografie (M.Sc.) an der Westfälischen Wilhelms-Universität Münster. Nach ihrem Referendariat promovierte sie bei Prof. Dr. Gabriele Schrüfer zur „Konstruktion des subsaharischen Afrikas im Geographieunterricht in der Sekundarstufe I". Neben ihrem Hauptamt als akademische Rätin ist sie nebenamtlich an unterschiedlichen Gymnasien im Münsterland in den Fächern Geografie, bilinguale Geografie und Englisch tätig.

Anwesha Sengupta teaches history at the Institute of Development Studies Kolkata. She completed her PhD at the Centre for Historical Studies, Jawaharlal Nehru University, New Delhi. She has published articles and book chapters on the partition of India and on popular movements of postcolonial West Bengal. At present she is working on the ecological consequences of British India's partition. She is also interested in children's books from both academic and activist perspectives. She is editing a series of history books with Debarati Bagchi for middle school children.

Manuel Theophil hat an den Universitäten Greifswald, Helsinki und Tübingen Germanistik, Geschichte und Komparatistik studiert. Die Promotion erfolgte im März 2022 an der Universität Koblenz-Landau. Er ist derzeit Mitarbeiter im Dekanat des Fachbereichs Kultur- und Sozialwissenschaften der Rheinland-Pfälzischen Technischen Universität Kaiserslautern-Landau. Seine Arbeitsschwerpunkte liegen u. a. im Bereich der Digitalität, der Utopieforschung sowie der Ideologietheorie.

Alexandra Totter ist Dozentin am Zentrum für Schulentwicklung der Pädagogischen Hochschule Zürich. Sie studierte Psychologie an der Universität Wien und promovierte in Bildungs- und Erziehungswissenschaften an der Universität

Innsbruck im Bereich Medienpädagogik. Ihre Forschungsschwerpunkte umfassen die Einführung neuer Schulbücher in das Schulfeld, wissenschaftliche Evaluationen von Schulbuchentwicklungen und Lehren und Lernen mit digitalen Bildungsmedien.

Indah Wahyu Puji Utami is an Assistant Professor of history education at the History Department, the State University of Malang. She obtained her PhD in 2023 from the National Institute of Education, NTU, Singapore. For the past ten years, she has been working on instructional media, especially history textbooks research. Since 2021, she published several history textbooks for high schools. Published by the Indonesian Ministry of Education, these books are available in print, digital, and audio formats for free.

Marcin Wiatr arbeitet seit 2013 am Leibniz-Institut für Bildungsmedien | Georg-Eckert-Institut, wo er die Gemeinsame Deutsch-Polnische Schulbuchkommission sowie die Gemeinsame Deutsch-Tschechische Schulbuchkommission betreut. Seine Forschungsschwerpunkte umfassen bildungspolitische Prozesse und Minderheitenfragen in ostmitteleuropäischen Grenzregionen, Literatur im öffentlichen Diskurs und als Faktor politischer Handelsstrategien sowie transnationale Didaktik.